D1994965

Kohlhammer

BWL und VWL für die Praxis
herausgegeben von Thorsten Krings

Denis Jdanoff

Die Renaissance des Marxismus

Verlag W. Kohlhammer

Danksagung

Mein Dank gilt zunächst meinem Kollegen Prof. Dr. Thorsten Krings für die Idee zu diesem Buch und die kritische Durchsicht. Ebenso bedanke ich mich bei Dr. Uwe Fliegauf vom W. Kohlhammer Verlag für sein Vertrauen und vor allem seine Geduld. Mein größter Dank aber gilt meiner Frau Ivanna. Ohne ihren Glauben an mein Projekt, für das sie so viel gemeinsame Zeit opfern musste, gäbe es dieses Buch nicht.

Zur besseren Lesbarkeit wird ausschließlich die männliche Form verwendet, was aber nicht als Wertung zu verstehen ist. Die verwendeten Personenbezeichnungen gelten im Sinne der Gleichbehandlung grundsätzlich für alle Geschlechteridentitäten.

1. Auflage 2023

Gesamtherstellung: W. Kohlhammer GmbH, Stuttgart

Print:
ISBN 978-3-17-037416-4

E-Book-Formate:
pdf: ISBN 978-3-17-037417-1
epub: ISBN 978-3-17-037418-8

Einleitung

> Ein Gespenst geht um in Europa,
> das Gespenst des Kommunismus.
> (MEW Bd. 4, S. 461)

Karl Marx ist bis heute, wenn nicht der bedeutendste, dann auf jeden Fall der bekannteste deutsche Soziologe, Ökonom und Philosoph. Er lebte von 1818 bis 1883 und war Zeitgenosse der Industriellen Revolution. Deren negative Seiten, vor allem für Arbeiter und Unterprivilegierte, haben sein Denken und seine Schriften nachhaltig beeinflusst. Mit Hilfe seines Mitstreiters und Förderers Friedrich Engels hinterließ er ein umfangreiches Werk. Seine Texte, nicht nur sein Hauptwerk „Das Kapital", sind allerdings schwer lesbare, komplexe Abhandlungen. Wohl auch deshalb wurde seine Theorie nur von wenigen eingehend studiert. Das gilt interessanterweise auch, wenn man selbsterklärte Marxisten trifft. Es besteht also ein spürbares Ungleichgewicht zwischen der Popularität des Marxismus und dem Wissen über ihn. Dennoch hat er unsere Wahrnehmung der Wirtschaftsgeschichte stärker geprägt, als uns vielleicht bewusst ist. So haben wir uns daran gewöhnt, sie als Abfolge von ökonomischen Epochen zu betrachten. Vor allem aber hat er die Idee der Endlichkeit der Marktwirtschaft als sozioökonomische Ordnung in unserem Bewusstsein verankert. Seine Lehre vermittelt uns das Gefühl, sogar die Hoffnung, dass jenseits des Kapitalismus eine bessere, gerechtere Welt möglich ist.

Dabei war Marx nicht der Erste, der über die Realität seiner frühkapitalistischen Epoche hinausdachte und eine radikale Utopie entwickelte. Bereits im 16. und 17. Jahrhundert hatten Thomas Morus und Tommaso Campanella solche Ideen formuliert. Ebenso hat er den Sozialismus keineswegs erfunden, sondern auf bereits vorhandene Konzepte aufgesetzt. Diese stammen vornehmlich aus der Epoche der Französischen Revolution, die 1789 das Ende der Jahrhunderte währenden monarchistischen Ordnung in Europa einläutete. Die traditionellen Vorstellungen von gesellschaftlicher Organisation hatten sich plötzlich aufgelöst, die Zukunft schien für neue Ideen weit offenzustehen. Eine ganze Denkschule lehnte den damaligen individualistischen und kompetitiven politischen „Mainstream" ab. Frühsozialistische Denker wie

Saint-Simon, Owen, Fourier, Blanc oder Lasalle entwarfen ein davon abweichendes Ideal. Sie alle träumten von der gruppenbezogenen, gemeinsamen Gestaltung einer sozial ausgeglichenen Gesellschaft. Karl Marx steht in dieser Tradition, deren Thesen er weiterentwickelt und stärker soziologisch verankert hat (Euchner 1982, S. 81).

Aber diese Vordenker des Sozialismus sind weitgehend in Vergessenheit geraten und nur noch ausgewiesenen Spezialisten ein Begriff. Marx hingegen ist auch heute noch in weiten Bevölkerungskreisen bekannt. Seine Thesen – oder was man dafür hält – werden weiterhin oder wieder diskutiert. Wie lässt sich dieser Unterschied erklären? Eine maßgebliche Erklärung für seine anhaltende globale Popularität sind sicherlich die sozialistischen Experimente in allen Teilen der Welt. Andererseits war spätestens Ende der 1980er Jahre das monumentale Scheitern des „real existierenden Sozialismus" offenkundig. Dies hätte auch ihn als Ideengeber endgültig aus der öffentlichen Wahrnehmung verdrängen können. So meldeten sich Autoren aus verschiedenen Disziplinen mit skeptischen Publikationen zu seinen Ideen und deren Resultaten zu Wort. Dazu gehörten die Ökonomen Kristian Niemietz und Malte Faber, der Philosoph Thomas Petersen und der Historiker Gareth Stedman Jones.

Aber aller Kritik zum Trotz – Karl Marx und seine Idee des Sozialismus sind immer noch da. Selbst in den 1990er Jahren blieben ihm einige überzeugte Anhänger treu und sahen weiterhin seine Relevanz, zum Beispiel Ulrich Menzel oder Jacques Derrida:

> Es wird immer ein Fehler sein, Marx nicht zu lesen, ihn nicht wiederzulesen und über ihn nicht zu diskutieren. (…) Ohne das wird es keine Zukunft geben. Nicht ohne Marx, keine Zukunft ohne Marx. (Derrida 1995, S. 32)

Auch in den 2000er Jahren blieb er in politischen Fragen präsent, der Spiegel hob ihn 2005 mit der Zeile „Ein Gespenst kehrt zurück" auf den Titel. Aber erst in den 2010er Jahren, nach der letzten Finanzkrise, nahm die Renaissance des Marxismus richtig Fahrt auf. Autoren wie Samir Amin oder Paul Mason versuchten, ihn und seine Thesen in die heutige Zeit zu übertragen. An den Titeln vieler damals zu Marx erschienenen Bücher lässt sich leicht die Position der Verfasser erkennen. So bei Jürgen Kromphardt („Zur Aktualität von Karl Marx"), Jon D. Wisman („Why Marx still matters"), Fritz Reheis („Wo Marx Recht hat"),

Terry Eagelton („Warum Marx Recht hat") oder Jürgen Neffe („Marx. Der Unvollendete"). Die Marx-Sympathisanten oder Neomarxisten bekräftigten also ihre weiter bestehende Bindung an seine Ideen.

Dieses Buch ist der Frage gewidmet, wie sich diese offensichtlich andauernde Attraktivität erklären lässt. Warum spricht Jürgen Neffe von Marx' Unsterblichkeit (Neffe 2017, S. 21)? Inwiefern sind der Marxismus und seine modernen Interpreten auch heute noch relevant? Haben sie tatsächlich Antworten auf die Herausforderungen der Gegenwart und Zukunft? Das sind die zentralen Fragen dieses Textes.

In Kapitel 1 ist zum Einstieg ein historischer Rückblick sinnvoll, um die negative Wahrnehmung des Marxismus zur Wendezeit nachzuvollziehen. Dazu wird analysiert, welche ökonomischen Ursachen und sozialen Auswirkungen das Scheitern des „real existierenden Sozialismus" hatte (▶ Kap. 1.1). Weiterhin wird herausgearbeitet, welche Fehleinschätzungen und Irrtümer bei Karl Marx erkennbar sind. Inwiefern hatten sich Wirtschaft und Gesellschaft anders entwickelt, als er vorhergesagt hatte? (▶ Kap. 1.2). Im Westen führte der Sieg im Kalten Krieg zu einem Gefühl der historischen Überlegenheit. Viele waren überzeugt, dass Demokratie und Marktwirtschaft sich nun weltweit durchsetzen würden. Zu Ihnen gehörte auch Francis Fukuyama, dessen These vom Ende der (Ideen-)Geschichte eine nähere Betrachtung verdient (▶ Kap. 1.3).

Kapitel 2 beschäftigt sich mit dem Paradox, dass die Ablehnung von Marxismus und Sozialismus nicht so stabil und konsequent waren, wie man 1989 hätte erwarten können. In Osteuropa hatten die radikalen Reformen auch negative Seiten des Kapitalismus gezeigt. In der Folge kam es dort zu ersten Zweifeln (▶ Kap. 2.1). Parallel dazu war die Linke in den westlichen Industrieländern zwar stark geschwächt, aber weiter aktiv. Neue Themen wie die Macht der Finanzwirtschaft oder die Klimakrise konnten alte und neue antikapitalistische Aktivisten mobilisieren (▶ Kap. 2.2). Einer ihrer Ideengeber war der als „neuer Marx" bezeichnete Thomas Piketty (▶ Kap. 2.3).

Im Zentrum von Kapitel 3 steht die Frage, warum linke Autoren weiterhin an das unweigerliche Ende des Kapitalismus und die Realisierung von Marx' Ideen glauben. Einerseits negieren sie seine Schuld an allem Negativen, was die sozialistische Realität hervorgebracht hat (▶ Kap. 3.1). Andererseits sehen sie eine Reihe von Gründen, warum die Marktwirtschaft krisenanfällig ist. Diese reichen von internen Widersprüchen (▶ Kap. 3.2.1), über eine Verschärfung sozialer Konflikte (▶ Kap. 3.2.2) oder die Finanzkrise (▶ Kap. 3.2.3) bis zur Lage in den Schwellenländern (▶ Kap. 3.2.4) und die Themen Ökologie und Klimakrise (▶ Kap. 3.2.5). Warum muss der Kapitalismus ihrer Meinung nach daran scheitern? Was kann Karl Marx zu diesen durchaus aktuellen Themen beitragen?

Kapitel 4 beschäftigt sich mit dem Traum der Neomarxisten von einer letztendlichen Verwirklichung ihrer Überzeugungen. Zunächst werden die Vorstellungen von Marx und seinen Sympathisanten zur Gesellschaft im Sozialismus und Kommunismus beschrieben (▶ Kap. 4.1). Anschließend wird untersucht, ob aus der globalen Arbeiterschaft überhaupt noch ausreichend revolutionäres Potenzial für eine „neue Internationale" entstehen kann (▶ Kap. 4.2). Dann liegt der Fokus auf der aktuell viel diskutierten Transformation durch Automatisierung und Digitalisierung. Kann diese Entwicklung neue Chancen für Marx' Thesen eröffnen? (▶ Kap. 4.3). Zum Abschluss betrachten wir das bisher letzte sozialistische Experiment, nämlich Venezuela während der Regierungszeit von Hugo Chávez (▶ Kap. 4.4).

Wichtig sind mir zwei Einschränkungen: Die erste ist, dass ich mir nicht anmaße, eine formal-wissenschaftliche Darstellung des Marxismus zu verfassen. Ich möchte lediglich dessen wichtigste Grundthesen herausarbeiten, als gemeinsame Basis für die Beleuchtung des gewählten Themas. Vieles werde ich daher weglassen müssen, anderes stark verkürzt darstellen. Wenn jemand im Anschluss an die Lektüre dieses Buches tiefer in die Gedankenwelt von Karl Marx und Friedrich Engels eintauchen möchte, so ist das nur zu begrüßen. Denn die Popularität des Marxismus beruht zu einem großen Teil auf Unkenntnis oder Halbwissen bzgl. Marx und seiner Theorie. Es gibt eine unüberschaubare Vielfalt an Literatur dazu, daher möchte ich für den Einstieg drei Autoren empfehlen: Die Klassiker Walter Euchner und Eric Hobsbawm sowie als aktueller Michael Heinrich. Die zweite Einschränkung ist, dass ich im Text ausschließlich Karl Marx als Verfasser nennen und damit die Co-Autorschaft von Friedrich Engels „unterschlagen" werde. Ich möchte damit keineswegs seinen Beitrag in Frage stellen, eine tiefere Analyse der jeweiligen Einflüsse würde jedoch den Rahmen dieses Textes sprengen.

Nun tauchen wir in das Jahr 1989 ein, in eine Zeit, als Marx und seine Lehre auf dem „Schutthaufen der Geschichte" (Haller 2018) gelandet waren. Wir beginnen also gewissermaßen am Nullpunkt der Marx-Sympathie.

Inhalt

1 Marx ist tot!

1.1 Zeitenwende 1989: Der Kapitalismus als Sieger

Im Februar 2022 haben sich mit dem russischen Überfall Russlands auf die Ukraine grundlegend scheinende Gewissheiten schlagartig in Luft aufgelöst. Viele empfanden Orientierungslosigkeit und zum Teil auch Zukunftsangst. Wie würde sich die politische und wirtschaftliche Lage entwickeln? Dieses Gefühl wird sicherlich noch einige Zeit unser Begleiter bleiben. Aber neben dieser aktuellen Zeitenwende ist im kollektiven Gedächtnis eine andere weiterhin präsent – die Wendezeit von 1989 bis 1991. Die jüngere Generation kennt sie vielleicht aus dem Gemeinschaftskunde- oder Geschichtsunterricht. Aber sie kann die Bedeutung der damaligen Ereignisse für ihre Eltern und Großeltern nicht wirklich nachvollziehen. Daran wird erkennbar, wie schwierig es ist, historische Erfahrungen weiterzugeben, denn die nachfolgenden Generationen leben in ganz anderen Kontexten. Heutige Jugendliche können nicht verstehen, wie man auf die Idee kommen konnte, mitten durch Deutschland eine Grenze zu ziehen. Dies zeigt, wie schnell sich die Wahrnehmung verändern kann, von der Akzeptanz der geopolitischen Realität zum Unverständnis angesichts einer absurd anmutenden Anomalie.

Für die Zeitzeugen der damaligen Ereignisse war die Wende eine der entscheidenden politischen Zäsuren ihres Lebens. Jeder von ihnen kann sich an die unerwartete Öffnung der Berliner Mauer erinnern. An die Emotionen, als glückliche Menschen über die Grenzübergänge strömten und auf dem Kurfürstendamm tanzten. Auch 1989 lösten sich viele zuvor unverrückbar scheinende Strukturen und Überzeugungen plötzlich auf, im Gegensatz zu heute allerdings in eine positive Richtung. Nach der Aufhebung von Blockaden und Bedrohungsszenarien schien nun vieles möglich, eine Aufbruchstimmung erfasste die Menschen in West- und vor allem Osteuropa. Die latente, vom Kalten Krieg und dem Wettrüsten ausgehende Gefahr war plötzlich weg. Die Anspannung wich der Hoffnung auf eine positive Zukunft. Gerade in Deutschland war man sich bewusst, dass man das Schlachtfeld des Dritten Weltkriegs gewesen wäre, auch mit atomaren Waffen. Umso größer war nun die Erleichterung über die deutlich spürbare Entspannung der politischen und militärischen Lage.

Es war für den damaligen Beobachter fast erstaunlich, wie schnell sich diese Veränderungen vollzogen. Nur einige Jahre vorher machten die Machtblöcke einen derart stabilen Eindruck, dass ein Ende des Kalten Krieges in weiter Ferne schien. Innerhalb kurzer Zeit war dann der aggressive und zumindest militärisch kraftstrotzende sowjetische Machtblock geradezu implodiert (Furet 1998, S. 7, 623). Das dadurch ausgelöste politische Beben war über Europa hinaus auch weltweit durchaus spürbar. Denn die Sowjetunion hatte mithilfe ihrer Rohstofferträge in vielen Ländern politisch Einfluss genommen, um die Idee der Weltrevolution zu verbreiten. Sie versuchte, sympathisierende Regierungen zu installieren und sie finanziell zu stützen. Die atomare Abschreckung hatte zudem eine Verlagerung des jahrzehntelangen Machtkampfes zwischen UdSSR und USA in genau diese sozialistischen Experimente bewirkt. Auf Nebenkriegsschauplätzen wie Korea, Kuba, Vietnam, Angola, Moçambique, Nicaragua oder Afghanistan wurden Stellvertreterkriege ausgetragen (Margolin 1998, S. 633ff.; Santamaria 1998, S. 763ff.; Boulouque 1998, S. 786f., 790). Doch mit der Wende und dem Versiegen der finanziellen Mittel endete dieses Phänomen (mit Ausnahme von Nordkorea und Kuba).

Trotz gewisser lokaler Unterschiede wirkten alle kommunistischen Regierungen, unabhängig vom jeweiligen Kontinent und dem kulturellen Hintergrund, als „Klone" des sowjetischen Modells. Sie alle hatten die Bürgergesellschaft systematisch zerstört, Unternehmer enteignet und die Landwirtschaft kollektiviert (Bartosek 1998, S. 447-451). In allen sozialistischen Experimenten, beginnend mit der Sowjetunion selbst, waren die freiheitlichen Ideale der Anfangsphase schnell politischer Repression gewichen. Alle, die sich der „objektiven Wahrheit" des Sozialismus bzw. Kommunismus widersetzten, gerieten dabei ins Fadenkreuz (Werth 1998, S. 87f., 168ff., 211-214). Zur Durchsetzung ihrer ökonomischen und gesellschaftspolitischen Ziele und auch zum Machterhalt waren die sozialistischen Staatsapparate zu vielem bereit. In allen Ländern, in denen sie die Kontrolle ausübten, wurden Meinungsfreiheit und politische Alternativen systematisch unterdrückt. Diese übereinstimmende Entwicklung war kein Zufall, wie im weiteren Verlauf dieses Buches klar werden sollte.

In ganz Europa konnte man ab 1989 eine Euphorie spüren, endlich konnte die als künstlich empfundene Teilung des Kontinents überwunden und eine neue, gemeinsame Zukunft gestaltet werden. Besonders schmerzlich war die Trennung sicherlich an der innerdeutschen Grenze. Deshalb wollte die Bevölkerung in Ostdeutschland schnellstmöglich die politische und ökonomische Teilung des Landes aufheben. Auch die anderen osteuropäischen Staaten wollten die erzwungene Isolation von Westeuropa endlich beenden. Denn die Sowjetunion hatte ihre „Beute des Zweiten Weltkriegs" in besonders festem Griff gehalten. Ungarn und die Tschechoslowakei mussten in den 1950er bzw. 1960er Jahren sogar eine gewaltsame Besetzung ertragen. Polen entging ihr in den 1980er Jahren nur durch die Einführung einer Militärdiktatur (Furet 1998, S. 606). Nun wollten die Menschen hinter dem „Eisernen Vorhang" ihren Platz im europäischen Haus einnehmen.

Was aber waren die Hauptgründe für diese radikalen machtpolitischen Verschiebungen auf globaler Ebene? Warum hatte das westliche Machtzentrum um die USA den Kalten Krieg so klar gewonnen und die UdSSR aus der damaligen bipolaren Weltordnung verdrängt?

Damals war der allgemeine Konsens, dass die USA und ihre NATO-Verbündeten nicht nur militärisch und politisch gewonnen hatten, sondern ebenso wirtschaftlich. Auch der Kapitalismus hatte also über den Kommunismus triumphiert, genauer gesagt war der ökonomische Faktor letztendlich entscheidend. Die Planwirtschaft war in allen Ländern, die sich dem marxistischen Weg verschrieben hatten, umgesetzt worden. Gemeinsam hatten sie daher die staatliche Kontrolle über die Produktionsmittel, kombiniert mit allumfassender Planung. Folgerichtig waren die eklatanten ökonomischen Schwächen in allen kommunistisch geprägten Staaten ebenfalls sehr ähnlich. Unabhängig davon, ob sie sich in Europa, Asien, Afrika oder Mittelamerika befanden. Im direkten Vergleich zu den westlichen Industrieländern erwies sich die Sowjetunion in zwei entscheidenden ökonomischen Fronten des Kalten Krieges als unterlegen.

Als erste ökonomische Front gilt der Rüstungswettlauf gegen die USA. Hauptursache für die Niederlage der Sowjetunion war ihre relative finanzielle Schwäche, denn eine zunehmende Technisierung der Waffensysteme trieb die Kosten immer weiter in die Höhe. Die Verteidigungsausgaben der UdSSR hatten sich im Zeitraum 1960-1975, also noch vor dem Afghanistan-Krieg, auf fast 500 Mrd. USD verdoppelt. Bereits 1971 hatten die Ausgaben für den „militärisch-industriellen Komplex", wie dieser Bereich in der Sowjetunion hieß, das Budget des Pentagon dauerhaft überholt (Davis 2010, S. 269f.). Entscheidend ist jedoch nicht dieses Übergewicht in absoluten Zahlen. Aufgrund der Ineffizienz der Planwirtschaft war die Last der Militärausgaben für die Sowjetunion deutlich schwerer zu stemmen als für die Vereinigten Staaten. So wendete die UdSSR in den 1980er Jahren bis zu 15 % Ihres Bruttoinlandsprodukts (BIP) für den Militär- und Rüstungssektor auf (Gregory 2010, S. 314). Die USA kamen in diesem Zeitraum nicht über 8 % und selbst das nur auf dem Höhepunkt des Vietnam-Krieges. Ansonsten blieben sie stets unter 6 %, da sich ihre Wirtschaft wesentlich stärker entwickelt hatte (Fordham 2010, S. 216; Engerman 2010, S. 210). Um dies am Beispiel Deutschlands zu veranschaulichen: 15 % des BIP wären heute ein Verteidigungsetat von fast 600 Mrd. EUR pro Jahr (!). Tatsächlich betrug sein Umfang 2022 nur knapp 50 Mrd. EUR (Statistisches Bundesamt 2023b; Bundesministerium der Finanzen 2022). Auch die angekündigten, zusätzlichen 100 Mrd. EUR ändern das Bild nicht entscheidend.

Zwar konnte durch diese ungeheure Belastung von Staatshaushalt, Wirtschaft und Konsum ein quantitativer Vorteil erreicht werden. Der Warschauer Pakt konnte also mehr Panzer, Flugzeuge und Kanonen vorweisen als die NATO. Gleichzeitig verlor sie aber den wichtigeren Zweikampf, nämlich den um die technologische Vorherrschaft. Dadurch verringerte sich zunehmend die Wirksamkeit der eigenen Waffen. Auch im militärischen Bereich gab es staatliche Planung und hierarchisch organisierte Forschungsinstitute. Dieser Ansatz war dem Konkurrenzprinzip der US-Rüstungsindustrie eindeutig unterlegen. Der Höhe- und Endpunkt des Wettrüstens war die 1983 von Ronald Reagan verkündete „Strategic Defense Initiative" (SDI). Die USA wollten neuartige Waffensysteme entwickeln, mit denen sowjetische Interkontinentalraketen unter anderem im Weltraum abgefangen werden konnten. Dieses Programm war zwar weitgehend erfolglos, zwang die Sowjetunion damals jedoch zu einer entsprechenden Reaktion. Um jeden Preis wollte deren Führung ihre Fähigkeit zum atomaren Gegenschlag und damit das „Gleichgewicht des Schreckens" erhalten. Aber das finanzielle und technologische Scheitern dieses Versuchs legte die

Überforderung der Sowjetunion im Rüstungswettlauf endgültig offen. In zahlreichen Sektoren hatte sie ihre Ressourcen überdehnt, was ihren Niedergang und Zerfall zweifellos beschleunigte.

Als zweite ökonomische Front werden die Konsumbedürfnisse der Bevölkerung betrachtet. Die sozialistische Planwirtschaft war immer weniger in der Lage, diese zu erfüllen, was für die Parteiführung trotz des staatlichen Repressionsapparates beunruhigend war. Denn diese Problematik stellte eine Art stillschweigendes Abkommen zwischen Regierung und Bevölkerung in Frage: Die Akzeptanz der Macht der KPdSU wurde erkauft mit einer Verbesserung der Versorgungslage für die breite Bevölkerung (Engerman 2010, S. 198f.). Der Lebensstandard konnte im Vergleich zur bitterarmen Nachkriegszeit tatsächlich gesteigert werden. Die Ineffizienzen in allen Bereichen der Wirtschaft setzten dem jedoch klare Grenzen. Die Schwerpunktsetzung zugunsten von Schwerindustrie, Verteidigungshaushalt und internationalem Engagement verschärfte die Lage zusätzlich. So blieb für die einfachen Menschen, also die von Marx so geschätzten Arbeiter, nur wenig übrig. Im Gegensatz zu privilegierten Parteimitgliedern oder Ausländern hatten sie keinen Zugang zu zusätzlichen Konsumgütern. Die in den 1970er Jahren einsetzende wirtschaftliche Stagnation der Breschnew-Ära machte einen Ausgleich der Schieflage unmöglich. Denn auch ein Rubel kann nur einmal ausgegeben werden, entweder für den Industrie- oder den Konsumsektor. Die Angebotslücken waren allgegenwärtig, die Schlangen vor den Geschäften legendär. Nur über persönliche Beziehungen oder zu überhöhten Preisen ließen sich Waren und Dienstleistungen organisieren.

Durch die horrenden Verluste im Agrarsektor konnte die Sowjetunion trotz bester Böden nicht einmal die eigene Bevölkerung mit Nahrungsmitteln versorgen. Der einst weltgrößte Exporteur von landwirtschaftlichen Erzeugnissen musste ab den 1960er Jahren Fleischprodukte und sogar Weizen importieren. Es ist verwunderlich, wie dieses massiv defizitäre System so lange bestehen konnte. Von 1917 bis 1989 vergingen immerhin über 70 Jahre. Der Schlüssel zu dieser Frage liegt in der Vielfalt und großen Menge an natürlichen Reichtümern in den Weiten der Sowjetunion. Wäre dies nicht der Fall gewesen, hätte die erste proletarische Revolution wohl schnell ihr Ende gefunden. So aber konnten die Verluste des globalen sozialistischen Wirtschaftsraums lange Zeit mit den Erlösen aus Rohstoffexporten ausgeglichen werden (Davis 2010, S. 274). Dabei waren die 1974-1981 hohen Preise für Erdöl und -gas zweifellos hilfreich. Aber im weiteren Verlauf der 1980er Jahre verließ die Sowjetführung auch hier das Glück, denn der Ölpreis sank bis 1988 um mehr als 50 % (BP Statistical Review of World Energy 2020, S. 26). Damit war auch diese Finanzierungsquelle, die den kommunistischen Block über lange Jahre am Leben erhalten hatte, erschöpft.

Neben der Entwicklung der Sowjetunion ist für uns natürlich das Schicksal der Deutschen Demokratischen Republik von besonderem Interesse. Bei genauer Betrachtung wird deutlich, dass dort ein hoher Lebensstandard erreicht wurde, zumindest im Vergleich zu den Ostblock-Ländern. Doch die SED-Führung konnte davon politisch nur wenig profitieren. Denn die Vergleichsperspektive der DDR-Bürger war nicht etwa der niedrigere Lebensstandard in den anderen osteuropäischen Ländern. Sie schauten auf den deutlich höheren beim westlichen Nachbarn, der Bundesrepublik. Aus dieser Gegenüberstellung konnte die DDR und mit ihr die Planwirtschaft nur als Verlierer hervorgehen. Die innenpolitische Autorität der Regierung schwächte das immens.

Die Reformpolitik von Michail Gorbatschow wäre eine oder sogar die letzte Chance gewesen, die politische und ökonomische Sphäre zukunftsfähig zu gestalten. Gerade die Jugend in der DDR hatte angesichts der Entwicklungen beim „großen Bruder" Sowjetunion neue Hoffnung geschöpft. Die eher linksorientierten unter ihnen wollten die sozialistischen Ideale endlich verwirklicht sehen. Andere dagegen strebten eine Öffnung in Richtung westlicher Freiheiten und Marktwirtschaft an. In den letzten Jahrzehnten hatte die SED-Führung alle Kurswechsel der Sowjetunion klaglos mitgemacht. Diesmal galt das Motto „Von der Sowjetunion lernen, heißt siegen lernen" jedoch nicht. Erich Honecker und das greise Politbüro lehnten jegliche Reformen strikt ab und leiteten mit ihrer Sturheit das Ende der DDR ein. Denn 1988/89 schloss Gorbatschow eine militärische Einmischung in innenpolitische Konflikte der osteuropäischen Staaten aus. Diese Aufhebung der „Breschnew-Doktrin" änderte die innenpolitische Situation entscheidend. Nun musste keine Wiederholung des traumatischen, gescheiterten Volksaufstands von 1953 gefürchtet werden. Auch keine gewaltsame Invasion wie 1956 in Ungarn oder 1968 in der Tschechoslowakei. Jetzt eröffneten sich ganz neue Optionen für einen eigenständigen, selbstbestimmten, alternativen Weg. Die Massendemonstrationen in der DDR nahmen Fahrt auf, immer mehr Menschen schlossen sich ihnen an. Trotz Verhaftungen und Gewaltanwendung konnte die Staatsmacht die Kontrolle über die Situation nicht mehr zurückgewinnen. Die Parteiführung schreckte vor der „chinesischen Variante", also einer gewaltsamen Niederschlagung, zurück. In der Folge erzwangen die Bürger letztendlich die Öffnung der innerdeutschen Grenze am 9. November 1989. Damit war die DDR nicht nur bankrott, wie ein Bericht an das Politbüro vom Oktober 1989 schonungslos offenlegte, sondern ebenso politisch am Ende (Kolev 2010, S. 43).

Aber auch in der Sowjetunion scheiterte Michail Gorbatschow mit seinen verzweifelten Rettungsbemühungen. Er hatte versucht, den angeschlagenen Sozialismus ökonomisch zu reformieren („Perestroika" = Umbau/Umstrukturierung) und zumindest ansatzweise zu demokratisieren („Glasnost" = Offenheit/Transparenz) (Furet 1998, S. 620). Doch letztlich war all dies vergeblich, ab 1987 gab es in weiten Teilen der Sowjetunion sogar Grundnahrungsmittel nur noch rationiert mit Lebensmittelkarten. Die Läden waren wie leergefegt, selbst im eigentlich privilegierten Moskau. Diese Versorgungskrise überstrapazierte selbst die legendäre russische Leidensfähigkeit. Die Parteipropaganda klang in dieser kritischen Situation wie Hohn und hatte sich endgültig meilenweit von der Lebensrealität der Menschen entfernt. Gleiches galt für die fünfstündigen Parteitagsreden von Gorbatschow über die Erfolge des Sozialismus.

Die gleichzeitige Öffnung der gesellschaftlichen Diskussion erfolgte keineswegs ergebnisoffen, das Ziel war vielmehr die rein systeminterne Verbesserung des Sozialismus. Gorbatschow hatte Gefallen am amerikanischen Zwei-Parteien-System mit einem starken Präsidenten gefunden. Seine Vorstellung von Demokratie war eine prinzipielle Fortsetzung des Sowjetsystems mit nur halbherzigen Änderungen. Die KPdSU sollte in einen reformerischen und einen konservativen Flügel aufgeteilt werden, analog zu den Demokraten und Republikanern. Wahrscheinlich konnte Gorbatschow aufgrund seiner lebenslangen politischen Prägung den Kommunismus einfach nicht hinter sich lassen. Als Resultat brachte er die Konservativen in der Partei gegen sich auf, denen die Zugeständnisse zu weit gingen. Aber auch die Reformer, die radikalere Veränderungen forderten, wandten sich von ihm ab. So verlor Gorbatschow schließlich jegliche politische Basis und massiv an Zustimmung in der Bevölkerung. Die Entwicklung ging gewissermaßen über ihn hinweg und er verlor zunehmend an Einfluss auf den Veränderungsprozess. Der jahrzehntelang angestaute politische Druck und die Unzufriedenheit mit der ökonomischen Situation ließen sich nicht mehr in den von Gorbatschow vorgesehenen Bahnen halten. Diese nicht mehr kontrollierbare Energie hob nach dem Putschversuch 1991 die gesamte politische Ordnung aus den Angeln. Den darauf folgenden Zerfall der Sowjetunion empfanden viele ihrer Menschen und Völker als Befreiung. Für Vladimir Putin hingegen war es die „größte geopolitische Katastrophe des 20. Jahrhunderts" und er versucht heute mit aller Macht, diesen Prozess zu revidieren (Thumann 2023, S. 7).

Nach dem Fall des „Eisernen Vorhangs" erlebte die Weltwirtschaft eine radikale Veränderung und einen bis dahin ungekannten Globalisierungsschub. Dieser hatte bereits mit der 1978 eingeleiteten Reformpolitik von Deng Xiaoping in China begonnen. Nun beschleunigte er sich aber nochmals und veränderte die internationale Arbeitsteilung nachhaltig. Die neuen Produktions- und Absatzmärkte in den ehemals sozialistischen Ländern wurden in den Weltmarkt integriert. Auch viele bisher ökonomisch verschlossene Länder Asiens und Lateinamerikas gaben ihren Widerstand gegen die Marktwirtschaft auf. Ungarn, Tschechien und die Slowakei wurden schnell zu wichtigen Zulieferer-Standorten für die deutsche Automobilindustrie. Ebenso entwickelte China gigantische Produktionskapazitäten für Aufträge aus den westlichen Industrieländern. Für beide Entwicklungen wurden wiederum Maschinen und andere Investitionsgüter benötigt. Daraus entstand ein Exportboom für die führende deutsche Maschinenbauindustrie, der bis heute anhält.

Als Resultat dieser Entwicklungen verschmolzen die einzelnen Fabriken zu einer neuartigen, fragmentierten globalen Lieferkette. Durch sie konnten Hunderte Millionen Menschen zusätzlich als Arbeitskräfte in die Marktwirtschaft integriert und aus der Armut befreit werden (Bundesministerium für Wirtschaft und Energie, 2019, S. 12ff.). Die entstehenden Mittelschichten in den Schwellenländern schufen mit ihren steigenden Einkommen und ihrem materiellen Nachholbedarf eine zusätzliche Konsumnachfrage. Dadurch wurde wiederum die Weltwirtschaft noch stärker angetrieben.

1.2 Marx hat sich geirrt

Im vorangehenden Kapitel haben wir die sozioökonomischen Ursachen für das Scheitern der sozialistischen Experimente im 20. Jahrhundert betrachtet. Wenden wir uns nun der Frage zu, welchen Anteil Karl Marx und seine Theorie daran hatten.

Der allgemeine Konsens ist, dass Marx durchaus überzeugende Analysen der Vergangenheit erarbeitet hat. So hat sich seine Einteilung in historische Epochen wie Feudalismus und Kapitalismus bis heute durchgesetzt. Auch seine Analyse der Gründe für den Übergang zwischen diesen beiden Epochen wird durchaus anerkannt. Diese positive Einschätzung gilt jedoch nicht für seine Konzepte bezüglich der Zukunft bzw. dem, was seine Anhänger aus seinen Schriften abgeleitet haben (Kocka 2018; Stedman Jones 2017, S. 24, 117). War Karl Marx nicht ein Denker des 19. Jahrhundert? Sind seine Ideen nicht schon im 20. Jahrhundert ernüchternd gescheitert? Können uns seine Thesen bei der Lösung der heutigen Probleme überhaupt helfen?

Marx war davon ausgegangen, dass alle ökonomischen Epochen von Ungleichheit, Ausbeutung und Klassenkampf geprägt werden. Ebenso betonte er die Bedeutung einer vollen Ausreifung jeder dieser ökonomischen Phasen (Euchner 1982, S. 106, 120). Dies gilt natürlich auch für das Ende des Kapitalismus und den Übergang zur nächsten Entwicklungsstufe, den Sozialismus. Dementsprechend konnte die von ihm angestrebte Weltrevolution nur in den am weitesten entwickelten Ländern stattfinden. Zu seiner Zeit waren das vor allem England, Deutschland und Frankreich, heute müsste man natürlich die USA hinzunehmen. Zum Schauplatz der ersten am Marxismus ausgerichteten Revolution wurde aber das Russische Reich, weitgehend agrarisch geprägt und nur rudimentär industrialisiert (Reheis 2011, S. 125). Ähnliches gilt für die späteren sozialistischen Länder, unter denen sich keines der vorhergesagten Industrieländer befindet. Die tatsächliche historische Entwicklung hat also gezeigt, dass er sich in diesem wichtigen Punkt geirrt hat.

Aber warum blieb die proletarische Weltrevolution aus? In den (west) europäischen Industrieländern erwies sich das System als wesentlich anpassungsfähiger, als Marx erwartet hatte. Er war davon ausgegangen, dass die Arbeiter keine Möglichkeit haben würden, sich aus ihrem Elend zu befreien. Sie wären gezwungen, sich in ihrem Leid in radikalen Interessengruppen zusammenschließen und einen Umsturz anzustreben. Aber diese Vorhersage traf nicht ein, der Aufstand blieb auf lokale und zeitlich begrenzte Unruhen begrenzt. Das Konfliktpotenzial zwischen Arbeitern und Kapital nahm im Verlauf der Entwicklung nicht zu, sondern eher ab. Denn mit der Zeit gelang es den Arbeitern, die angespannte soziale Lage zu entspannen. Entgegen Marx' Erwartung konnten sie die Zulassung von Gewerkschaften und damit eine stärkere Verhandlungsposition durchsetzen. Auch der Staat agierte keineswegs als reiner Erfüllungsgehilfe von Unternehmensinteressen und damit auf der Seite der kapitalistischen Ausbeutung. Die Gesellschaft teilte sich also nicht in rechtlose Arbeiter auf der einen Seite und Unternehmer und Staat auf der anderen Seite, wie er angenommen hatte. Vielmehr versuchte der Staat, eine Vermittlerposition zwischen Arbeitern und Unternehmern einzunehmen. Sein primäres Ziel war die Stabilität der bestehenden Ordnung. Dafür intervenierten verschiedene Regierungen massiv zugunsten der unteren und mittleren Klassen in verschiedene Marktmechanismen. Zum Beispiel zugunsten einer finanziellen Umverteilung innerhalb der Gesellschaft durch eine progressive Steuerbelastung. Auch existenzielle Lebensrisiken wie Krankheit, Arbeitslosigkeit oder Altersarmut wurden durch staatlich organisierte Sicherheitssysteme entschärft (Reheis 2011, S. 125, 128). Mit beiden Maßnahmenpaketen konnte die soziale Ungleichheit deutlich verringert und damit das revolutionäre Potenzial entschärft werden.

Dieser Prozess verlief in zwei aufeinanderfolgenden Etappen: Die erste war die Einführung der Sozialversicherung Ende des 19. Jahrhunderts. Der damalige Reichskanzler Otto von Bismarck führte sie als Reaktion auf die aufkommende Arbeiterbewegung ein. Das dadurch etablierte Sozialsystem diente als Basis für die zweite Etappe, die Etablierung der sozialen Marktwirtschaft nach dem Zweiten Weltkrieg (Kromphardt 2018, S. 233f.). Letzteres geschah auch wegen des „Konkurrenzmodells" in Osteuropa, dem sozialistischen Vollversorgungsstaat.

Insofern könnte man zynisch sagen, dass die beste politische Wirkung von Marx die war, dass man ihn so verzerrt rezipiert hat, dass die Gegenutopie, die man gegen ihn entwickelte, eine wahrhaft humanistische Philosophie und Praxis war. Die sozi-

> ale Marktwirtschaft und der um Lastenausgleich bemühte Sozialstaat dienten auch als Bollwerk gegen den Sozialismus. (Henning 2006, S. 13)

Für Michael Schmidt-Salomon haben die Väter der sozialen Marktwirtschaft sogar mehr für die Verwirklichung von Marx' Zielen getan, als die erklärten Kämpfer für seine Ideen (Schmidt-Salomon o. J., S. 6).

Zur Überraschung der europäischen Linken machte die Marktwirtschaft also erhebliche Zugeständnisse. Die Arbeiterschaft konnte überdurchschnittliche Lohnzuwächse erzielen und einen massiven Ausbau des Sozialstaats erleben. Neffe betont zwar, dass die Beschäftigten weiterhin nicht den Gegenwert für ihre Arbeit erhielten (Neffe 2017, S. 421). Dennoch gelang weiten Teilen der Arbeiterschaft in den westlichen Industrienationen der Aufstieg in die Mittelschicht.

> Die Nachkriegsprosperität trug erheblich dazu bei, dass für die Arbeiterschaft ein signifikanter sozialer Aufstieg in den westlichen Kapitalismen möglich wurde. Auch wenn die Früchte des Wohlstandes höchst ungleich zwischen den Klassen verteilt (...) blieben, von einer (...) Tendenz zur sozialen Polarisierung und Proletarisierung konnte keine Rede sein – eher im Gegenteil. Eine solche Konstellation ökonomischer Prosperität hatte Marx nicht vorausgesehen, war er doch von einer Abfolge von Krisen und sich verschärfenden Klassengegensätzen ausgegangen. (Nachtwey 2018, S. 110f.)

Dies wurde von den Befürwortern der Marktwirtschaft als Beweis für ihre Fähigkeit gesehen, breite Bevölkerungsgruppen am Wohlstand zu beteiligen (Mason 2016, S. 121; Kuczynski 2018; Sinn 2017, S. 31; Haller 2018; Menzel 1999, S. 22f.). Eine solche evolutionäre oder reformatorische Veränderung innerhalb des kapitalistischen Systems hielt Marx für unmöglich. Für ihn war das Überangebot an Arbeitskräften und die permanente Lohnkonkurrenz eine unveränderliche Konstante des Kapitalismus. Aus dieser Verelendung konnten die Arbeiter nur durch eine Revolution entkommen (Homann/Pies 2018, S. 229). Aber statt einer Polarisierung in wenige Superreiche und viele recht- und mittellosen Arbeiter entstand eine ganz andere Gesellschaftsstruktur. Die Arbeiterklasse ging in einer relativ breiten und politisch alles andere als revolutionären Mittelschicht auf. Ergänzt wurde sie von weitgehend stabilen Ober- und Unterschichten, wobei letztere eher unpolitisch blieben (Lohmann 2009, S. 30; Plumpe 2018, S. 237).

Das von Marx propagierte „revolutionäre Proletariat" erwies sich also als geschichtsphilosophisches Konstrukt. Seinen Erlösungsanspruch konnten und wollten die realen Arbeiter nicht einlösen (Liessmann 2015, S. 30f.; Quarti 2011). Auch der Glaube an das unabwendbare Ende des Kapitalismus blieb eine Illusion, er geriet eben nicht in unüberbrückbare Widersprüche. In der Konsequenz stehen seine heutigen Anhänger unter einem gewissen Rechtfertigungsdruck, warum sie seine Ideen weiterhin propagieren. Denn der als Alternative proklamierte „real existierende Sozialismus" konnte im 20. Jahrhundert die hochgesteckten Hoffnungen der Marxisten nicht erfüllen. In den westlichen Ländern wurden seine negativen, abschreckenden Seiten wie „Eiserner Vorhang", Mangelwirtschaft und staatliche Repression allerdings als Argumentation gegen linke Systemkritik verwendet (Krauss 1995, S. 8; Plumpe 2018, S. 238). Für Niemietz ist dies gerechtfertigt, denn jede Ideologie sollte nach den Ergebnissen ihrer Realisierung bewertet werden und nicht nach den idealisierten Vorstellungen der Ideengeber (Niemietz 2021, S. 64).

In der ökonomischen Sphäre will der Sozialismus den unternehmerischen Wettbewerb abschaffen, den er als Ursache für die kapitalistische Ausbeutung sieht. In der zentralen Planwirtschaft entsteht stattdessen eine extreme Machtkonzentration des Staates. Dieser hat nun eine Vielzahl von staatlichen Monopolen in allen Lebenssphären, denn er kontrolliert den Arbeitsmarkt, Wohnungsmarkt, Gütermarkt und Finanzmarkt in einem Ausmaß, der im Kapitalismus unvorstellbar ist (Niemietz 2021, S. 69). Solche staatlichen Monopole haben jedoch die gleichen Nachteile wie private, nämlich Ineffizienzen, Innovationsschwäche und fehlende Orientierung an Kundenwünschen und -bedürfnissen (Freytag 2019). Zudem fehlen echte Marktpreise als zentrale ökonomische Steuerungssignale. So können Knappheiten nicht aufgezeigt und Investitionen nicht gelenkt werden. Selbst heute scheint die Vorstellung unrealistisch, man könnte in Fünfjahresplänen festlegen, wer wie viel wovon wo und wann brauchen wird. Oder wie Niemietz treffend schreibt: „(...) der Kapitalismus ist dem Sozialismus (.) deshalb überlegen, weil wir (...) nicht genug wissen, um eine Volkswirtschaft steuern und planen zu können." (Niemietz 2021, S. 57; auch Sedláček 2011, S. 324).

In der politischen Sphäre ist das Ziel des Sozialismus eine größtmögliche gesellschaftliche Einheitlichkeit im Sinne des gemeinsamen Strebens zur kommunistischen Gesellschaft. Die Kehrseite ist eine Einschränkung der individuellen Freiheit, abweichende Meinungen und alternative Lebensentwürfe haben hier keinen Platz. Kombiniert mit der unweigerlich auftretenden ökonomischen Erfolglosigkeit konnte bisher keine sozialistische Regierung im Rahmen der Demokratie bleiben. Früher oder später griffen sie alle zur Anwendung von Zwang, Unterdrückung der politischen Konkurrenz und Wahlmanipulation, um sich an der Macht zu halten. Auch ursprünglich demokratisch gewählte wie in Nicaragua oder Venezuela blieben davon nicht verschont (Fontaine 1998, S. 734ff.). Für Freytag und Niemietz ist die Repression deshalb in der Natur des Sozialismus selbst begründet, sein unausweichlicher und logischer Bestandteil (Freytag 2019; Niemetz 2021, S. 26, S. 57ff., 58f.).

Trotzdem hatte es in allen sozialistisch regierten Ländern treue, überzeugte Anhänger der marxistische Ideale gegeben. Auch politisch linksorientierten Kreisen in den westlichen Industriestaaten hatten seine Thesen viele Jahrzehnte lang Hoffnung auf eine andere, bessere Welt gegeben. Mit dem Ende der Sowjetunion und fast aller sozialistischen Experimente weltweit war es damit vorbei. Viele verloren anschließend ihr Interesse an linken Ideen, andere hingegen setzten ihr Streben fort, eine Alternative zum Kapitalismus zu realisieren. Sie weigerten sich standhaft, ihre Überzeugungen aufzugeben:

> Entweder hatte Marx Recht und es kam darauf an, ihn trotz aller vermeintlichen Fehler und falschen Prognosen wieder zur Geltung zu bringen, oder er musste angesichts des Ausbleibens seiner Prognosen neu interpretiert werden. Der Gedanke, er könnte in vielen Dingen einfach unzutreffende Behauptungen aufgestellt haben oder seine Epigonen hätten ihn unzutreffend simplifiziert, war jedenfalls in der Welt seiner Anhänger tabuisiert. (Plumpe 2018, S. 236)

Diese Menschen bilden den Nährboden für das Phänomen, mit dem sich dieses Buch beschäftigt – die Renaissance des Marxismus (Furet 1998, S. 624).

1.3 Francis Fukuyamas These vom „Ende der Geschichte"

Zum Abschluss des ersten Kapitels beschäftigen wir uns mit einem Autor, der gewissermaßen der Gegenpol zu diesen Suchenden ist – Francis Fukuyama. Die Thesen seines 1992 erschienenen Buchs „Das Ende der Geschichte" lassen sich nur im Kontext der damaligen Stimmung verstehen. Für ihn bedeutete das Ende des sozialistischen Experiments nämlich auch das Ende der (Ideen-)Geschichte. Die Suche nach Alternativen zu Kapitalismus und Demokratie hielt er für unnötig, ja sinnlos. Fukuyama steht in der Tradition von Hegels Geschichtsphilosophie und wurde stark beeinflusst vom französischen Hegel-Interpreten Alexandre Kojève. Für Hegel verläuft die historische Entwicklung weder zufällig-chaotisch noch zyklisch, also in Wiederholungen. Vielmehr sieht er in der Geschichte der Menschheit einen stringenten Entwicklungspfad und ein logisches Ziel. Dieser Endzustand ist eine Gesellschaftsform, in der die Sehnsüchte der Menschen ohne fundamentale innere Widersprüche verwirklicht werden können. Für Hegel war dies die preußische Monarchie, für Marx der Kommunismus, für Fukuyama dagegen die marktwirtschaftlich organisierte, liberale Demokratie (Fukuyama 1992, S. 12ff.). Betrachten wir nun die ökonomische und politische Sphäre jeweils separat.

Warum sieht Fukuyama den weltweiten Kapitalismus als unausweichlichen Endzustand der Wirtschaftsgeschichte? Er führt aus, dass die Entfaltung der modernen Naturwissenschaften in allen davon beeinflussten Ländern eine ähnliche Wirkung hat. Deshalb werden sich diese Gesellschaften mit der Zeit immer ähnlicher, unabhängig von ihrem kulturellen und historischen Hintergrund (Fukuyama 1992, S. 12; auch Eßbach 2000, S. 439). Hier sind Parallelen zum Konzept des sogenannten „Globalismus" erkennbar, das ebenfalls von einer unausweichlichen Entwicklung aller am Weltmarkt Beteiligten zu kultureller Einheitlichkeit ausgeht. Interessant ist, dass auch für Marx die Globalisierung alle gewachsenen, eigenständigen, lokalen Strukturen zerstört: „Sie vernichtete möglichst die Ideologie, Religion, Moral (…) und die bisherige naturwüchsige Ausschließlichkeit einzelner Nationen" (MEW, Bd. 3, S. 60). Durch die Einbindung in den weltweiten Markt müssen sich die Länder durch den Wettbewerbsdruck in Richtung höchste Effizienz bewegen. Und dies führt sie automatisch in Richtung der marktwirtschaftlichen Ordnung (Fukuyama 1992, S. 16). Für Fukuyama führt der zielgerichtete Verlauf der Geschichte auf ökonomischer Ebene also zwangsläufig zum Kapitalismus. Henning sieht auch in einflussreichen globalen Institutionen wie IWF und Weltbank eine gewisse geschichtsphilosophische Agenda, denn auch sie fördern die Entwicklung aller Länder zu kapitalistischen Demokratien (Henning 2006, S. 16)

Diese zwingende Logik lässt sich für Fukuyama von der ökonomischen Sphäre aber nicht ohne weiteres auf die politische übertragen. Denn zum einen gab es Demokratien bereits vor der Industrialisierung. Zum anderen gab und gibt es undemokratische, aber ökonomisch dennoch erfolgreiche Staaten wie Singapur, China, Ruanda und Uganda (Fukuyama 1992, S. 16f.). Eine demokratische politische Ordnung kann die ökonomische Effizienz sogar verschlechtern, da Konsensbildung und notwendige Entscheidungsprozesse deutlich aufwendiger sind. Das Bekenntnis einer Gesellschaft zur Demokratie ist also nicht allein aus ökonomischen Faktoren erklärbar (Eßbach 2000, S. 439). Dies lässt sich auch am Beispiel der Dissidenten in Osteuropa erkennen, für die das Streben nach Anerkennung in Form von politischen Rechten das dominierende Motiv war.

Warum ist der weltweite Siegeszug der liberalen Demokratie in der politischen Sphäre für Fukuyama dann ebenso unausweichlich wie der des Kapitalismus in der ökonomischen? Um dies zu begründen, greift er auf Platon zurück, der in seinem Werk *Politeia* die menschliche Seele in drei Teile aufgeteilt hatte: Begierde, Vernunft und Gefühl. Während Begierde den Menschen veranlasst, Dinge anzustreben und die Vernunft ihm die Verwirklichung dieser Wünsche ermöglicht, ist das Gefühl geprägt vom Streben nach Anerkennung durch andere. Dieses Streben kann so stark sein, dass manche Menschen sogar bereit sind, ihr Leben dafür zu riskieren (Fukuyama 1992, S. 18, 204ff.). Dadurch bildet sich bereits seit der Frühzeit der Menschheit eine Zweiteilung der Gesellschaft heraus. Auf der einen Seite stehen todesbereite Herren und auf der anderen Seite Knechte, die ihren Selbsterhaltungstrieb über ihren Wunsch nach Anerkennung stellen (Fukuyama 1992, S. 19, 208). Das Problem ist allerdings, dass in dieser Struktur keiner der Beteiligten die angestrebte Anerkennung bekommt. Die Knechte sind nach ihrer Unterwerfung unter die Herren rechtlos geworden und können in diesem Zustand keine Anerkennung erleben. Aber gleiches gilt auch für die eigentlich überlegenen Herren. Die Anerkennung durch die Knechte ist für sie wertlos und mit den anderen Herren stehen sie in unablässiger Konkurrenz (Fukuyama 1992, S. 19, 268f.).

Dieses tief im Menschen verwurzelte Bedürfnis nach Anerkennung lässt sich für Fukuyama nur realisieren, wenn alle Menschen einander gleichgestellt sind. Diese gesellschaftliche Konstellation ist erst und ausschließlich in der Demokratie gegeben. Sie wird also vor allem gewählt und angestrebt, weil in ihr alle Anerkennung erreichen können (Fukuyama 1992, S. 13, 283f.). Anders als Fukuyama sieht Gwynne Dyer den Zeitpunkt der geschilderten gesellschaftlichen Teilung aber nicht am Ursprung der menschlichen Zivilisation. Er nimmt für die Jäger und Sammler eine ursprünglich egalitäre Gruppenstruktur an. Erst mit der Sesshaftwerdung des Menschen vor ca. 12.000 Jahren endete für ihn die egalitäre, gemeinsame Nutzung der Natur als Gesellschaftsmodell. Mit dem Übergang in die Agrarepoche wurde die Größe des Landbesitzes entscheidend für die gesellschaftliche Stellung. Naturgemäß ist dieser nicht unbegrenzt erweiterbar, da jeder Besitzer andere von der Nutzung ausgrenzen kann. Dieser Zustand hielt über viele Jahrtausende an, bis die Bedeutung des Landbesitzes mit der Industrialisierung zurückging. Parallel dazu kehrte das ursprüngliche Prinzip der Gleichheit in der Idee der Demokratie zurück (Dyer 2021, S. 112). Unabhängig von Dyers Einwand ist für Fukuyama, analog zum Kapitalismus im ökonomischen Bereich, die liberale Demokratie im politischen Bereich der logische Endpunkt der (Ideen-)Geschichte (Fukuyama 1992, S. 283f.; Eßbach 2000, S. 441). Diese recht radikale These hat, wenig überraschend, Kritik aus verschiedenen Richtungen hervorgerufen.

Für die Vertreter des rechten/konservativen Lagers war Fukuyamas Idee eines beständigen politischen Fortschritts negativ besetzt. Sie interpretieren Hegels Geschichtsphilosophie ganz anders, nämlich als Aufruf zur Bewahrung der bestehenden Ordnung (Kagan 2009, S. 78, 91). Ebenso widerstrebt ihnen die Demokratie als solche, besonders aber ihre liberale Variante.

Für die Vertreter des linken politischen Lagers war der Untergang der Sozialismus natürlich ein zutiefst erschütterndes und verstörendes Ereignis. Die marktwirtschaftlich organisierten Gesellschaften hatten sich in allen ökonomischen, sozialen und ökologischen Kriterien den sozialistischen als überlegen erwiesen. Aber angesichts der weiter bestehenden sozialen Ungleichheit wollten sie ihre Sehnsucht nach einem alternativen Wirtschafts- und Gesellschaftssystem nicht aufgeben. Daher empfanden sie Fukuyamas Verkündung des endgültigen und weltweiten Triumphs der kapitalistisch-liberalen Ordnung als Affront (Holmes/Krastev 2019, S. 177; Mason 2016, S. 28). Fukuyama musste sich geirrt haben ...

Tatsächlich hatte dieser in seinen Thesen keineswegs ein automatisches Ende der sozialen Ungerechtigkeit verkündet. Aber für ihn war sie Folge einer unzureichenden Verwirklichung der demokratischen Grundprinzipien im Rahmen der Marktwirtschaft (Fukuyama 1992, S. 12). Auch als Ursache von Rückständigkeit und sozialer Spaltung in den Schwellenländern sah er deren unvollendete Einbindung in den globalen Kapitalismus. Die Lösung war für ihn also kein alternatives System, sondern die stärkere Verwirklichung von Demokratie und Marktwirtschaft (Fukuyama 1992, S. 78f.).

Fukuyamas Gegner aus allen politischen Lagern wiesen fast genüsslich auf verschiedene Entwicklungen und Ereignisse nach 1991 hin, denn nicht wenige von ihnen schienen seine Thesen zu widerlegen (Derrida 1995, S. 131, 178). Zwischenstaatliche Konflikte, Handels- und Bürgerkriege sowie Terroranschläge nahmen eher zu als ab, ebenso der Anteil autoritärer Regime. Tatsächlich ist die Zahl der Demokratien in der Welt seit dem Ende des Kalten Krieges rückläufig (The Economist Intelligence Unit 2022, S. 4). Selbst in traditionellen Demokratien wie Großbritannien, Frankreich oder den USA gerät sie unter dem Druck von Populisten und Nationalisten zunehmend in Bedrängnis. Die Welt scheint weiterhin mehr von Kriegen, inneren Konflikten und Umsturzversuchen beherrscht zu werden, als von ewigem Frieden in Demokratie und Marktwirtschaft. Selbst Fukuyamas akademischer Lehrer Samuel Huntington entwickelte sich zu einem seiner schärfsten Kritiker. 1993 formulierte er in „Clash of Civilizations" einen Gegenentwurf, in dem Menschenrechte, Demokratie und Marktwirtschaft nicht als prägende Elemente der Zukunft angesehen wurden. Vielmehr prophezeite Huntington einen globalen Konflikt der verschiedenen Kulturkreise (Huntington 1993, S. 30f., 42). Fukuyama antwortete ihm 1995 mit seinem Buch „Der Konflikt der Kulturen", in dem er den Einfluss von kulturellen Unterschieden auf die wirtschaftliche Entwicklung beschrieb und dabei das positive Potenzial des Austauschs betonte (Fukuyama 1995).

Leider wurden und werden Francis Fukuyamas Thesen vom „Ende der Geschichte" überwiegend ablehnend oder sogar sarkastisch kommentiert. Dies geschieht offenkundig ohne genauere Lektüre und Kenntnis seiner Argumentation. Er behauptet keineswegs, dass Demokratien in allen Ländern stabil sind. Für ihn kann es immer wieder Rückfälle in andere Regierungsformen wie autoritäre Regime, Militärdiktaturen oder sogar Theokratien geben (Fukuyama 1992, S. 12). In späteren Interviews räumt Fukuyama den Rückgang des globalen Anteils der Demokratien durchaus ein. Insbesondere das chinesische Modell mit autoritärer Führung und kapitalistischer Entwicklung ist durch seinen ökonomischen Erfolg für die Eliten von Schwellen- und Entwicklungsländern attraktiv (Fukuyama 2008; Fukuyama/Müller 2017). Fukuyama geht keineswegs von einem automatischen weltweiten Monopol der Demokratie aus, sein Fokus ist das ideelle Potenzial. Denn nur in ihr können Regierte und Regierende gleichzeitig Anerkennung erleben. Jeder Bürger kann den Aufstieg in die Regierung schaffen, deren Macht aber begrenzt ist. Alle anderen politischen Systeme sind für ihn auf lange Sicht instabil, weil sie im Sinne eines Herr-Knecht-Verhältnisses organisiert sind. Dem kleinen, herrschenden Teil wird ein Übermaß an Anerkennung zugestanden, der großen Mehrheit jedoch nur ein unzureichender Anteil. Eine bessere Regierungsform als die liberale Demokratie hält Fukuyama daher für unmöglich. Er ist überzeugt, dass sie sich, ungeachtet aller temporären Rückschritte, weltweit durchsetzen wird, wenn auch nur langfristig (Fukuyama 1992, S. 12; Fukuyama/Müller 2017; Brakel 2017). Ihre tatsächliche Stärke lässt sich daran ablesen, dass auch viele Diktatoren, von Kuba über Syrien bis Nord-Korea Wahlen abhalten, wenn auch manipulierte. Damit erkennen sie ungewollt an, dass nur der mehrheitliche Wille der Bevölkerung politische Macht legitimieren kann – und genau das ist die Quintessenz der demokratischen Idee.

2 Erste Zweifel am siegreichen Kapitalismus

Der Siegeszug des Kapitalismus war für die Mehrheit der globalen Öffentlichkeit eine logische Folge des Zusammenbruchs seines Konkurrenten, des Sozialismus. Aber schon im Verlauf der 1990er Jahre kamen erste Zweifel auf, ob die Marktwirtschaft wirklich die einzige und optimale Lösung ist. Dies geschah zum einen im ehemaligen Ostblock, wo die Transformation sich als durchaus schwierig erwies. Zum anderen fanden in den westlichen Industrieländern weiterhin treue Anhänger des Marxismus und neue antikapitalistische Skeptiker zueinander.

2.1 Desillusionierung im ehemaligen Ostblock

In den Ostblock-Ländern hatte die Widerstandsbewegung gegen die sozialistische Gesellschafts- und Wirtschaftsordnung drei wesentliche Stoßrichtungen. Die erste war der Kampf gegen Repression und Ein-Parteien-Diktatur, also für mehr politische Teilhabe. Die zweite war das Streben nach Loslösung von der sowjetischen Hegemonialmacht, die in der Tradition des russischen Imperiums agierte (wobei Russland diese Denkweise bis heute fortführt). Die osteuropäischen Länder hatten mehrmals den eisernen Griff der Sowjetmacht spüren müssen und strebten nach mehr Unabhängigkeit. Eine dritte Stoßrichtung war die ökonomische Rückständigkeit, die sich in niedrigem Lebensstandard, geringen Konsummöglichkeiten und wachsenden Umweltproblemen äußerte (Holmes/Krastev 2019, S. 55, 119, 204; von Beyme 1994, S. 14, 127ff.).

Die ökonomische Überlegenheit des kapitalistischen Westens war so offenkundig, dass in der Wendezeit eine schnellstmögliche Übernahme dieser Wirtschaftsordnung die einzige sinnvolle Option zu sein schien. Nach einer notwendigen, möglicherweise schmerzhaften Anpassungszeit sollte so der gleiche Wohlstand erreicht werden. Dieser radikale Umbruch wurde als erfolgversprechender angesehen, als ein langsamer, evolutionärer, reformerischer Übergang (Ther 2016). Klaus von Beyme weist aber darauf hin, dass eine solche gleichzeitige Transformation von politischer und ökonomischer Sphäre eine historisch einzigartige Herausforderung darstellte (von Beyme 1994, S. 13, 81ff., 194; auch Kolev/Zweynert 2012, S. 69).

Unverkennbar ist in dieser Phase der Einfluss der von Milton Friedman geprägten marktliberalen „Chicagoer Schule" der Wirtschaftswissenschaften. Die von amerikanischen Beratern beeinflussten Führungskreise der Transformationsgesellschaften übernahmen mehrheitlich dieses Konzept. Die Hoffnung war, dass schnell ein Wirtschafts- und Wohlstandswachstum einsetzen würde, wenn Subventionen von Mieten, Energie und Lebensmitteln abgeschafft, Preise und Währungskurse freigegeben sowie Großbetriebe privatisiert würden. Die große Nachfrage sollte nach den Marktgesetzen automatisch ein privatwirtschaftliches Angebot hervorbringen. In Deutschland erinnert man sich noch gut an Helmut Kohls Versprechen der „blühenden Landschaften", die schon bald in den neuen Bundesländern entstehen sollten. Allerdings überschätzte diese Annahme das unternehmerische Potenzial in den ehemals sozialistischen Gesellschaften, denn dieses war den Menschen gründlich aberzogen worden.

Doch diese Schocktherapie führte in allen ehemaligen Ostblock-Staaten zu dramatischen Einbrüchen von BIP, Industrieproduktion und Steuereinnahmen. Gleichzeitig explodierte aufgrund der Schließung vieler unrentabler Staatsbetriebe die Arbeitslosigkeit. Unsere Wahrnehmung dieser Zeit ist primär von den wirtschaftlichen und sozialen Problemen in Ostdeutschland geprägt. Dabei hatte die ehemalige DDR das einzigartige Glück, mit der Bundesrepublik eine fast unerschöpfliche Finanzquelle zu haben, um den Übergang abzufedern. In allen anderen Transformationsländern traf es die Menschen ungleich härter. Dort war ein fundamentaler Zerfall der sozialen Ordnung bittere Realität. Ich habe in den 1990er Jahren mit eigenen Augen in Russland viele Rentner gesehen, die im Müll nach Lebensmitteln gesucht haben. Die Hauptursache dafür war natürlich der lange ökonomische Niedergang der Planwirtschaft, aber auch der radikale Übergang zum Kapitalismus spielte eine Rolle. Mit der Pleite unzähliger Unternehmen fielen auch deren ausgeprägte soziale Unterstützungsfunktionen weg. In Städten, die um ein dominierendes Unternehmen gebaut worden waren, hatte das katastrophale Auswirkungen. Arbeitslosengeld existierte trotz der entstehenden Massenarbeitslosigkeit faktisch nicht, Renten wurden nicht mehr ausgezahlt. Die Dominanz des Staates erwies sich nun als Schwäche, denn die wegbrechenden Steuereinnahmen schränkten dessen Möglichkeiten zur Stützung der sozialen Sphäre stark ein. In Russland ist die einzige kurze Phase der Demokratie in den 1990er Jahren bis heute als negative, chaotische Zeit im kollektiven Gedächtnis. Nicht selten hört man dort die Einschätzung „Demokratie ist, wenn jeder alles darf", obwohl deren Kontrollmechanismen genau das verhindern und eigentlich niemand alles darf.

Zudem hatte sich durch die jahrzehntelange Repression keine Gegenelite herausbilden können, da Dissidenten oft unattraktive Arbeitsstellen ohne wirklichen Einfluss zugewiesen wurden. Dadurch konnten sich die alten Eliten im Prozess der Besitzumverteilung vernetzen und so schnell die Kontrolle über wertvolle Rohstoffe, Industriebetriebe und landwirtschaftliche Ressourcen erlangen (Holmes/Krastev 2019, S. 33; von Beyme 1994, S. 13, 177f., 208). Die radikalen Marktreformen brachten wenige Sieger und viele Verlierer hervor. Die großen Erwartungen schlugen schnell in Desillusionierung und Enttäuschung über die soziale Not um, in die weite Teile der Bevölkerung stürzten. Von diesen Tendenzen konnten vor allem nationalistische und populistische Gruppierungen bzw. Parteien profitieren. Dieser Aufstieg autoritärer und antiliberaler Strömungen in Osteuropa war für viele Beobachter im Westen ein Rätsel. Wie konnte es sein, dass nach Jahrzehnten der sozialistischen Diktatur die erkämpfte Demokratie so schnell an Zustimmung verlor?

Ein erster Erklärungsansatz ist ökonomisch: Die Verlierer von Privatisierung und Globalisierung wurden empfänglich für nationalistische und populistische Rhetorik (Rupprecht 2019). Mit einer gewissen Nostalgie begann man sich an die soziale Sicherheit und relative Gleichheit zu erinnern, die der Sozialismus zweifellos hatte. Dagegen trat die staatliche Repression immer stärker in den Hintergrund, die primär eine politisch aktive Minderheit betroffen hatte. Da die Härten des Übergangs zur Marktwirtschaft mit der gleichzeitig eingeführten Demokratie assoziiert wurden, verloren beide gemeinsam stark an Zustimmung. Und das, obwohl sich die Realeinkommen in Osteuropa seit 2000 verdoppelt haben, nicht zuletzt durch milliardenschwere Transferleistungen der EU.

Ein zweiter Erklärungsansatz ist psychologisch: Im Prozess der Westorientierung und Integration in die EU übernahmen die osteuropäischen Länder liberale Normen und Werte. Zum einen, weil die westlichen Reformpartner dies erwarteten, zum anderen, weil dies zum „Siegerpaket" im Kalten Krieg zu gehören schien. Ein Teil der Bevölkerung empfand bei dieser Nachahmung allerdings ein Gefühl der Demütigung und des Identitätsverlustes. Dies könnte eine Art antiliberale Trotzreaktion ausgelöst haben (Rupprecht 2019; Holmes/Krastev 2019, S. 12, 47f.). Bei näherer Betrachtung wird zudem deutlich, dass die westliche Wahrnehmung und Einordnung der Wende in Osteuropa verzerrt ist. Es waren nicht die breiten Massen, die nach politischer und wirtschaftlicher Freiheit strebten und dafür den autoritären Kommunismus von der Macht verdrängten. Denn eine gesellschaftlich verankerte demokratisch-marktwirtschaftliche politische Kraft hatte sich in den sozialistischen Ländern nicht herausbilden können. Es handelte sich also nicht um eine Rückkehr Osteuropas zur liberalen Normalität, weil es sie dort nie gegeben hatte.

Eine wirksame Durchdringung der Bevölkerung mit liberalem Gedankengut als Voraussetzung für die Akzeptanz der Demokratie war sowohl vor 1989, als auch danach ausgeblieben. Dies ließ sich auch an der niedrigen Beteiligung an den ersten freien Wahlen ablesen. Sie lag 1990 in Ungarn und 1991 in Polen unter 50 % (Rupprecht 2019). Selbst die im Westen als Helden der Wende gefeierten Michail Gorbatschow und Lech Wałęsa verloren in ihren Heimatländern sehr schnell an Zustimmung. 2017 hielten nur 48 % der Ungarn, 47 % der Polen, 39 % der Bulgaren, 34 % der Letten und 25 % der Serben die nach 1989 geschaffene Demokratie für die bestmögliche Regierungsform (Pew Research Center 2017, S. 141). Alternative Entwicklungswege waren 1989 ohne breite gesellschaftliche Diskussion verworfen worden. Dazu gehörten religiös-konservative, monarchistische, autoritär-nationalistische oder reformsozialistische Ansätze (Holmes/Krastev 2019, S. 21, 87, 191). Diese Strömungen hatten demnach bereits zur Wendezeit durchaus Rückhalt und blieben danach relevante politische Faktoren (Rupprecht 2019). Dies äußert sich bis heute in der zunehmenden Entfremdung von autoritär-konservativ regierten Staaten wie Polen und Ungarn von den europäischen Werten.

Wichtig ist, dass in den ehemals sozialistischen Gesellschaften keine Begeisterung für Marktwirtschaft und Demokratie entstand, aber auch keine Rückkehr zu marxistischen Ideen zu beobachten war. Die Wiederentdeckung von Marx begann interessanterweise im Lager der Sieger des Kalten Krieges, den „alten" westlichen, marktwirtschaftlich organisierten Demokratien. Viele Menschen in Europa und Nordamerika hatten das Gefühl, dass bestehende Probleme wie Armut, Ausbeutung, Umweltzerstörung nicht von Kapitalismus und Globalisierung gelöst werden können. Beide wurden vielmehr als deren Ursache und auch verschärfende Faktoren wahrgenommen. Daraus entstanden verschiedene, sehr aktive Gruppen, die im nächsten Kapitel beschrieben werden.

2.2 Aktivisten gegen den Kapitalismus

Die schleichende Entfremdung von der liberalen Marktwirtschaft in Osteuropa hatte auch in den westlichen Industrieländern gewisse Parallelen. Dort lag der Fokus allerdings stärker auf den negativen Folgen der Globalisierung. Immer größere Teile der Produktion waren in Billiglohnländer verlagert worden, wo teilweise unmenschliche Arbeitsbedingungen herrschten und verheerende Umweltschäden entstanden. Auch der Hunger plagte trotz global gesehen großer Agrar-Überschüsse weiter viele Millionen Menschen, was Jean Ziegler als „stillen Genozid" scharf kritisierte (Ziegler 2001, S. 21, 26; auch Ziegler 2003; Lenger 2004, S. 366). Diese Umstände riefen bei einer kleinen, aber einflussreichen Minderheit in den westlichen Industrieländern negative Gefühle hervor. Sie waren überzeugt, dass die entstandene ökonomische Weltordnung keineswegs so perfekt und alternativlos war, wie von deren Befürwortern dargestellt. Es schien, als habe sich die von Marx beschriebene Zweiteilung der Gesellschaft in wenige Reiche und viele Besitzlose in den Industrieländern zwar deutlich entspannt. Aber vielleicht ist der Gegensatz nicht verschwunden, sondern hatte sich nur auf eine andere Ebene verlagert? Denn die Zweiteilung in Industrieländer auf der einen Seite sowie Schwellen- bzw. Entwicklungsländer auf der anderen Seite zeigt einen ähnlichen Spannungszustand (▶ Kap. 3.2.4).

Die jahrzehntelange Phase der Koexistenz verschiedener Wirtschaftsmodelle wurde in den 1990er Jahren abgelöst von einem Monopol des Kapitalismus. Die Abwesenheit von Wettbewerb führt jedoch regelmäßig zu einer Verschlechterung des Angebots. Auch der Kapitalismus konnte nun mit weniger Rücksicht auf seine „Kunden", vor allem die Arbeitnehmer, vorgehen.

> Das Verschwinden der Systemkonkurrenz hat in Europa dazu geführt, dass die politischen und sozialen Schranken weitgehend beseitigt wurden, die der rücksichtslosen, weltweiten Ausbeutung der überwiegenden Mehrheit der Bewohner der Erde und der maximalen Kapitalverwertung entgegenstehen. (Steinitz 2007, S. 159f.)

Diese Verschärfung wird von neomarxistisch orientierten Autoren stark kritisiert (Amin 2010; Liessmann, 2015, S. 1; ▶ Kap. 3.2.3). Wie im vorherigen Kapitel aufgezeigt werden konnte, hatte die Übernahme der Marktwirtschaft in den ehemals sozialistischen Ländern deutliche Spuren hinterlassen. Aber auch in den westlichen Industrieländern waren die Auswirkungen spürbar. Dies gilt vor allem für die Gesellschaften mit den stärksten sozialen Sicherungssystemen wie Schweden oder Deutschland. Nicht nur wirtschaftsliberale oder konservative Parteien befürworteten Deregulierung, Sozialabbau und Haushaltsdisziplin, auch sozialdemokratische Parteien pflichteten ihnen bei (Menzel 1999, S. 7f.). In Deutschland hatte eine rot-grüne Regierung angesichts hoher Arbeitslosigkeit und schwachem Wirtschaftswachstum in der „Agenda 2010" weitreichende Einschränkungen von Sozialleistungen durchgesetzt (Jameson 1996, S. 15f.). Viele politisch linksorientierte Menschen empfanden dies als Verrat an den Interessen der Unterprivilegierten und den Traditionen der Sozialdemokratie, was ein gewisses Vakuum in der politischen Landschaft hinterließ.

In den angesprochenen kapitalismus- und globalisierungskritischen Kreisen der westlichen Industrieländer entstanden daher mit der Zeit über 1.000 neue Nichtregierungsorganisationen. Die Vielfalt der daran Beteiligten reichte von Mitgliedern der Gewerkschaften und Fair-Trade-Aktivisten über ökologische Organisationen, Feministinnen, Menschenrechtsaktivisten, Vertretern religiöser Hilfswerke bis hin zu Mitgliedern des trotzkistischen und anarchistisch-linksradikalen Lagers. In ihrer Mehrheit handelte es sich demnach um reformorientierte Gruppen, aber auch einige revolutionäre Kräfte gehörten dazu.

Ein wichtiges Anliegen dieser Gruppen war die prinzipielle Infragestellung des Wirtschaftswachstums (Kallis/Martinez-Alier/Schneider 2010, S. 513f.; Asara/Otera 2015, S. 377ff.; Miegel 2012, S. 6f.). Sie stützten sich dabei auf die Publikation „Die Grenzen des Wachstums" des Club of Rome von 1972. In dieser Studie war explizit vor einer Überdehnung der natürlichen Ressourcen gewarnt worden, sollte der bisherige Wachstumspfad fortgesetzt werden. Allerdings wurde diese Studie später aktualisiert, nicht zuletzt, weil sich eine ihrer zentralen Annahmen als falsch erwiesen hatte. Vor Jahrzehnten war in diesem populären Werk ein anhaltendes, sogar beschleunigtes globales Bevölkerungswachstum prognostiziert worden. Auch die Vereinten Nationen gingen lange Zeit von bis zu 12 Milliarden Menschen bis 2050 aus. Diese Entwicklung galt als einer der Haupttreiber für ökonomischen Wachstumsdruck und Ressourcenverbrauch. Doch mit der Zeit wurde diese Schätzung nach unten korrigiert. Ab 2019 ging das United Nations Department of Economic and Social Affairs von einer langfristigen Stabilisierung bei weniger als 10 Milliarden aus (UN DESA 2022). Damit verlor das alarmistische Bild des Club of Rome ebenso an Überzeugungskraft wie die Forderungen der kritischen Aktivisten. Andererseits entfiel damit auch die Notwendigkeit der Versorgung von immer mehr Menschen. War unter diesen neuen Bedingungen ein fortgesetztes Wirtschaftswachstum tatsächlich sinnvoll? (▶ Kap. 3.2.5).

Nico Paech, einer der prägenden Vordenker der sogenannten „Post-Wachstums-Ökonomie" positioniert diese explizit als Gegenthese sowohl zum Kapitalismus als auch zu Marx (Paech 2017, S. 43f.; auch Jackson 2011). Denn letzterer hatte in seinem Konzept die Wachstumsorientierung des Kapitalismus nicht prinzipiell in Frage gestellt. Aus heutiger Sicht ist es jedoch durchaus fraglich, ob die bestehenden globalen Gerechtigkeits- und Verteilungsfragen durch noch mehr Wachstum gelöst werden können. Auf jeden Fall würde es den Planeten Erde endgültig überfordern, wenn die Schwellen- und Entwicklungsländer dem Weg der Industrieländer folgen würden. Die Belastung der Planeten durch deren ressourcenintensives und umweltbelastendes Verhalten wird am „earth overshoot day" deutlich. Er markiert den Tag, ab dem wir der Erde mehr Ressourcen entnehmen, als sie im Gesamtjahr regenerieren kann. Für 2022 war dies weltweit der 28. Juli (für Deutschland übrigens der 4. Mai).

Die meisten Gruppen blieben sehr klein und konnten jede für sich kaum Wirkung entfalten, es sei denn sie schlossen sich zu Aktionen oder Demonstrationen mit vielen anderen zusammen. Einige haben mit der Zeit tatsächlich größere Aufmerksamkeit erreichen können. Exemplarisch lassen sich drei Bewegungen herausgreifen, an denen sich die wachsende Kritik am Kapitalismus verdeutlichen lässt: *Attac*, *Occupy* und *Fridays for Future*.

Attac wurde ins Leben gerufen mit dem relativ engen Ziel, eine Transaktionssteuer auf jede Handelsaktivität an den Finanzmärkten zu etablieren. Sie beruht auf Ideen zur Regulierung des Finanzmarktes, die 1936 John Meynard Keynes in seinem Hauptwerk „The General Theory of Employment, Interest, and Money" (Keynes 2016, S. 112, 208) und 1972 James Tobin formuliert hatten (Tobin 1972, S. 3, 27). Letzterer wollte mit einer Besteuerung von 0,1 % internationale Währungsspekulationen verteuern und damit unrentabel machen. Normale Investitionen und Handelsgeschäfte wären durch diesen geringen Prozentsatz nicht beeinträchtigt. Die Entwicklung des Devisenmarktes gab beiden Recht, denn dessen Volumen hat sich seit den 1980er Jahren mehr als verzehnfacht, die Haltedauer dagegen ebenso stark verkürzt (Bank for International Settlements 2019, S. 72f.). Der Finanzmarkt hatte sich also allmählich von der Realwirtschaft entkoppelt und war kein Hilfsmittel der Marktwirtschaft mehr, sondern ein eigenständiger Markt. Dessen Breite und schiere Größe konnte massiven Einfluss auf die Gesamtwirtschaft ausüben. Auch Spekulationen gegen einzelne Währungen wie von George Soros gegen das britische Pfund 1992 oder die Asienkrise 1997/98 bestärkten die Kritiker der Finanzspekulation. In den letzten zehn Jahren hat der Hochfrequenzhandel, der inzwischen über die Hälfte des gesamten Marktvolumens ausmacht, diese Tendenz noch verstärkt (Anzlinger 2019; Lewis 2014). Eine global implementierte Tobin-Steuer könnte diese destabilisierende Praxis unrentabel machen und gleichzeitig bis zu 25 Milliarden US-Dollar einbringen (McCulloch/Pacillo 2011, S. 65). Eine interessante Randnotiz ist, dass sich Tobin 2001 als expliziter Anhänger von Kapitalismus und Freihandel von dieser Konzeption distanzierte (Tobin 2001). Bisher gibt es weder in den USA noch in der EU eine Finanztransaktionssteuer, da sich dafür keine Mehrheiten fanden. Die von Frankreich vorgenommene Besteuerung von Transaktionen mit Kreditausfallversicherungen

(„Credit Default Swaps") in Höhe von 0,01 % ist wohl kaum wirkungsvoll.

Die eigentliche Initialzündung für *Attac* kam jedoch durch den 1997 erschienenen Leitartikel „Désarmer les marchés" („Die Märkte entwaffnen") von Ignacio Ramonet in „Le Monde diplomatique" (Ramonet 1997). Dieser hatte die Gründung einer Nichtregierungsorganisation mit dem Ziel einer stärkeren Regulierung und Besteuerung der Finanzmärkte angeregt. Tatsächlich entsteht 1998 *Attac* in Frankreich (der Name ist abgeleitet von „**a**ssociation pour une **t**axation des **t**ransactions financières pour l'**a**ide aux **c**itoyens" – Vereinigung für eine Besteuerung von Finanztransaktionen zur Unterstützung der Bürger). Diese Keimzelle war natürlich bestrebt, ihre Ideen auch in andere Länder zu tragen. Sie versuchte, sich über ähnlich gesinnte Gruppen international zu etablieren, vor allem in anderen westeuropäischen Ländern. Die entsprechende deutsche Sektion wurde 1999 gegründet und entwickelte sich in wenigen Jahren zur zahlenmäßig größten in der gesamten Organisation.

Im selben Jahr trat *Attac*, aber auch die globalisierungskritische Bewegung insgesamt, das erste Mal wirklich sichtbar in Erscheinung. 50.000 Demonstranten machten beim WTO-Treffen in Seattle ihren Unmut über die internationale Wirtschaftspolitik deutlich. Auch die weiteren Proteste konzentrierten sich auf Gipfeltreffen von einflussreichen internationalen Wirtschaftsinstitutionen. Für *Attac* vertreten sie ausschließlich die Interessen der Industrieländer und sind symbolische Vertreter der weltweiten Dominanz des kapitalistischen Wirtschaftssystems. Daher wird ihnen eine wesentliche Verwantwortung für die angeführten Fehlentwicklungen zugeschrieben (Leggewie 2003, S. 120). Anlässe für solche Proteste waren unter anderem die Sitzungen von Weltbank und IWF in Prag (2000), der EU-Gipfel in Göteborg (2001) sowie die G8-Gipfel in Genua (2001) und Heiligendamm (2007). Von den öffentlichkeitswirksamen Aktionen konnte vor allem *Attac* profitieren, dessen Bekanntheit in der Folge erkennbar stieg. So verzehnfachte sich die Mitgliederzahl der deutschen Gruppe im Verlauf des Jahres 2001, also nach dem Gipfel von Genua, (Baus/von Wilamowitz-Moellendorff 2002, S. 7; Anzlinger 2019).

In seinen besten Zeiten hatte die Gesamtorganisation fast 100.000 Mitglieder in über 30 Ländern (wobei die deutsche Sektion mit 30.000 die größte war). *Attac* konnte sich als gewichtige Stimme der Kapitalismuskritik im öffentlichen Diskurs etablieren. Die politische Konstellation der Jahre 1998-2005 war ein begünstigender Faktor, denn nach 16 Jahren Kanzlerschaft von Helmut Kohl war erstmals eine rot-grüne Regierung auf Bundesebene an der Macht. Mit ihrer Wirtschafts- und vor allem Sozialpolitik enttäuschte sie viele der über Jahre aufgestauten linken Hoffnungen. Die eher wirtschaftsfreundliche Politik von Gerhard Schröder, der von Kritikern als „Genosse der Bosse" tituliert wurde, entfremdete viele Vertreter des linken Spektrums von der SPD. In der entstehenden politischen Lücke konnte sich *Attac* als eine Art außerparlamentarische Opposition positionieren.

Die ab 2007 einsetzende Krise, die das Weltfinanzsystem an den Rand des Zusammenbruchs brachte, schien viele Kritikpunkte und negativen Prognosen der linken Gruppen zu bestätigen. Eigentlich hätte diese Zeit die Sternstunde von *Attac* sein müssen. Die Gesellschaft war gerade jetzt offen für ihre Argumente und alternativen Konzepte. Dennoch konnten *Attac*s radikale Erklärungsmodelle die Mehrheitsgesellschaft nicht erreichen – hierfür gibt es zwei wesentliche Gründe. Zum einen war die kapitalismus- und globalisierungskritische Bewegung primär ein intellektuelles Projekt des gebildeten Bürgertums. Der breiten Masse blieben die komplexen Zusammenhänge und Argumentationen fremd und schienen weit entfernt von ihren Alltagsproblemen (Vogel 2012, S. 10; Anzlinger 2019). Zum anderen wurden einige der zentralen Forderungen von *Attac* mit der Zeit von den etablierten politischen Kräften aufgegriffen. Die Einschränkung der Finanzspekulation oder die Einführung einer Finanzmarktsteuer waren damit keine Alleinstellungsmerkmale mehr, auch wenn sie bis heute nicht wirklich umgesetzt wurden.

Beide Gründe führten dazu, dass der gesellschaftliche und politische Einfluss von *Attac* nach 2008 allmählich zurückging. Die Mitgliederzahl begann zu schrumpfen, viele Sympathisanten schauten sich nach politischen Alternativen um. Sie sahen die Organisation, ihre Ideen und Positionen nicht mehr als Zukunftsprojekt. Einen letzten Aufschwung erlebte *Attac* im Widerstand gegen das Freihandelsabkommen zwischen EU und USA (TTIP) bzw. Kanada (CETA) in den Jahren

2014-2016. Dieses Thema konnte in Deutschland, aber auch in anderen europäischen Ländern, wieder eine größere Öffentlichkeit mobilisieren. Neben *Attac* gehörten auch Gewerkschafts-, Kirchen-, Umwelt- und Bauerngruppen zu den entschiedenen Gegnern dieser Abkommen. Die in zahlreichen Städten organisierten Demonstrationen gegen den Ausbau des Freihandels brachten Hunderttausende Menschen auf die Straße und konnten TTIP schließlich verhindern. Anschließend aber ging der Einfluss von *Attac* Deutschland spürbar zurück, die Mitgliederzahl halbierte sich im weiteren Verlauf (Anzlinger 2019). Bei den nächsten großen Protesten beim G20-Treffen in Hamburg (2017) gehörte *Attac* schon nicht mehr zu den Organisatoren und war dort kaum noch präsent, obwohl Deutschland weiterhin die größte Gruppe beheimatete.

Wenn man den ideologischen Hintergrund von *Attac* betrachtet, werden klassische linke Positionen erkennbar. Insgesamt war die Organisation jedoch nicht explizit an marxistischen Ideen orientiert. Ihre Positionen und Schriften fokussierten sich vielmehr auf die Suche nach Konzepten für eine Neugestaltung der ökonomischen und politischen Sphäre. Zu den Einflüssen gehörten u. a. Noam Chomsky, Michel Chossudovsky, Viviane Forrester, Naomi Klein und Joseph E. Stiglitz. Eine der wichtigsten theoretischen Impulsgeberinnen innerhalb von *Attac* war Susan George aus der französischen Gruppe. Sie war vorher bei Greenpeace aktiv gewesen und hatte sich schon länger schwerpunktmäßig mit Globalisierung, Verschuldung und Hunger beschäftigt (Cassen/George/Richter/Ziegler 2002). Ihre damals erarbeiteten Thesen brachte sie nun auch an ihrer neuen Wirkungsstätte ein.

Die prinzipielle Systemkritik hatte aber auch revolutionäre Elemente, die eine radikale Veränderung der vorherrschenden bürgerlich-kapitalistischen Ordnung forderten. Sie gaben sich nicht mit der offiziell eher gemäßigten Linie von *Attac* zufrieden (Hartleb 2012, S. 17). Zahlreiche Mitglieder stammten aus dem linken bis linksradikalen politischen Spektrum, u. a. PDS, DKP und dem trotzkistischen „Linksruck" (Grefe/Greffrath/Schumann 2002, S. 27; Hartleb 2012, S. 48; Baus/von Wilamowitz-Moellendorff 2002, S. 14; Bundeszentrale für politische Bildung 2017). Anarchisten, Sozialisten und Mitglieder ultralinker Gruppen hatten also einen spürbaren Einfluss. Die größtenteils gewaltfreien Globalisierungsgegner konnten sich deshalb nicht konsequent von radikaleren Gruppen abgrenzen. Ein auch äußerlich als „schwarzer Block" erkennbarer Teil der Protestierenden bezeichnete sich 2007 selbst als linksextrem und gewaltbereit (Bundesministerium des Innern 2008, S. 199f.; Moreau/Steinborn 2005, S. 32; Leggewie 2003, S. 122). Die Ausschreitungen bei Wirtschaftsgipfeln prägten die öffentliche Wahrnehmung von *Attac* und schreckten zusätzlich Teile des Bürgertums ab, ganz wie heute die „Klimakleber". Einer der prominentesten Vertreter der deutschen Organisation, insbesondere beim Thema Finanzen, war Sven Giegold. Er gehörte zu den Gründungsmitgliedern und prägenden Figuren der deutschen Gruppe und trat 2008 den Grünen bei. Von 2009-2021 saß er als Abgeordneter mit dem Schwerpunkt Finanzen und Währung im Europaparlament. Aktuell ist er Staatssekretär im grün geführten Bundeswirtschaftsministerium.

Während *Attac* seinen Schwerpunkt in Europa hatte, entstanden auch in den USA Organisationen, die an ähnlichen Themen orientiert waren. Ausgangspunkt war die ab 2007 dominierende Weltfinanz- und -wirtschaftskrise, die als eine Art Katalysator diente. Die gerade in den USA sehr ausgeprägte soziale Ungleichheit wurde stärker thematisiert und kritisch hinterfragt (Nachtwey 2018, S. 115). Viele sahen sie als Folge staatlicher Steuerpolitik, denn die Abgaben für Einkommensstarke und Vermögende waren seit den 1980er-Jahren stark gesenkt worden. In der Folge hatte sich die Steuerbelastung deutlich in Richtung der mittleren und niedrigen Einkommen verschoben. Öffentlichkeitswirksamer war jedoch die der Finanzkrise vorangehende maßlose und unkontrollierte Spekulation. Deren Gewinne kamen nur einer kleinen Minderheit zugute, besonders die maßlosen Boni der Investmentbanker fielen negativ auf. Vor allem sie hatten die beispiellosen Verluste an den Finanzmärkten („Wall Street") und die daraus entstehenden massiven ökonomischen und sozialen Verwerfungen verursacht. Dafür geradestehen musste aber der Staat und somit die Steuerzahler („Main Street"). Die eigentlich verantwortlichen Finanzinstitute konnten durch intensive Lobbyarbeit während der Obama-Regierung eine stärkere Regulierung verhindern.

Solcher Lobbyismus ist eigentlich nichts Ungewöhnliches im politischen System der USA. Aber dass ausgerechnet die Finanzbranche versuchte, sich ihrer Verantwortung für eine solche Krise zu entziehen, stieß doch vielen sauer auf. In dieser besonderen Situation wurde der übermäßige Einfluss von Großunternehmen auf die politische Entscheidungsebene mit Hilfe von bezahltem Lobbyismus sehr kritisch wahrgenommen. Vor allem schien diese Praxis nicht wirklich vereinbar zu sein mit den Grundprinzipien der Demokratie. Dieses offensichtliche Ungleichgewicht zwischen Freiheit und Verantwortung („die Gewinne werden privatisiert, die Verluste sozialisiert") führte zu einer zunehmenden gesellschaftlichen Kritik. Im Zentrum stand der weitgehend deregulierte Finanzsektor, aber auch die soziale Ungleichheit allgemein rückte immer mehr in den Fokus. Zwar bauten auch Banken und Investmentfonds viele Stellen ab. Dieser Anpassungsprozess war aber nicht zu vergleichen mit den ökonomischen Schockwellen in der Gesamtwirtschaft. Millionenfache Arbeitsplatzverluste quer durch die amerikanische Wirtschaft und massive Wertabschreibungen im Immobiliensektor vernichteten Vermögen und Zukunftspläne. Die daraus resultierende soziale Not, Obdachlosigkeit und Verzweiflung betraf diesmal auch viele Mittelschichtfamilien. Dies war keine gewöhnliche Rezession, sondern eine tiefgreifende Krise, die zu einem massiven Vertrauensverlust gegenüber der amerikanischen Wirtschaftsordnung führte.

Der von vielen Bürgern empfundene Verlust an realem Einfluss, der mit abnehmendem politischem Interesse einherging und Wahlen zu bloßen Formalitäten zu degradieren schien, wurde von Colin Crouch kritisch als „Postdemokratie" aufgegriffen (Crouch 2008, S. 26, 131). In den USA konnte sich dieses eher abstrakte Gefühl zunächst nicht in einer konkreten politischen Bewegung realisieren, aber es führte zu einer größeren Akzeptanz linker Ideen. In der amerikanischen Gesellschaft wuchs die Zustimmung zum Sozialismus, besonders in der Altersgruppe von 18 bis 29 (Newport 2018b). Dies spiegelt sich auch in der Öffnung der Demokratischen Partei nach links wider, die in der Präsidentschaftskandidatur von Bernie Sanders und dem Einzug von Alexandria Ocasio-Cortez in den Kongress ihre bisherigen Höhepunkte hatte. Diese meinungsstarken Persönlichkeiten konnten viele junge und teilweise vorher unpolitische Bürger mobilisieren. Gleichzeitig drifteten die Republikaner unter dem Einfluss der „Tea Party"-Bewegung nach rechts, was die politische Spaltung der Gesellschaft spürbar verstärkte.

Die Mehrheit der Demokraten konnte sich mit den Forderungen des linken Parteiflügels nur bedingt anfreunden. Der Kurs der Gesamtpartei blieb also weitgehend wirtschaftsfreundlich. Wie in den USA üblich, entstanden daher dezentral organisierte Bürgerbewegungen und Gruppierungen, um die wachsenden kapitalismus- und globalisierungskritischen Energien aufzunehmen. Die größte und einflussreichste unter ihnen war *Occupy*. Ihre Initialzündung waren die 2010 und 2011 außerhalb der USA stattfindenden Protestbewegungen gegen autoritäre Regime, Vetternwirtschaft und ökonomische Perspektivlosigkeit. Vor allem der „arabische Frühling" und die Aktionen der „Indignados" („Empörten") in Spanien wurden eine Quelle der Inspiration. Die weltweit spürbare Unzufriedenheit mit der bestehenden sozialen und ökonomischen Ordnung ließ die linken Bewegungen auf ein Revival hoffen. Sie träumten davon, die sozialistische oder gar kommunistische Idee mit einem globalisierungskritischen „Manifest für das 21. Jahrhundert" ideologisch neu zu begründen (Hartleb 2012, S. 7, 12). *Occupy* nahm sich vor, die eher abstrakten und komplexen Botschaften von *Attac* herunterbrechen auf die Alltagsprobleme der einfachen Menschen. Nur so glaubten ihre Aktivisten, eine größere gesellschaftliche Beteiligung erreichen zu können.

*Attac*s Losung „Eine bessere Welt ist möglich!" wurde schnell abgelöst. David Graeber, eine der Figuren der ersten Stunde, kehrte eine Aussage von Joseph Stieglitz um, der die Macht der 1 % reichsten in Amerika kritisiert hatte (Stiglitz 2011). Bei *Occupy*s Losung „Wir sind die 99 Prozent!" sollten die Interessen der erdrückenden Mehrheit geltend gemacht werden (Graeber 2012b, S. 35-38; siehe auch Nachtwey 2018, S. 115). Die eigentliche Neuerung, die *Occupy* ausmachte, waren Protestcamps an strategisch wichtigen Orten des Kapitalismus. Das bekannteste befand sich unter dem Motto „Occupy Wall Street" von September bis November 2011 im New Yorker Zuccotti Park im Finanzdistrikt. Schnell breitete sich diese Idee weltweit aus, im Herbst 2011 fanden in fast 1.000 Städten Demonstrationen und kleinere Aktionen statt, u.a. in Boston, Portland, Denver, Sydney, Tokio, Seoul, Rom, Zürich, Frankfurt und London (www.15october.net).

In den US-Medien wurde sehr intensiv darüber berichtet, bis Ende 2011 erschienen über 400 Artikel in verschiedenen Zeitungen und Zeitschriften. Viele Prominente äußerten Ihre Sympathien, u.a. Susan Sarandon,

Michael Moore, Spike Lee und Michael Bloomberg. Auch in der akademischen Welt fand die Gruppe Unterstützer, so von den Wirtschaftsnobelpreisträgern Joseph E. Stiglitz und Paul Krugman. In Deutschland unterstützen verschiedene Gewerkschaften und „Die Linke" die Proteste gegen die EU-Sparpolitik, den Abbau des Sozialstaates und die staatlichen Rettungspakete für Banken.

Von anderen, traditionellen politischen Bewegungen unterschied sich *Occupy* durch den Verzicht auf Führungsfiguren, die bewusste Vernachlässigung einer strengen Programmatik und auch das Fehlen konkreter praktischer Umsetzungskonzepte. Einer ihrer Vordenker, der bereits erwähnte David Graeber, lehnte konkrete Forderungen sogar bewusst ab, weil er die prinzipielle Systemgegnerschaft beibehalten wollte. Er schrieb: „In dem Moment, in dem man Forderungen stellt, gibt man seine Machtlosigkeit zu. Und man akzeptiert das System, innerhalb dessen die Forderungen gelten. (...) Ohne Forderungen hat man Macht." (Graeber 2012a, S. 139). *Occupy* fokussierte sich eher auf den Kampf gegen bestimmte Kritikpunkte, sie positionierte sich gegen die Macht multinationaler Konzerne und supranationaler ökonomischer Institutionen wie WTO, IWF und Weltbank. Ebenso kritisierte sie Ungleichheit, Ungerechtigkeit, Armut und den Abstieg der Mittelschicht (Dietz 2011, S. 114).

Wie eine neue Ordnung und auch der Weg dorthin aussehen könnte, wurde in den Diskussionen und Publikationen von *Occupy* dagegen kaum thematisiert. Positiv daran war eine Offenheit für viele verschiedene Strömungen. Die inhaltliche Breite konnte ein ganzes Spektrum durchaus verschiedener Gruppen und Aktivisten in die Organisation einbinden. Der Nachteil war allerdings, dass die Positionen von *Attac* nicht weiterentwickelt werden konnten und die Anknüpfung an die Alltagsprobleme breiterer Bevölkerungskreise weiter schwach blieb (Hartleb 2012, S. 13).

Dennoch gab es natürlich relevante Ideengeber mit Einfluss auf *Occupy,* so die bereits bei *Attac* erwähnten Susan George und Naomi Klein. Weiterhin wurden zwei Autoren innerhalb der Organisation stark rezipiert: Dies war zum einen Thomas Piketty und sein Werk „Der Kapitalismus im 21. Jahrhundert", das wir im nächsten Kapitel näher betrachten werden. Zum anderen galt dies für John Halloway, der sich offen zum marxistischen Determinismus und Revolutionsgedanken bekannte und eine Überwindung des „antihumanistischen Kapitalismus" (Halloway 2002, S. 76) forderte. Zusätzlich waren bei *Occupy* auch anarchistische Strömungen präsent, hier ist besonders der bereits erwähnte David Graeber zu nennen. Mit seinem Charisma und seinen radikal linken, antikapitalistischen und antiamerikanischen Thesen (Graeber 2012b, S. 116, 141) konnte er in der eigentlich bewusst führerlosen Organisation spürbaren Einfluss gewinnen. Für Werner Plumpe übersah seine grundlegende Systemkritik aber die Wohlstandsgewinne durch liberalen Kapitalismus, globale Arbeitsteilung und Handel (Plumpe 2012).

In den kapitalismuskritischen Kreisen wurde ein kurzer Text mit besonderer Begeisterung aufgenommen, das 2010 erschienene Büchlein „Empört euch!" von Stéphane Hessel. Wie Fukuyama folgt dieser der Geschichtsphilosophie von Hegel und dessen Idee eines historischen, stufenweisen Entwicklungspfades. Als Endzustand sieht er verwirklichte individuelle Freiheit in einem idealen demokratischen Staat (Hessel 2019, S. 10). Dies soll aber keine Passivität rechtfertigen, kein Abwarten bis das ohnehin Vorbestimmte eintritt, vielmehr sieht Hessel jeden Einzelnen in der Verantwortung für die gesamte Welt (Hessel 2019, S. 11). Aus diesem hohen moralischen Anspruch leitet er einen eindringlichen Appell ab. Niemand darf sich mit den Ungerechtigkeiten der Welt, mit Armut und Ungleichheit, mit der massiven Verletzung elementarer Menschenrechte abfinden. Jeder soll gewaltlos dagegen aufbegehren und seine Stimme erheben (Hessel 2019, S. 13f.; Schnaas 2011; Meyer 2017).

Konkret betont er die Notwendigkeit von drei grundlegenden Veränderungen:

1. Eine Verstaatlichung von strategisch wichtigen Wirtschaftsbereichen, vor allem Banken, Versicherungen und Energieversorgern.
2. Die Verringerung des Einflusses der ökonomischen Elite auf politische Entscheidungsprozesse.
3. Eine umfassende soziale Absicherung der einkommensschwachen Bevölkerungsteile sowie gleiche Bildungschancen für alle (Hessel 2019, S. 8f.).

Viele folgten dem Aufruf von Stéphane Hessel, eines damals 93-jährigen ehemaligen Résistance-Kämpfers. Sie schlossen sich bestehenden kapitalismuskritischen Gruppen an oder gründeten neue. Stéphane Hessel war eine Galionsfigur für die *Occupy*-Bewegung, er wiederum unterstütze die Organisation öffentlich (González 2011).

Spürbaren Einfluss auf *Occupy* hatten auch Michael Hardt und Antonio Negri mit ihrem Buch „Empire" (Hardt/Negri 2002). In ihrem Werk skizzierten sie eine zukünftige Ausweitung der revolutionären Basis weit über die Fabrikarbeiter hinaus in die Massen. Diese Basis sollte sich zu einer informierten und vernetzten „kollektiven sozialen Intelligenz" entwickeln, um das „Empire" der supranationalen Konzerne abzulösen (Hardt/Negri 2002, S. 417). Als Utopie sehen sie eine „absolute Demokratie", eine neue Gesellschafts- und Wirtschaftsordnung, die das Eigentum nicht abschaffen, aber allgemein verfügbar machen soll. Hardt/Negri versuchen, das klassische kommunistische Konzept ins 21. Jahrhundert zu übertragen. Sie hoffen, damit das weiter bestehende linke Bedürfnis nach Befreiung des Menschen von Ausbeutung und Unterdrückung zu stillen.

Aber die Bemühungen um eine gesellschaftspolitische Wirkung waren erneut nicht von Erfolg gekrönt. Wie *Attac* konnte auch *Occupy* die Gewaltlosigkeit ihrer Aktionen nicht auf Dauer gewährleisten. Die Protestbewegung wurde zunehmend von anarchistischen und radikalen Gruppen für ihre Ziele genutzt. Blockadeaktionen und gewalttätige Auseinandersetzungen mit der Polizei schadeten dem Image der Bewegung nachhaltig. Von November 2011 bis Februar 2012 wurden die Camps weltweit aufgelöst, wodurch *Occupy* schlagartig an öffentlicher Präsenz und damit medialer Aufmerksamkeit verlor. Viele Aktivisten sahen den eingeschlagenen Weg und die verwendeten Methoden nicht mehr als zielführend an. *Occupy* verlor schnell an Unterstützung, hatte aber gezeigt, dass Globalisierung und soziale Ungleichheit immer noch relevante gesellschaftliche Themen sind (Nachtwey 2018, S. 115).

Einen neuen Anlauf nahm die Systemkritik ab 2018 mit *Fridays for Future*, einer Organisation, die zunächst nur einen einzigen Schwerpunkt zu haben schien, die Klimakrise. Bei näherer Betrachtung wird aber deutlich, dass sich in diesem Thema viele vorherige Kritikpunkte an der marktwirtschaftlichen Ordnung bündeln. Diese Gruppe lässt sich einordnen als Protestbewegung der jungen Generation gegen das

Versagen der politisch Verantwortlichen angesichts der sich abzeichnenden Katastrophe. Aus der Perspektive der Aktivisten sitzt die ältere Generation an den globalen Machthebeln in den Industriestaaten und will starke Einschnitte in ihren Lebensstandard verhindern. Genau diese Konsumgewohnheiten treiben aber die Klimakrise weiter voran und dienen zudem als Vorbild für die wachsenden Mittelschichten in den Schwellenländern. Die Lasten dieser zögerlichen Politik werden jedoch vor allem die junge Generation treffen, die aktuell kaum Einfluss hat. Angesichts des sich schließenden Zeitfensters für eine Lösung will *Fridays for Future* die Stimme der Jugend einbringen und das politische System zu den notwendigen radikalen Maßnahmen zwingen (Stelter 2019, S. 219).

Diese Gruppe stieß zu Beginn sehr erfolgreich in die offensichtliche Lücke zwischen alarmierenden wissenschaftlichen Erkenntnissen, der Wahrnehmung der Bevölkerung und dem sehr zögerlichen Handeln der Politik (Hurrelmann/Albrecht 2020, S. 230). Maßstab für diese negative Beurteilung waren die Ziele des Pariser Klimaabkommens von 2015. Dessen Stärke, die breite Annahme durch 195 Staaten, war gleichzeitig seine Schwäche. Denn es wurden nur Ziele vereinbart, keine konkreten Maßnahmen zu ihrer Erreichung auf globaler, regionaler oder nationaler Ebene. Für die Umsetzung waren allein die Unterzeichner-Staaten verantwortlich, was nur im Rahmen innenpolitischer Verteilungskonflikte geschehen konnte.

Die Sympathisanten von *Fridays for Future* kritisierten die erkennbare Dominanz ökonomischer Anliegen über die Interessen der Allgemeinheit in den klimapolitischen Aushandlungsprozessen. Diese werden oft mit dem „Totschlagargument" der Arbeitsplatzgefährdung durchgesetzt. In der Folge werden die notwendigen entschlossenen Maßnahmen immer weiter verschoben oder ganz verhindert. Darüber hinaus forderte die Gruppe die Industrienationen auf, ihre historische Schuld am Klimawandel anzuerkennen und größere Anteile der Belastungen zu tragen. Anderenfalls würde die global sehr ungleiche Verteilung sowohl der CO_2-Emissionen als auch der negativen Auswirkungen des Klimawandels nicht ausreichend berücksichtigt.

Ein wichtiger Erfolgsfaktor für die Bewegung war die Loslösung von den traditionellen Mustern des öffentlichen Auftritts. Zum einen waren die Teilnehmer, zumindest zu Beginn, vornehmlich Jugendliche, insbesondere Schüler, die vorher noch nie politisch aktiv waren. Zum anderen war die Form des Protests, nämlich Demonstrationen während der Unterrichtszeit und damit bewusste Verstöße gegen die Schulpflicht, eine neuartige Herausforderung für die Ordnung der Erwachsenen (Lucke 2019, S. 93). Hinzu kam ein weiterer Faktor – die Persönlichkeit Greta Thunberg. Dass eine junge Schülerin, statt die Schule zu besuchen, ganz allein vor dem schwedischen Parlament gegen die Klimapolitik protestiert und damit eine weltweite Bewegung auslöst, ist und bleibt bemerkenswert. Beim UN-Klimagipfel in Kattowitz 2018 appellierte Greta Thunberg in ihrer Rede an die versammelten Politiker, ihren verhängnisvollen Weg zu verlassen:

> Sie reden nur deswegen vom ewigen Wirtschaftswachstum, weil Sie Angst haben, unpopulär zu sein. Sie sprechen immer nur davon weiterzumachen, mit denselben schlechten Ideen, die uns in diese Misere gebracht haben. Dabei wäre es das einzig sinnvolle, die Notbremse zu ziehen. (...) Unsere Zivilisation wird für die Chancen einer kleinen Gruppe von Menschen geopfert, die immer mehr Geld verdienen wollen. Unsere Biosphäre wird geopfert, damit reiche Menschen in Ländern wie meinem in Luxus leben können. Es sind die Leiden der Vielen, die für den Luxus der Wenigen bezahlen. (...) Wenn es unmöglich ist, Lösungen im bestehenden System zu finden, sollten wir das System an sich ändern. (Thunberg 2018)

Mit der Zeit breitete sich die Organisation weltweit aus und wurde, wie *Attac* und *Occupy* zuvor, zum Sammelbecken einer sehr breiten Koalition verschiedener Gruppen und Personen. In Deutschland wurde Luisa Neubauer zum Gesicht der Bewegung und vertrat deren Positionen in zahlreichen Talkshows. Was die ideologische Orientierung angeht, so einte die Beteiligten ein prinzipieller Zweifel an der Eignung des aktuellen sozioökonomischen Systems, die Klimakrise zu lösen. Explizit antikapitalistisch war aber nur eine relativ kleine Minderheit von sozialistischen, kommunistischen und anarchistischen Aktivisten, die man gewissermaßen von den Vorgängergruppen „geerbt" hatte.

Fridays for Future engagierte sich mit ihren Anliegen bezeichnenderweise nicht bei großen Organisationen wie Greenpeace oder WWF, weil sie an deren Glaubwürdigkeit zweifelte. Auch Naomi Klein kritisiert die zu große Nähe zwischen etablierten Nichtregierungsorganisationen und Konzernen (Klein 2015, S. 233, 238, 252). Für Klein haben

Letztere mit Hilfe von finanziellen Zuwendungen die Positionen der etablierten NGO gegenüber klimaschädlichen Branchen deutlich entschärfen können (Klein 2015, S. 242, 405). Für die Aktivisten sind sie damit zu einem Teil des wirtschafts- und klimapolitischen Mainstreams geworden. Die Gründung einer neuen, explizit jugendzentrierten und radikaleren Gruppe schien notwendig zu sein.

Die Ideen von Greta Thunberg und *Fridays for Future* trafen den Nerv der Zeit und konnten auch gesellschaftlichen Einfluss gewinnen. Dies war an der wachsenden Beteiligung bei Aktionen und Demonstrationen erkennbar. Aber auch an der massiven Kritik, die ihr persönlich, ihren Anhängern und auch den Zielen der Gruppe entgegenschlug. Zum einen wurde Greta als Marionette erwachsener Interessen bezeichnet, zum anderen wurde der Gruppe unterstellt, dass ihr eigentliches Ziel die Errichtung einer „Klimadiktatur" sei.

Beim ersten Punkt zweifeln die Kritiker Gretas Motive und Eigenständigkeit an. Sie unterstellen, dass sie von ihren Eltern und Klimaschutzorganisationen zu ihren Aktionen angestiftet wurde, die ihre Bewegung aus dem Hintergrund lenken (Graw 2018). Sebastian Sigler spricht nicht nur Greta selbst, sondern gleich allen jugendlichen Teilnehmern aufgrund ihres zu geringen Alters jegliche Legitimität ab (Sigler 2019). Seine befremdliche Argumentation hat bei den jungen Aktivisten sicher den Eindruck verstärkt, dass sie von den Erwachsenen nicht ernst genommen werden.

Hinter dem zweiten Punkt steht der implizite Vorwurf, dass Greta Thunberg, *Fridays for Future* und die gesamte Klimaschutzbewegung eine „Ökodiktatur" errichten und legitimieren wollen. In ihr sollen radikale Änderungen der ökonomischen Struktur und auch des Lebenswandels erzwungen werden (Lucke 2019, S. 96). Die hinter diesen Vorwürfen stehenden Kritiker stellen den Klimawandel als solchen oder zumindest den Menschen als dessen Ursache prinzipiell in Frage. Einer ihrer Vertreter war der Chefredakteur der „Welt", Ulf Poschardt, der die gesamte Klimathematik als irrationale Verschwörung einer kleinen elitären Gruppe sieht. Nach seiner Überzeugung wollen grüne Politiker, staatsfinanzierte NGO und bestimmte Medien ihre Weltsicht durchsetzen und die Bürger in einer Art Tugenddiktatur umerziehen. Im Falle der fehlenden Einsicht in die Richtigkeit und Notwendigkeit der geforderten ökologischen und sozialen Maßnahmen würden sie auch Zwangsmaßnahmen anwenden (Poschardt 2019).

Ihm widerspricht von Lucke, für den die eigentliche autoritäre Gefahr vom Zögern der Wirtschaft und Politik ausgeht. Denn die versuchte Fortführung des bisherigen Weges verengt die zukünftigen Handlungsoptionen. Erst das gefährdet alle Chancen, die Herausforderungen des Klimawandels innerhalb des demokratischen Rahmens zu meistern. Genau dieses Scheitern der Demokratie könnte die „Ökodiktatur" hervorbringen, die Poschardt und andere Klimaskeptiker so fürchten. Radikale ökologische und klimapolitische Reformen innerhalb der Demokratie sind der einzige Weg, sie zu bewahren und gleichzeitig eine lebenswerte Umwelt zu sichern. Die gesellschaftliche Stimmung gibt von Lucke recht. Die Klimabewegung ist als allgemeiner Konsens längst über *Fridays for Future* hinausgewachsen, Klimaskeptiker nehmen dagegen nur noch eine Außenseiterposition ein. Eine wirkliche Bereitschaft von Politik und Bevölkerung, konkrete und schmerzhafte Einschnitte zu akzeptieren, ist jedoch weiterhin nicht erkennbar.

Im Herbst 2019 erreichte die Klimabewegung ihren bisherigen Höhepunkt, im September fanden allein in Deutschland über 500 Demonstrationen mit insgesamt 1,4 Millionen Teilnehmern statt. Damit sind sie die zahlenmäßig größten seit den Ostermärschen in den 1980er Jahren. Die Bundesregierung beugte sich dem öffentlichen Druck und verschärfte ihr geplantes „Klimapaket" deutlich. Es blieb dennoch weit hinter den Forderungen von *Fridays for Future* zurück. Die weitere Entwicklung wird zeigen, ob die Bepreisung von CO_2-Emissionen ausreicht, um deren schädliche Auswirkungen auf das Klima ökonomisch Geltung zu verschaffen. Ob also die von Arthur Pigou bereits 1920 geforderte „Internalisierung der negativen externen Effekte" (Pigou 1932) tatsächlich gelingt.

Kurz nach diesem Höhepunkt zog der Ausbruch der Corona-Pandemie den Großteil der medialen Aufmerksamkeit auf sich. Zudem machte das lange andauernde Verbot von Massenveranstaltungen eine Fortsetzung des gewohnten Protestformats unmöglich. 2021 konnten junge Klimaaktivisten noch einen juristischen Sieg erringen. Das Bundesverfassungsgericht bestätigte ihre Position, dass die junge Generation auch mit den verschärften Regelungen ungleich stärker belastet wird.

Dieses Urteil hatte dann tatsächlich eine weitere Verschärfung des „Klimapakets" der Bundesregierung zur Folge.

Wie *Attac* und *Occupy* zuvor wurde auch *Fridays for Future* begleitet von radikaleren Gruppen, die sich nicht mit Schulstreiks zufriedengeben wollten. Die bekanntesten unter ihnen waren die in Großbritannien gegründete *Extinction Rebellion* (Rebellion gegen das Aussterben) und die seit 2021 in Deutschland und Österreich aktive Gruppe *Letzte Generation*. Mit Aktionen des zivilen Ungehorsams, die aber fließend in Nötigung übergehen, wie Blockaden von Straßen und Brücken oder Einfärben von Flüssen, will *Extinction Rebellion* Aufmerksamkeit erregen. Ihr Anliegen ist, auf die Gefahr des Massenaussterbens nicht nur von Tieren und Pflanzen, sondern auch des Menschen hinzuweisen. Mit diesem Schicksal wollen sie diese Aktivisten nicht abfinden, sondern die Mächtigen zwingen, endlich die notwendigen Gegenmaßnahmen zu ergreifen (Kaufmann/Timmermann/Botzki/Bischoff 2019, S. 46, 71, 109). Verbindungen zu *Fridays for Future* waren deutlich erkennbar, so sprach Greta Thunberg 2018 auf einer Veranstaltung von *Extinction Rebellion* und im September 2019 riefen beide Organisationen gemeinsam zum globalen Klimastreik auf. Aktuell hat die Gruppe nach eigenen Angaben über 1.200 Ortsgruppen in 86 Ländern, darunter über 100 Gruppen in Deutschland (https://rebellion.global/; https://extinctionrebellion.de/og/).

Die Gruppe *Letzte Generation* konnte ab 2022 durch verschiedene spektakuläre Aktionen viel Aufmerksamkeit erregen. Ihre Aktivisten beschmierten Regierungsgebäude, klebten sich an Kunstwerken fest und blockierten Straßen und Flughäfen. Die Reaktion der etablierten politischen Kreise war fast durchgängig negativ, nicht nur der bürgerlichen Parteien. Auch die SPD und sogar die Grünen mit ihrer Tradition des zivilen Ungehorsams in der Anti-Atomkraft-Bewegung äußerten deutliche Kritik. Die Öffentlichkeit und die Welt der Erwachsenen reagierten mit Unverständnis und Ablehnung, einige von den Aktionen betroffene Bürger sogar mit Gewalt. Die CSU-geführte bayerische Landesregierung ließ mehrere Aktivisten bis zu 30 Tage in „Präventiv-Gewahrsam" nehmen. Das entsprechende Gesetz ist eigentlich für die Verhinderung „schwerer staatsgefährdende Straftaten", also primär Terrorismus gedacht. Der Verfassungsschutz warnte im Januar 2023 sogar vor einer Unterwanderung der Klimaaktivisten durch linksextremistische Kräfte (Neuerer 2023). Bei allem Verständnis für den Unmut über die zum Teil massiven Behinderungen des zivilen Lebens scheint mir diese Wahrnehmung doch übertrieben. Ebenso die Verurteilung erster Aktivisten zu mehrmonatigen Haftstrafen ohne Bewährung.

Bei *Fridays for Future*, *Extinction Rebellion* und *Letzte Generation* sind zwar einige linksradikale Personen und Gruppen beteiligt. Eine explizite Orientierung an der marxistischen Theorie ist aber bei keiner von ihnen erkennbar. Gerade *Fridays for Future* hatte eine eher wissenschaftliche und unideologische Ausrichtung (Hurrelmann/Albrecht 2020, S. 235). Aber auch die radikaleren Gruppen wurden von anderen Ideen sehr viel stärker beeinflusst.

2.3 Thomas Piketty und die Konzentrationstendenz des Kapitalismus

Bei der Betrachtung der Renaissance des Marxismus stößt man unweigerlich auf den französischen Ökonomen Thomas Piketty. Sein 2013 erschienenes Werk „Das Kapital im 21. Jahrhundert" stürmte die Bestsellerlisten und löste vor allem in den USA, aber auch in Europa, einen wahren Hype aus. Piketty wurde vom „Economist" gelobt, vom US-Finanzminister und dem IWF eingeladen, sprach an vielen Universitäten und wurde von der Presse sogar als „neuer Marx" bezeichnet (Tanner 2016, S. 253). Auch die Wirtschafts-Nobelpreisträger Paul Krugman und Joseph E. Stiglitz unterstützten seine Hauptthese, dass die Einkommens- und Vermögenskonzentration immer stärker zunimmt. Gleichzeitig kam von anderer Seite deutliche Kritik, auch offene Ablehnung schlug ihm entgegen, so von Kolja Rudzio: „Selten ist ein Buch so überschätzt worden wie ‚Kapital im 21. Jahrhundert' von Thomas Piketty." (Rudzio 2014). Daher ist es wichtig, seine zentralen Aussagen herauszuarbeiten, kritisch zu hinterfragen und auch mögliche Verbindungen zur marxistischen Theorie aufzuzeigen.

Wenden wir uns zunächst Pikettys Analyse der Einkommensentwicklung zu, die er mit einer historischen Betrachtung beginnt. Demzufolge beruhte Wohlstand bis ins 19. Jahrhundert ausschließlich auf Erbvermögen, nicht auf Arbeitseinkommen. Dies galt selbst für die einkommensstärksten 1 % der Bevölkerung (Piketty 2016, S. 546f.; auch Mason 2014). In den letzten zweihundert Jahren hat die Bedeutung der Arbeitseinkommen dann jedoch kontinuierlich zugenommen. Ihren Höhepunkt erlebte diese Entwicklung in den Jahren 1960-1980 (Piketty 2016, S. 289f., 296f.). Seitdem geht die Lohnquote, also der Anteil der Arbeitseinkommen am Gesamteinkommen, wieder zurück. Nur die oberen 1 % und noch mehr die obersten 0,1 % der Einkommen können ihren Wohlstand weiterhin daraus steigern.

Die Ungleichheit beim Verdienst ist laut Piketty demnach stärker ausgeprägt, als es auf den ersten Blick erscheint. Kennzeichen dafür ist für ihn die wachsende Differenz zwischen exzessiven Managergehältern und Durchschnittseinkommen (Piketty 2016, S. 415; auch Bofinger/Scheuermeyer 2015, S. 121; Solow 2014). Rudzio wendet jedoch ein, dass Pikettys Berechnung auf Einkommen vor Steuern beruht, nicht auf den tatsächlichen verfügbaren Einkommen (Rudzio 2014). Lorenz wiederum widerspricht Pikettys Annahme einer auch in Zukunft niedrigen bzw. sinkenden Lohnquote. Für ihn wird der demografische Wandel zu einer Verknappung der Erwerbsbevölkerung führen. Trotz Digitalisierung und Automatisierung geht er daher von steigenden Löhnen und Lohnquoten aus (Lorenz 2014, S. 16; auch McKinsey 2017, S. 2, 5, 12ff.).

Eine noch viel stärkere Ungleichheit als bei den Arbeitseinkommen liegt nach Pikettys Daten aber bei den Vermögen vor. Sogar bei der historisch geringsten Ausprägung (Skandinavien in den 1980er Jahren) war sie deutlich größer als die stärkste jemals gemessene Einkommensungleichheit (in den USA 2020) (Piketty 2016, S. 322ff., 338; auch Stein 2015, S. 280). Auch hier sieht er eine historische Entwicklung in den letzten zweihundert Jahren. Im 19. Jahrhundert forderte das aufstrebende Bürgertum die Herrschaft des Adels heraus. In diesem auch von Marx analysierten Konflikt spielte die Beseitigung der extremen sozialen Ungleichheit eine wichtige Rolle. Piketty zeigt mit seinen Daten, dass die bürgerlichen Revolutionen dieses Versprechen nicht einlösen konnten. Im Gegenteil, die Konzentration des Eigentums schritt weiter voran und erreichte vor dem 1. Weltkrieg ihren Höhepunkt. 1910 besaß das oberste 1 % fast 50 % des Vermögens, die obersten 10 % besaßen 90 % (Piketty 2016, S. 342f.).

Dieser Zustand hätte weiterhin stabil bleiben können, aber in Folge der beiden Weltkriege traten maßgebliche Veränderungen ein. Dafür identifiziert Piketty verschiedene ökonomische, politische, soziale und kulturelle Gründe. Es mag überraschen, aber die Schäden der beiden Weltkriege trugen nur einen kleinen Teil dazu bei. Entscheidend waren für ihn vielmehr sinkende Vermögenspreise durch politische Eingriffe, besonders nach dem 2. Weltkrieg. So reduzierten in Deutschland staatliche Mietpreisbegrenzungen die Renditen von Immobilien und somit auch deren Werte. Noch stärker wirkte sich der „Lastenausgleich" aus, der über einen Zeitraum von vierzig Jahren 50% der Vermögen zugunsten von Kriegsgeschädigten und Vertriebenen umverteilte (Kellerhoff 2020). Ebenso wurden die Aktienmärkte mit verschiedenen Regulierungen gedämpft, beispielsweise durch Verstaatlichung von Unternehmen und starke Besteuerung von Gewinnen und Dividenden (Piketty 2016, S. 198f.; auch Binswanger 2019; Geisler 2020; Faber/Petersen 2017). Ein weiterer Grund war der deutliche Auf- bzw. Ausbau des Sozialstaats in den USA und Westeuropa, der eine stärkere Belastung durch Steuern und Abgaben bedeutete und ebenfalls zur Umverteilung beitrug (Piketty 2016, S. 203ff., 632f.; auch Geisler 2020; Binswanger 2019). Als Resultat der genannten Einflüsse verringerte sich die Ungleichheit in der Nachkriegszeit deutlich. Eine neue, einkommensstarke und sogar vermögende Mittelschicht entstand, die Struktur der Gesellschaft veränderte sich also spürbar (Solow 2014).

In den 1950er Jahren stellte Simon Kuznets die These auf, dass die Einkommensungleichheit im Kapitalismus zunächst anwachsen, im Laufe der Entwicklung aber von selbst verschwinden würde. Für ihn wandert das Schwergewicht der Rendite von der Kapitalseite zu den Arbeitern, weil sie mit steigenden Qualifikationsanforderungen höhere Löhne durchsetzen können. Ein zusätzlicher egalisierender Faktor sind für Kuznets staatliche Sozialprogramme. Im Zeitverlauf sieht die Ungleichheitskurve also wie ein umgedrehtes U aus (Kuznets 1955, S. 7, 15).

Piketty argumentiert, dass Kuznets nur eine Ausnahmeerscheinung aufgrund der Weltkriege beschreibt (Piketty 2016, S. 31f.; Nachtwey 2018, S. 116). Denn nach mehreren Jahrzehnten staatsfinanzierter sozialer Ausgleichsprogramme kam dieser Prozess in den 1970er zum Stillstand und kehrte sich sogar um. Die Ungleichheit steigt seitdem wieder deutlich an, die historische Entwicklung gleicht für Piketty also einer „echten" U-Kurve (Piketty 2016, S. 44f., 157, 193, 394ff.; auch Landes 2009, S. 474; Krugman, 2014; Faber/Petersen 2017; Mason 2014). Er sieht drei Hauptgründe für diese Entwicklung. Der stärkste Faktor ist für ihn der Rückgang des Wirtschaftswachstums. Als Resultat gibt es innerhalb der Gesellschaft weniger zu verteilen, die soziale Mobilität sinkt. Ein weiterer ist die hohe Sparquote, vor allem zum Zwecke der finanziellen Altersvorsorge. Sie entzieht der Wirtschaft Investitionskapital und schwächt ihrerseits wiederum das Wachstum. Auch Privatisierungen von Staatsunternehmen und der Anstieg der Immobilien- und Aktienpreise trugen ihren Teil bei (Piketty 2016, S. 229, 243f., 248ff.; auch Solow 2014; Stein 2015, S. 277). In den letzten Jahrzehnten hat zudem die Umverteilungswirkung der Steuersysteme auf breiter Front spürbar abgenommen. Die Abgaben auf Spitzengehälter, Unternehmensgewinne, Kapitalerträge, Vermögen und Erbschaften wurden gesenkt – oder gleich ganz abgeschafft (Piketty 2016, S. 471, 496f., 670, 686; auch Bach 2015, S. 193; Tanner 2016, S. 254). Im Bereich der Unternehmens- und Kapitalsteuern ist in diesem Zeitraum ein globaler Wettbewerb entbrannt, da multinationale Unternehmen und auch reiche Bürger mit Abwanderung drohen können.

Betrachten wir nun die aktuelle Vermögenskonzentration der obersten 10 %: In Frankreich, Großbritannien oder Italien besitzen sie bis zu 60 % des Gesamtvermögens (Piketty 2016, S. 338), in Deutschland sind es 67 % (Grabka/König/Schröder 2020, S. 29). Noch stärker ist die Ausprägung in den USA, wo die reichsten 10 % der Bevölkerung 72 % des Gesamtvermögens besitzen (Wade 2014, S. 4). Zucman weist allerdings darauf hin, dass sich bei Berücksichtigung von europäischem Kapital in Steueroasen die Werte für Europa deutlich erhöhen (Zucman 2013, S. 1354; auch Wade 2014, S. 5).

Piketty beschränkt sich aber nicht auf die oberen 10 %, sondern analysiert auch die obersten 1 % und sogar 0,1 %, wie auch Paul Krugman anerkennend bemerkt (Krugman 2014). Aus seiner Datenanalyse leitet er ab, dass die Vermögenskonzentration zur absoluten Spitze hin immer mehr zunimmt (Wade 2014, S. 4). Zunächst zu den globalen Zahlen: Das reichste 1 % der erwachsenen Weltbevölkerung (45 Mio. Personen) besitzt ein Durchschnittsvermögen von 3 Mio. EUR und damit das 50-fache des weltweiten Mittelwerts sowie einen Anteil von ca. 50 % am globalen Gesamtvermögen (Piketty 2016, S. 584; auch Credit

Suisse Research Institute 2020; Jakobs 2016, S. 188). Die entsprechenden Zahlen für die reichsten 0,1 % (4,5 Mio. Personen): durchschnittlich 10 Mio. EUR, d.h. das 200-fache des globalen Mittelwerts und ein Anteil von 20 % am Gesamtvermögen (Piketty 2016, S. 584).

Die Vermögensmedaille hat natürlich zwei Seiten, ebenso wichtig ist daher die Betrachtung, welchen Anteil die ärmsten 50 % der Bevölkerung am Gesamtvermögen haben. Piketty findet heraus, dass sie in den Industrieländern stets weniger als 10 % des Vermögens besaßen und besitzen. In Schwellen- und Entwicklungsländern ist dieser Anteil noch viel geringer. Dort ist die Macht der Eliten stärker und soziale Sicherungssysteme und Bildungschancen schwächer (Piketty 2016, S. 331, 416). Gleiches gilt interessanterweise für die USA, wo der entsprechende Wert sogar nur 2 % beträgt. Lorenz kritisiert allerdings an Pikettys Argumentation, dass dieser nicht zwischen verschiedenen Vermögensarten unterscheidet, vor allem bezüglich ihrer Verfügbarkeit: „Der Eigentümer einer Firma, der Produktionsmittel besitzt, aber über sein Vermögen oft nicht in Form von Geld verfügen kann, unterscheidet sich [für Piketty] in nichts von einem schwerreichen Börsenspekulanten" (Lorenz 2014, S. 15).

Für das spezielle Thema dieses Buches ist es interessant, mögliche Übereinstimmungen und auch Abweichungen zwischen Pikettys Argumentation und der Marx'schen Theorie aufzuzeigen. Die wohl auffälligste Verbindung ist die „Verelendungstheorie", die in abgewandelter Form auch bei Piketty erkennbar ist. Marx hatte angenommen, dass es im Kapitalismus unweigerlich zu einer Konzentration von Einkommen und Vermögen in den obersten Schichten kommt. Kombiniert mit einem gleichzeitigen Verarmen der breiten Bevölkerungsmassen entsteht für ihn eine revolutionäre Situation (MEW, Bd. 23, S. 674f.). Pikettys Untersuchung der historischen und aktuellen Ungleichheit sowohl bei Einkommen als auch bei Vermögen, scheint diese These zu bestätigen. Welche Gründe sind nach Piketty für diese zunehmende Konzentration ökonomischer Ressourcen an der Spitze der Gesellschaft verantwortlich?

Er untermauert seine Argumentation mit zwei „fundamentalen Gesetzen des Kapitalismus". Nach dem ersten dieser Gesetze liegt die Kapitalrendite stets höher als die Wachstumsrate von Produktion und Bevölkerung (Piketty 2016, S. 78f., 269). Nach dem zweiten Gesetz liegt die Sparquote der Vermögenden stets höher als das Wirtschaftswachstum (Piketty 2016, S. 219ff.). Beide Faktoren sind für ihn maßgeblich dafür verantwortlich, dass sich der ökonomische Schwerpunkt der Gesellschaft immer stärker in Richtung der Vermögen verschiebt.

Sein erstes „fundamentales Gesetz" einer konstant höheren Kapitalrendite steht in diametralem Widerspruch zu Marx' These vom tendenziellen Fall der Profitrate (▶ Kap. 3.2.1). Für Piketty ermöglicht der schnelle Preisverfall bei neuen Technologien dauerhaft hohe Gewinne. Er geht also nicht davon aus, dass der Kapitalismus als System an internen Widersprüchen zugrunde gehen wird, sondern hält ihn für ausreichend anpassungsfähig, auch für die Zukunft (Tanner 2016, S. 260). Betrachten wir die beiden Faktoren des ersten Gesetzes, also die Kapitalrendite und das Wirtschaftswachstum jeweils separat.

Piketty setzt recht mutig eine seit der Antike bis 1913 gültige, konstante jährliche Kapitalrendite (nach Steuern) von 4,5-5 % an. Weiterhin geht er von einem Absinken auf 1 % für den Zeitraum 1913-1950 und einer aktuellen Rendite von 3,2 % aus. Dabei steigt die Kapitalrendite mit der Vermögensgröße, u. a. durch besseres Portfoliomanagement, Skaleneffekte und höhere Risikotoleranz (Piketty 2016, S. 46f., 574, 579; auch Blank 2014; Solow 2014; Wade 2014, S. 4).

Der zweite Faktor in seiner Gleichung ist die weltweite jährliche Rate des Wirtschaftswachstums. Piketty definiert auch hier forsch Werte für die Vergangenheit. Von der Antike bis 1800 nimmt er ein konstantes globales Wachstum von unter 1 % an. Für den Zeitraum 1950-2012 sieht er auf Basis der Daten einen Anstieg auf historisch außergewöhnlich hohe 4 %. Für die Zukunft prognostiziert er einen langfristigen Rückgang auf 1,5 %. Die Industriestaaten werden allerdings deutlich unter diesem Wert liegen, weil das Wachstum primär von den Schwellen- und Entwicklungsländern beigesteuert wird (Piketty 2016, S. 585ff., 601). Das Wirtschaftswachstum ist in den Industrieländern seit einigen Jahrzehnten tatsächlich rückläufig. Die Produktivitätspotenziale sind schon weitgehend ausgeschöpft und viele technische Innovationen beeinflussen eher den privaten Bereich.

Die aus seinem „ersten Gesetz" resultierende, stark ausgeprägte Einkommens- und Vermögensungleichheit ist für Piketty kein individuelles Problem der Einkommensschwachen und Besitzlosen. Er sieht auch die Gefahr, dass eine wichtige Grundbedingung demokratischer Gesellschaften, das Leistungsprinzip, zunehmend aufgehoben wird:

> Wenn die Kapitalrendite dauerhaft höher ist als die Wachstumsrate von Produktion und Einkommen, was bis zum 19. Jahrhundert der Fall war und im 21. Jahrhundert wieder zur Regel zu werden droht, erzeugt der Kapitalismus automatisch inakzeptable und willkürliche Ungleichheiten, die das Leistungsprinzip, auf dem unsere demokratischen Gesellschaften basieren, radikal infragestellen. (Piketty 2016, S. 13f.)

Nun wenden wir uns Pikettys „zweitem fundamentalen Gesetz" zu, der höheren Sparquote der ökonomischen Elite. Denn die Vermögen der Reichen wachsen nur schneller, wenn sie einen spürbar größeren Anteil ihrer Einkommen sparen (van Treeck 2015, S. 78, 81; Solow 2014). Tatsächlich lässt sich statistisch nachweisen, dass die Sparquote mit steigendem Einkommen zunimmt, weil immer größere Anteile nicht für die Lebensführung benötigt werden. In Deutschland haben die unteren 40 % der Einkommen eine negative Sparquote, d. h. sie verschulden sich immer mehr. Die mittleren Einkommen haben eine steigende Sparquote zwischen 2,9 % und 13,0 %. Die obersten 10 % sparen über 20 % ihres Einkommens, die obersten 1 % sogar 35 % (Späth/Schmid 2016, S. 9; auch Statistisches Bundesamt 2015; Statistisches Bundesamt 2020).

Aus der Kombination der beiden „fundamentalen Gesetze des Kapitalismus" nimmt für Piketty der ökonomische und politische Einfluss der ererbten und erarbeiteten Vermögen immer weiter zu (Piketty 2016, S. 25, 306). Dieser Effekt ist laut seinen Daten in den USA am stärksten ausgeprägt, dort liegt der Anteil der obersten 10 % an den Arbeits- und Kapitaleinkommen aktuell bei ca. 50 %. Bei den obersten 1 % beträgt er 20 %, bei den obersten 0,1 % ganze 10 % (Piketty 2016, S. 345f.; auch Bernau 2017; Solow 2014). Dieser Wert ist für sich genommen eher abstrakt, aber er ist historisch vergleichbar mit traditionellen Agrargesellschaften wie Frankreich am Vorabend der Revolution von 1789. In anderen angelsächsisch geprägten Ländern wie Großbritannien und Kanada und noch mehr in Kontinentaleuropa und Japan ist dieser Effekt deutlich weniger ausgeprägt (Piketty 2016,

S. 423f.; Blank 2014). Piketty prognostiziert aber auch für diese Länder zeitverzögert eine ähnliche Entwicklung (Piketty 2016, S. 258f., 425).

Größter Kritikpunkt an Pikettys Argumentation ist die Qualität und auch die Interpretation der Daten (Bernau 2017; Grabka/König/Schröder 2020, S. 30). Hier nehmen seine Kritiker und Unterstützer zu mehreren Fragen konträre Positionen ein. Rudzio hält seine Schätzungen und Prognosen für einen extrem langen Zeitraum wie die Jahre 0 bis 2200 für „abenteuerlich". Lorenz bemängelt, dass Piketty von einer statischen Zusammensetzung der Vermögenselite ohne soziale Mobilität auszugehen scheint (Lorenz 2014, S. 17). Ebenso bezweifeln Rudzio und Homburg sein „erstes fundamentales Gesetz" und damit prinzipiell die Tendenz zur Vermögenskonzentration. Für die vergangenen hundert Jahre sehen sie sogar das gegenteilige Bild, nämlich kleinere Renditen als das Wachstum. Ob Pikettys Prognose, dies sei nur eine temporäre Ausnahmeerscheinung, tatsächlich eintrifft, halten sie für reine Spekulation (Rudzio 2014; Homburg 2014; auch Bofinger/Scheuermeyer 2015, S. 108; Blank 2014). Für Homburg ist diese Frage nicht entscheidend, da auch ein Übergewicht der Kapitalrenditen nicht die von Piketty angenommenen Wirkung hätte:

> Dieses Argument ist aber nur dann zwingend, wenn die Vermögensbesitzer ihre Erträge vollständig reinvestieren, also nichts für den Konsum ausgeben, nichts spenden, keine Aufwendungen zur Pflege der politischen Landschaft tätigen und auch keine Steuern zahlen. (...) doch könnte man derartige Vermögensbesitzer wohl schwerlich beneiden, da sie weder einen hohen Lebensstandard haben noch politischen Einfluss nehmen, sondern ihr Kapital stattdessen stets der Gemeinschaft zur Verfügung stellen. (Homburg 2014)

Aber vor allem Pikettys zentrale These von der wachsenden Macht der Vermögenden hat viel Kritik ausgelöst. Ihm wird von verschiedenen Autoren vorgeworfen, dass er die Entwicklung der Vermögenskonzentration übertrieben darstellt. Dabei werden ihm eine willkürliche Quellenauswahl, Übertragungsfehler, einseitige Interpolationen, verzerrte Annahmen und Ableitungen vorgeworfen (speziell für die USA siehe Sutch 2017, S. 587, 591ff., auch Giles/Giugliano 2014; Müller 2017; Bernau 2017). Rudzio und Homburg sehen bezogen auf die USA und Europa in den vergangenen 200 Jahren keine nennenswerte Konzentrationstendenz (Rudzio 2014; Homburg 2014). Lorenz geht sogar von einer um 10 % bis 30 % niedrigeren Vermögenskonzentration als vor hundert Jahren aus (Lorenz 2014, S. 18f.). Julian Blank und Weltbank-Ökonom Branco Milanovic hingegen stützen auf Basis der gleichen Daten Pikettys Annahmen (Blank 2014; Milanović 2014, S. 525f.). Daran wird die Komplexität und Ambivalenz der Auseinandersetzung deutlich. Piketty hatte seine Daten transparent verfügbar gemacht und sich vehement gegen alle Vorwürfe gewehrt. Winship verteidigt ihn insbesondere gegen die Vorwürfe von Giles/Giugliano, da für ihn mögliche Abweichungen kaum relevant sind und nichts an der Richtigkeit der Grundaussagen ändern (Winship 2014; auch Schlaudt 2020, S. 50f.).

Aber wenn Piketti recht hat, sind diese Verhältnisse ungerecht? Marx hatte die Diskussion von Gerechtigkeitsfragen innerhalb der an sich ungerechten kapitalistischen Wirtschaftsordnung als sinnlos angesehen. Für Piketty dagegen scheint die herausgearbeitete Ungleichheit von Einkommen und Vermögen das Hauptproblem des Kapitalismus zu sein. Faber/Petersen kritisieren, dass er keine explizite eigene Definition von Gerechtigkeit vorweisen kann. Nach ihrer Wahrnehmung übernimmt Piketty unreflektiert die Geringschätzung von Erb- und Kapitaleinkommen gegenüber Arbeitseinkommen (außer extremen Managergehältern) (Faber/Petersen 2017; Tanner 2016, S. 262). Auch Lorenz widerspricht Piketty entschieden und betont die positive Wirkung des Kapitalismus ungeachtet der in ihm regelmäßig entstehenden Ungleichheit:

> Und trotzdem hat die Marktwirtschaft in den vergangenen Jahrzehnten auf breiter Basis einen Wohlstand geschaffen, den keine andere Wirtschaftsform bisher zu generieren in der Lage war. Daher bietet das Buch Pikettys eigentlich eine Steilvorlage, um der breiten Masse, jenseits von Neid gegenüber dem reichsten Promille der Einkommensbezieher, die Vorteile der Marktwirtschaft (...) aufzuzeigen: Denn wenn man die Daten Pikettys nur etwas anders interpretiert, bestätigen sie den Erfolg der Marktwirtschaft, trotz und gerade wegen einer gewissen Konzentration von Kapital. (Lorenz 2014, S. 12)

Nun wenden wir uns der Frage zu, welche explizite Position Piketty zur Marx'schen Theorie einnimmt. Piketty betont einerseits ausdrücklich, dass dessen Analyse auch heute noch relevant ist. Andererseits räumt er ein, dass sich die daraus abgeleiteten Schlussfolgerungen, die „apokalyptischen" Prognosen nicht bewahrheitet haben (Piketty 2016, S. 24). Piketty ist die Abschaffung der gesamten privaten Kapitalrendite durch die Verstaatlichung aller Vermögenswerte offensichtlich zu radikal. Dies würde zwar die Ungleichheit beseitigen, dafür aber sehr tief in die individuellen Freiheiten eingreifen (Piketty 2016, S. 723). Deshalb fällt sein Urteil über die Sowjetunion und ihre Version des Sozialismus inklusive Planwirtschaft und Repression stark negativ aus. Wie wir sehen werden, empfiehlt Piketty einen deutlich gemäßigteren Ansatz zur Verminderung der Ungleichheit. Seine Präferenz gilt der evolutionären, reformerischen Veränderung.

Im Gegensatz zu Marx geht Piketty nicht von unausweichlichen historischen Gesetzmäßigkeiten oder vorbestimmten sozialen und gesellschaftlichen Entwicklungen aus. Die zunehmende Ungleichheit ist für ihn kein Automatismus, das Übergewicht der Kapitalrendite kein eisernes Gesetz. In manchen Ländern und zu manchen Zeiten können durchaus Kräfte die Oberhand gewinnen, die gegen Ungleichheit wirken. Als Beispiele nennt er deren Verringerung durch die Weltkriege und den anschließenden Ausbau des Sozialstaats. Aber die gegenläufigen Kräfte, die die Ungleichheit fördern, können sich jederzeit wieder durchsetzen. Seit den 1970er Jahren scheint genau das durch veränderte steuer- und finanzpolitische Rahmenbedingungen der Fall zu sein (Piketty 2016, S. 47, 357).

In seinem 2020 erschienenen Nachfolgewerk „Kapital und Ideologie" betont Piketty daher die Bedeutung der institutionellen Infrastruktur und der kulturellen Meinungsbildung. Soziale Ungleichheit und Vermögenskonzentration sind für ihn also nicht natürlich, sondern ein künstliches soziales Konstrukt (Piketty 2020, S. 547, 579; auch Binswanger 2019). Somit sind Regulierungen von Einkommen und Vermögen keine künstlichen Eingriffe in einen natürlichen Zustand. Die Veränderungen der Rahmenbedingungen sind vielmehr notwendig zur Erreichung dieses natürlichen Zustands (Schlaudt 2020, S. 55; Lorenz 2014, S. 11). Die fundamentalen ökonomischen Kräfte können beeinflusst und auch geändert werden, es gibt also verschiedene Entwicklungspfade (Piketty 2016, S. 39; auch Tanner 2016, S. 258; Faber/Petersen 2017; Mason 2014; unzutreffend daher Wade 2014, S. 8). Für Piketty ist, im Gegensatz zu Marx, eine Lösung folglich auch innerhalb des Kapitalismus möglich. Darum fokussiert er sich auf die Frage, wie demokratische Institutionen das kapitalistisch geprägte Wirtschaftssystem ausreichend kontrollieren und einhegen können (Piketty 2016, S. 784; auch Tanner 2016, S. 258/S. 260). Blank sieht in dieser Betonung des demokratischen Einflusses auf politische und soziale Rahmenbedingungen die Stärke von Pikettys Konzeption (Blank 2014).

Piketty plädiert für eine stärkere Rolle des Staates in relevanten gesellschaftlichen Sektoren wie Infrastruktur, Gesundheit und Bildung. Das wirksamste Instrument für eine Reduzierung der Ungleichheit sind für ihn jedoch ausreichend hohe Steuern. Aus seiner Sicht werden hohe Einkommen aktuell, trotz progressiver Steuersätze, nicht ausreichend belastet. Dadurch wird nicht nur die Ungleichheit weiter verschärft, sondern auch die Mittelschichten überproportional mit der Finanzierung des Sozialstaats belastet. Sollten letztere dieses ungerechte Modell in Frage stellen, könnte eine gesellschaftliche Destabilisierung die Folge sein. Piketty fordert daher einen Einkommens-Spitzensteuersatz von 80 %, um die Abkopplung der großen Einkommen von der allgemeinen Wirtschaftsentwicklung und den Durchschnittslöhnen aufzuhalten (Piketty 2016, S. 43ff., 666f., 692; Piketty 2020, S. 1.227; auch Mason 2014; Faber/Petersen 2017; van Treeck, S. 78; Blank 2014). Für Lorenz blendet er dabei mögliche negative Auswirkungen seiner Steuerpläne auf die Kapitalausstattung von Unternehmen oder Arbeitsplätze aus (Lorenz 2014, S. 22).

Aber die Besteuerung der Einkommen ist für Piketty nicht ausreichend, weil große Vermögen nur wenig Einkommen deklarieren und dennoch überdurchschnittlich wachsen (Piketty 2016, S. 712). Zudem sind sie z. B. in Deutschland durch die pauschale Kapitalertragssteuer von 25 % deutlich bevorteilt. Bei deren Einführung 2009 hatten Kapitaleigner noch zahlreiche Möglichkeiten der Steuervermeidung. Der damalige Finanzminister Peer Steinbrück sagte deshalb: „Besser 25 % von X, als 42 % von nix". Der Zugriff des Staates auf große Vermögen ist heute jedoch deutlich größer, als in der Vergangenheit. Denn in der Zwischenzeit konnten durch internationale Abkommen viele Möglichkeiten zur Steuerflucht geschlossen werden. Damit ist das damalige Hauptargument für reduzierte Abgaben auf Kapitalerträge nicht mehr relevant (Bach 2015, S. 224f., 231). Piketty fordert daher eine globale, progressive Kapitalsteuer auf alle Vermögenswerte oberhalb von einer Million Euro (Piketty 2016, S. 47, 592, 698; Mason 2014; Solow

2014). Auch eine wirkungsvolle Erbschaftssteuer ist für ihn eine wichtige Komponente (Piketty 2016, S. 532 ff., 564). So werden in Deutschland pro Jahr ca. 400 Mrd. EUR vererbt, mit steigender Tendenz. Der Staat erhebt darauf aber nur relativ geringe Steuersätze bzw. gewährt hohe Freibeträge. Die Verteilung der Erbschaften ist dabei sehr ungleich, so erben 10 % der Bevölkerung 50 % der Gesamtsumme, die restlichen 90 % teilen sich demnach die andere Hälfte. Die Hälfte der Bevölkerung kann überhaupt kein nennenswertes Vermögen vererben (Baresel/Eulitz/Fachinger u. a. 2021, S. 64).

Piketty selbst bezeichnet seine Ideen als Utopie, betont aber, dass die 2007 beginnende Finanz- und Wirtschaftskrise möglicherweise einen Wendepunkt im gesellschaftlichen Bewusstsein darstellt. Eine größere Offenheit für neue Ideen und Optionen könnte die Realisierungschancen seines Konzepts deutlich stärken (Schlaudt 2020, S. 53; Wade 2014, S. 12; Patomäki 2014, S. 54). Tatsächlich, wer hätte damals gedacht, dass die Schweiz ihr so lange bestehendes Bankgeheimnis aufheben oder eine globale Mindeststeuer eingeführt würde?

3 Marx lebt! – Die Renaissance des Marxismus

Nach der Wendezeit schien der Marxismus als alternatives Wirtschafts- und Gesellschaftssystem dauerhaft widerlegt zu sein. Zu groß schienen die Fehleinschätzungen seiner Theorie, zu offensichtlich das Versagen des Sozialismus in allen Sphären. Die Idee einer utopischen Überwindung des Kapitalismus erlebte ein ökonomisches, politisches und auch moralisches Fiasko. Anfang der 1990er Jahre war der Marxismus mausetot. Konrad Liessmann schreibt Marx sogar 1989 als neues Todesjahr zu (Liessmann 2015, S. 1). Die Niederlage, der Bankrott war so offensichtlich, dass eine Renaissance unmöglich schien. Fredric Jameson schrieb, dass er sich eher das Ende der Welt vorstellen kann, als das Ende des Kapitalismus (Jameson 1994, S. XII). Aber bereits im Verlauf der 1990er Jahre kamen erste Zweifel an der nun dominierenden marktwirtschaftlichen Ordnung auf. Denn ihre negativen Seiten bekamen nicht nur die osteuropäischen Transformationsländer zu spüren, sondern auch die westlichen Industrienationen. In letzteren führten der Abbau des Sozialstaates, zunehmende Ungleichheit und zügellose Finanzmärkte zu immer mehr Kritik am existierenden System (Wade 2014, S. 11). Zusätzlich hatte die Globalisierung multinationalen Konzernen eine Machtfülle eröffnet, die nicht durch entsprechende überstaatliche Gegengewichte ausgeglichen wird.

Die als Reaktion auf diese Probleme entstandenen kapitalismuskritischen Strömungen schwelten lange, ohne wirklich eine größere gesellschaftliche Wahrnehmung erreichen zu können. Dies änderte sich schlagartig mit der 2007 beginnenden globalen Finanz- und Wirtschaftskrise. In deren Folge konnte die Systemkritik in weitere Kreise der Öffentlichkeit vordringen. Die Lösungskonzepte unterschieden sich jedoch deutlich. Thomas Piketty hält den Kapitalismus prinzipiell für reformierbar und die Marx'sche Konzeption für zu radikal, andere haben eine stärkere Sympathie für seine Thesen. Die behandelten globalisierungskritischen Gruppen hatten nicht wenige linke und auch linksradikale Aktivisten und Gruppen in ihren Reihen, die marxistisches Gedankengut einbrachten. Gerade sein Ansatz erschien ihnen als konstruktiver Gegenpol zu allen negativen Auswirkungen des Kapitalismus (Liessmann 2015, S. 3; Makdisi/Casarino/Karl 1996, S. 12; Lenger 2004, S. 356). Dennoch blieben sie bei *Attac*, *Occupy* und *Fridays for Future* eine kleine, wenn auch einflussreiche Minderheit, ohne diese Bewegungen wirklich ideologisch prägen zu können.

Aber auch in den westlichen Gesellschaften gewannen Marx und seine Ideen wieder an Anziehungskraft, und zwar weit über das linke politische Spektrum hinaus. Selbst in eigentlich stark kapitalistisch geprägten Gesellschaften wie den USA. Dort zeigen besonders „Millenials" (in den 1980ern und 1990ern geborene) eine positive Wahrnehmung von „Marxismus" (35 %), „Kommunismus" (36 %) und „Sozialismus" (49 %) (Victims of Communism Memorial Foundation/YouGov 2019). Entsprechend gewann ab 2016 die Linke in der demokratischen Partei immer mehr an Popularität und damit auch Einfluss. Ihre Vertreter wollen sich nicht mit höheren Mindestlöhnen, besseren öffentliche Dienstleistungen und einer Reduzierung der CO_2-Emissionen zufriedengeben. Sie fordern stärkere Veränderungen und darüber hinaus eine wirkungsvolle Umverteilung von Vermögen und Einkommen (Niemietz 2021, S. 24ff.). Ihr Ziel ist ein Ende des sozialen Auseinanderdriftens in den USA, weil sie die Verwirklichung echter Freiheit nur in Kombination mit einer relativen materiellen Gleichheit sehen. Für amerikanische Verhältnisse waren diese Positionen ungewohnt radikal und boten politischen Gegnern große Angriffsflächen. Dies schmälert die Chancen auf eine echte Machtoption bis heute spürbar. So brandmarkten die Konservativen jede Kritik am bestehenden System als unamerikanisch und verwiesen auf gescheiterte sozialistische Experimente wie Venezuela (Newport 2018a; Steffens 2019; ▶ Kap. 4.4).

In Europa konnte man ein ähnliches Phänomen der positiven Neubewertung von Marxismus bzw. Sozialismus beobachten. So ist in Großbritannien der Sozialismus beliebter als der Kapitalismus (36 % vs. 32 %), was den Wahlerfolg von Jeremy Corbin und der Labour-Partei bei den Wahlen 2017 erklärt. In Frankreich konnte Jean-Luc Mélenchon bei den letzten zwei Präsidentschaftswahlen respektable Ergebnisse erzielen und das linke politische Spektrum hinter sich vereinen. In Deutschland ist die Popularität des Sozialismus seit den 1990er Jahren besonders ausgeprägt (45 % positiv zu „Sozialismus", nur 26 % zu „Kapitalismus") (YouGov 2016; Niemietz 2021, S. 16).

Man kann Niemietz beipflichten, dass trotz der durchweg negativen Erfahrungen mit bisher allen sozialistischen Experimenten die Idee selbst erstaunlich populär bleibt (Niemetz 2021, S. 26, 57f.). Für langjährige und bestehende Marx-Sympathisanten sieht er den Grund dafür in den emotionalen Kosten eines Umdenkens. Dieses auch als „confirmation bias" bezeichnete psychologische Phänomen macht es für sie einfacher, Argumente für ihre fest verankerte Sicht zu suchen, als sich objektiv mit dem Sozialismus auseinanderzusetzen (Niemetz 2021, S. 232ff./S. 240f.).

Aber warum finden marxistische Gruppen und Strömungen neue Anhänger? Warum ist unser Bauchgefühl tendenziell antikapitalistisch? Die Erklärung dafür liegt in unserer Frühgeschichte. Die Menschheit hat historisch fast ausschließlich in kollektiv-altruistischen Gemeinschaften von Jägern- und Sammlern gelebt. Dieser lange Zeitraum mit relativer Gleichheit hat in uns stabile moralische und kulturelle Vorstellungen von ökonomischen Beziehungen geprägt. Erst der Übergang zum Ackerbau in der „neolithischen Revolution" vor ungefähr 12.000 Jahren machte den Landbesitz zum gesellschaftlichen Unterscheidungskriterium. Die sich nun herausbildende soziale und machtpolitische Ungleichheit änderte jedoch nichts an unserer unterbewussten Vorstellung einer gerechten Ordnung. Diese blieb orientiert an der ursprünglichen Gleichheit, was unsere Beurteilung ökonomischer Realitäten und Konzeptionen bis heute maßgeblich beeinflusst. Die aktuelle individualistisch-egoistische Realität kommt uns intuitiv falsch vor, ebenso nehmen wir extreme Gehalts- und Vermögensunterschiede als ungerecht wahr (Niemietz 2021, S. 24ff., 251; Dyer 2021, S. 112). Aus dem gleichen Grund erscheint uns die Idee des Sozialismus in Harmonie mit unserem inneren Gefühl, ohne an Personen oder Parteien gebunden zu sein. Die nicht selten anzutreffende spontane Sympathie für den Marxismus und ähnliche Utopien könnte also tief in unserer Psychologie verankert sein.

3.1 Sozialismus – das war gar nicht Marx

Alle sozialistischen Experimente hatten durchaus ähnliche Ergebnisse, unabhängig von geografischen, ökonomischen, kulturellen und historischen unterschiedlichen Voraussetzungen. Sie endeten ohne Ausnahme in politischer Repression, Mangelwirtschaft und Umweltproblemen. Wer mehr über die Verbrechen erfahren will, die weltweit in Berufung auf Marx' Ideen begangenen wurden, dem empfehle ich die Lektüre des „Schwarzbuchs des Kommunismus". Welche Grundlage kann eine Renaissance des Marxismus angesichts dieser historischen Tatsachen überhaupt haben? Ein zentrales Argument ist zweifellos die Abgrenzung zwischen seinen Werken und ihrer Umsetzung in der Praxis. Seine Person und seine Lehre müssen für eine Rehabilitation gewissermaßen reingewaschen werden von den negativen Seiten des realisierten Sozialismus (Niemietz 2021, S. 26).

Die europäische Linke hat vor der Wendezeit stets die Errungenschaften in den sozialistischen Ländern betont. Alles Negative wie Misserfolge oder Menschenrechtsverletzungen versuchte sie dagegen soweit möglich zu bestreiten. Alternativ wurden sie als notwendiges Übel bei der Umsetzung einer eigentlichen guten Idee dargestellt. Einige Linke betonten sogar, dass die Ideologie des Marxismus-Leninismus gar nicht auf den Ideen von Marx beruht, vielleicht sogar unvereinbar mit ihnen ist:

> Machen wir uns klar, daß das Verhältnis zwischen dem traditionellen Marxismus-Leninismus und der Marx'schen Theorie als Philosophie der Praxis dem Verhältnis zwischen dem Papsttum und einer urchristlichen Gemeinde entspricht. (Müller 1993, S. 4)

Auch für Noam Chomsky hat der Sowjetkommunismus nichts mit seinen Ideen zu tun. Er hält ihn sogar für antisozialistisch, weil die anfängliche Kontrolle der Arbeiter über die Produktion schnell beendet und durch staatliche Bürokratie ersetzt wurde (Chomsky 1986; auch Niemietz 2021, S. 39, 42). Für Schmidt-Salomon konnten Lenin und Stalin mit einem Schlüsselbegriff der Marx'schen Theorie des Kommunismus nicht viel anfangen – der Selbstverwirklichung des Menschen. Dies wurde als wichtige Erklärung für den repressiven Charakter des sowjetischen Sozialismus angesehen (Schmidt-Salomon o. J., S. 2). Eagletons Behauptung, dieses Abgleiten ins Autoritäre sei auch Resultat der feindlichen Einstellung anderer Länder gegenüber der jungen Sowjetunion und China (Eagleton 2012, S. 31f.) ist allerdings gewagt. Für Tanner sind Klassendiktatur, Repression und Staatsbürokratie „Perversionen", die für Marx als Resultat seiner Theorie „nicht denk- oder vorstellbar" waren" (Tanner 2016, S. 257; auch Haller 2018; Kocka 2018; Lohmann 2009, S. 32; Krauss 1995; Arndt/Stein 2017). Der Terror von Stalinismus und Maoismus, der sich nur schwer leugnen ließ, wurde als „monströse Sozialismuskarrikatur" oder „Verrat am Kommunismus" bezeichnet (Krauss 1995; Eagleton 2012, S. 27ff., 33; Makdisi/Casarino/Karl 1996, S. 4; Derrida 1995, S. 160; Schmidt-Salomon o. J., S. 4; Henning 2006, S. 23f., 26; Walther, S. 232f.). Aus dieser Einschätzung werden vier Schlussfolgerungen gezogen

1. Allen gescheiterten Versuchen (Sowjetunion/China/Vietnam/Kambodscha/Kuba/Nicaragua/Venezuela u.a.) wird nachträglich der Status des „echten" Sozialismus abgesprochen. Und das, obwohl alle zunächst als aussichtsreiche sozialistische Experimente gefeiert wurden (Niemietz 2021, S. 26f., 71f., 258ff.).
2. Die Gründe für das Scheitern werden nicht in der Marx'schen Theorie gesucht, sondern in defizitären konzeptionellen Anpassungen und fehlenden Voraussetzungen: „Der Kommunismus kann noch gar nicht gescheitert sein, weil es ihn bisher noch nicht gab, mehr noch: nicht geben konnte" (Reheis 2011, S. 133; auch Steinitz 2007, S. 166; Fleischer 1994).
3. Aufgrund dieser Verfremdungen mussten die Ergebnisse der bisherigen Versuche zwangsläufig weit hinter dem zurückbleiben, was Marx sich erhofft hatte.
4. In der Konsequenz kann ihm selbst keine historische, moralische oder praktische Verantwortung für das Scheitern des Sozialismus angelastet werden (Fleischer 1994; Greffrath 2017, S. 25).

Das Misslingen der sozialistischen Experimente im 20. Jahrhundert beruht für die Neomarxisten daher nicht auf Fehlern in seiner Konzeption. Ganz im Gegenteil, erst jetzt, nach diesem Scheitern sehen sie neue, reale Chancen für eine Verwirklichung seiner Thesen (Steinitz 2007, S. 166; Reheis 2011, S. 118; Liessmann 2015, S. 3; Amin 2010). Für Müller ist es „nicht das Ende der Marx'schen Theorie, sondern der Scheitelpunkt im Krisenprozeß des Marxismus (...), das notwendige Purgatorium, durch das der Blick endlich wieder frei werden kann für das wahre geistige Erbe" (Müller 1993, S. 2). Nun soll eine Loslösung von der negativen Vergangenheit neue Optionen eröffnen (Dörre 2019, S. 19, 28; Makdisi/Casarino/Karl 1996, S. 3; auch Piketty/Magro 2018). Niemietz bezweifelt allerdings, dass ein demokratisch gestalteter Sozialismus ökonomisch erfolgreich(er) gewesen wäre. Er sieht den Mangel an Mitbestimmung nicht als Hauptursache für das Versagen der Planwirtschaft. Ebenso sind Demokratien nicht generell wirtschaftlich erfolgreicher als Diktaturen (Niemietz 2021, S. 53f.). So zeigen autoritäre afrikanische Staaten wie Ruanda oder Uganda deutlich höhere Wachstumsraten als ihre demokratischen Nachbarn (Fink 2013). Der Sozialismus könnte für Niemietz eventuell demokratischer gestaltet werden, nicht aber die Planwirtschaft. Deshalb ist für ihn jede sozialistische Variante in der ökonomischen Sphäre zum Scheitern verurteilt, egal ob diktatorisch oder demokratisch regiert (Niemietz 2021, S. 55, 63).

Das Bemühen der Neomarxisten, das Image von Marxismus und Sozialismus zu verbessern, war durchaus erfolgreich. Es gelang, ihre Wahrnehmung von der Vergangenheit und den damit verbundenen negativen Assoziationen zu lösen:

> Als der Kapitalismus vor etwa 200 Jahren entstand, lebten mehr als 90 Prozent der Menschen auf der Welt in extremer Armut. Das Durchschnittseinkommen entsprach dem in den ärmsten afrikanischen Staaten von heute. Durch die Entwicklung des Kapitalismus wurde der Anteil der extrem armen Menschen auf der Welt auf unter 10 Prozent reduziert – und dies trotz der Versiebenfachung der Weltbevölkerung in dieser Zeit. Die Hälfte dieser Reduktion vollzog sich in den vergangenen drei bis vier Jahrzehnten, die aus Sicht von Kapitalismuskritikern wie dem französischen Ökonomen Thomas Piketty gerade besonders schlimme Jahre waren, weil die „Schere zwischen Arm und Reich" in einigen entwickelten Ländern immer weiter auseinandergegangen sei. Es ist eine erstaunliche PR-Leistung der Sozialisten, dass sie das System, das so erfolgreich bei der Bekämpfung von Hunger und Armut war, wie kein anderes Wirtschaftssystem in der Geschichte, als „menschenverachtenden Raubtierkapitalismus" denunziert haben, während der Begriff „Sozialismus" heute wieder einen schönen Klang für viele Menschen hat. (Zitelmann 2021; auch Meyer 2017; Homann/Pies 2018, S. 230f.; Sinn 2017, S. 82; Liessmann 2015, S. 3)

Damit war die Basis gelegt für eine Neubewertung und damit auch für eine Renaissance von Marx und seinen Ideen.

3.2 Die Krisenanfälligkeit des Kapitalismus und sein notwendiges Ende

Anhänger der Marktwirtschaft verweisen regelmäßig und gern auf die positive Wirkung von Kapitalismus und auch Globalisierung. Bei genauerem Hinsehen wird aber deutlich, dass die aktuelle Wirtschaftsordnung auch ihre Schwächen hat. Besonders die an Karl Marx und seinen Thesen orientierten Autoren schenken daher diesen vermeintlichen Erfolgsberichten keinen Glauben und halten sie für bewusst irreführende systemstützende Propaganda. In ihrer Wahrnehmung ergibt sich ein ganz anderes Bild: immer häufigere, tiefere, gefährlichere Wirtschaftskrisen, eine prinzipielle Instabilität des Marktes. Auch Armut, Ungleichheit und Ausbeutung nehmen für die Neomarxisten keineswegs ab, sondern verschärfen sich immer mehr. Dabei sehen sie diese Tendenz in Entwicklungs-, Schwellen- und Industrieländern gleichermaßen, da die Arbeiter gegeneinander ausgespielt werden. Eine Lösung innerhalb des aktuellen marktwirtschaftlichen Systems ist nach ihrer Überzeugung nicht möglich. Der Kapitalismus ist nach ihrer Überzeugung prinzipiell nicht in der Lage, die zentralen Versprechen der Französischen Revolution, nämlich Freiheit, Gleichheit und Brüderlichkeit, zu verwirklichen (Aulenbacher 2019, S. 61, 67f.). Daher sehen sie auch keinen Sinn in einer Reformierung des Kapitalismus, wie Piketty sie vorschlägt. Dies gilt für stärkere Eingriffe des Staates in der Wirtschaft ebenso wie für eine Umverteilung zugunsten der ärmeren Schichten oder die Verstaatlichung einzelner Unternehmen. Ganz nach Marx gehen sie von einer Verfestigung und Eskalation der sozioökonomischen Machtverhältnisse aus (Dörre 2019, S. 21f.). Klaus Steinitz betont:

> Je größer die Probleme aus den sich zuspitzenden Klassengegensätzen zwischen Kapital und Arbeit, der drohenden Umweltkatastrophe, den widersprüchlichen demografischen Prozessen und der revolutionären Entwicklung der Produktivkräfte und anderen Veränderungen sind, desto klarer wird, dass das kapitalistische System nicht in der Lage ist, den neuen Herausforderungen gerecht zu werden. Damit wird auch deutlich: Der Kapitalismus ist nicht das Ende der Geschichte, eine alternative, über den Kapitalismus hinausgehende Gesellschaft und eine andere Wirtschaft sind notwendig. (…) Damit gewinnt auch der öffentliche Diskurs über Kriterien und Eigenschaften einer sozialistischen Alternative im jetzigen 21. Jahrhundert (…) sowie über eine andere Regulierungsweise der Wirtschaft und der anderen gesellschaftlichen Bereiche an Bedeutung. (Steinitz 2007, S. 159f.)

Die an Marx orientierten Autoren folgen dabei seiner Argumentation, dass der Kapitalismus keineswegs so anpassungsfähig ist, wie seine Befürworter behaupten. Demzufolge sind die dynamischen Produktivkräfte eingebettet in viel stabilere, statischere gesellschaftliche Produktionsverhältnisse (MEW, Bd. 3, S. 32). Wolfgang Streeck beschreibt dies am Beispiel der sozialen Marktwirtschaft, in der die dynamischen Marktkräfte die ökonomische Sphäre ständig umwälzen. Gleichzeitig sind die gesellschaftlichen Vorstellungen von Gerechtigkeit, sozialer Sicherung und Umverteilung deutlich weniger flexibel (Streeck 2011). In dieser Logik müssen für Marx selbst und auch seine Anhänger früher oder später unauflösbare innere Widersprüche entstehen, die zwangsläufig zur Überwindung des Kapitalismus führen (Neffe, S. 144; Knauß/Streeck 2015; Müller 1993, S. 7; Eagleton 2012, S. 23; Piketty/Magro 2018; Amin 2020; Reheis 2011, S. 119, 133; kritisch dazu Faber/Petersen 2013, S. 256f.):

> Auf einer gewissen Stufe ihrer Entwicklung geraten die materiellen Produktivkräfte der Gesellschaft in Widerspruch mit den vorhandenen Produktionsverhältnissen. Es tritt dann eine Epoche sozialer Revolution ein. (MEW, Bd. 13, S. 9; auch MEW, Bd. 2, S. 38, Bd. 23, S. 789)

Aber die Befürworter einer Renaissance des Marxismus mussten noch zeigen, aus welchen Gründen sie weiterhin an ein unabwendbares Ende des Kapitalismus glauben (Arndt/Stein 2017). Wie sollten sich seine negativen Vorhersagen doch noch bewahrheiten, die von der Anpassungsfähigkeit des Kapitalismus bisher ja widerlegt worden waren? Welche unlösbaren Widersprüche könnten sein Ende einleiten und Marx' Ideen eine neue Chance eröffnen?

3.2.1 Fallende Profitrate

Einer der zentralen inneren Widersprüche des Kapitalismus ist für Marx der „tendenzielle Fall der Profitrate". Betrachten wir diese zunächst unter den Bedingungen seiner Zeit. Die Profitrate war für ihn die Differenz zwischen dem gerade noch lebenserhaltenden Arbeiterlohn und dem Wert der Arbeit beim Verkauf der erstellten Ware. Es handelt sich also um den Mehrwert, den sich der Kapitalist aneignet (Euchner 1982, S. 91; Faber/Petersen 2013, S. 68). Diese offensichtlich ungleiche

Aufteilung des Ertrags beruht auf den ökonomischen Machtverhältnissen, in denen die Arbeiter den minimalen Lohn akzeptieren müssen, weil sie von ihm existenziell abhängig sind. Hierbei muss man allerdings verstehen, dass der negative Kampfbegriff „Kapitalist" nicht die selbst aktiven, kleinen und mittelständischen Unternehmer meint. Er bezieht sich vielmehr auf passive Investoren, Aktionäre und große Kapitalgesellschaften (Euchner 1982, S. 118; Wagenknecht 2017, S. 98).

Die Profitrate bleibt für Marx jedoch nicht konstant, sondern zeigt im Entwicklungsverlauf des Kapitalismus eine abnehmende Tendenz (Faber/Petersen 2013, S. 137). Aber aus welchen Gründen sinken die Preismargen und Gewinne der Unternehmen? Eigentlich müssten die Kapitalisten ja versuchen, diese für sie vorteilhafte Aufteilung aufrechtzuerhalten. Der Schlüssel zu seiner These vom „tendenziellen Fall der Profitrate" ist zugleich der Kern der Marktwirtschaft, nämlich die permanente Konkurrenz. Sie zwingt alle Kapitalinvestoren und über ihren Einfluss auch alle Unternehmen, ihre Lohnstückkosten maximal niedrig zu halten. Dabei können Lohnkürzungen durchgesetzt werden, weil existenzbedrohte und daher willige Arbeitslose als Drohpotenzial zur Verfügung stehen. Die nächste Stufe wäre der Ersatz von immer mehr Arbeitskräften durch Maschinen. Diese alternative Option kann ebenfalls als Instrument der Lohndisziplinierung genutzt werden (Schnaas 2017; Reheis 2011, S. 106; Nachtwey 2018, S. 113). Unabhängig von möglichen Zugeständnissen der Arbeiter wird sich die Automatisierung aufgrund der Kostenvorteile mit der Zeit zwangsläufig durchsetzen und verstärken. Aber nur große, kapitalstarke Unternehmen können die dafür notwendigen Investitionen aufbringen. Dadurch kommt es zu einer immer stärkeren Kapital- und Marktkonzentration durch Verdrängung oder Aufkauf kleinerer Unternehmen (MEW, Bd. 23, S. 790; Wagenknecht 2017, S. 98f.; Schefold 2018, S. 241f.).

Durch diese Entwicklung steigt der Anteil der Kapitalinvestitionen (in Maschinen, Rohstoffe, Energie), die Marx als „konstantes Kapital" bezeichnet, an der Wertschöpfung. Parallel dazu verringert sich entsprechend der Anteil der menschlichen Arbeit („variables Kapital"). Wie kommt es nun durch diese Verschiebung zu einer sinkenden Profitrate? Für Marx erzeugt ausschließlich menschliche Arbeit Mehrwert, was aus heutiger Sicht als sehr einseitiges Verständnis erscheint. In dieser

Logik führt die Verschiebung in Richtung konstantes Kapital zu einem Sinken der Profitrate (MEW, Bd. 25, S. 269; Euchner 1982, S. 82, 117; Mason 2016, S. 157, 201f.; Wagenknecht 2017, S. 97; Wismann 2013, S. 232).

Aber warum entsteht für ihn aus dieser Kombination von Marktkonzentration und sinkender Profitrate eine Dysfunktionalität der kapitalistischen Wirtschaft? Marx sieht dafür folgende drei Faktoren:

1. In dieser Konstellation lässt der Innovationsdruck für die verbleibenden Marktteilnehmer nach. Gleichzeitig sind die Eintrittsbarrieren für neue, innovative Unternehmen kaum überwindbar, was mögliche Technologiesprünge hemmt (Greffrath 2017, S. 19; Wagenknecht 2017, S.102, 105).
2. Die Kombination von Marktkonzentration und sinkender Profitrate/Rendite führt nach Marx zu immer geringeren Investitionsmöglichkeiten der Kapitalbesitzer in die Produktionsunternehmen (MEW, Bd. 23, S. 316, 328; auch Neffe 2017, S. 427).
3. Mit der Automatisierung steigt zwar die Produktionsmenge, aber gleichzeitig sinkt die Nachfrage nach Arbeitskräften. Die als Folge sinkenden Löhne führen zu einem Rückgang der Konsumausgaben. Denn die Arbeiter haben entweder keine Beschäftigung oder müssen sich im Wettbewerb um die wenigen verbliebenen Stellen in ihren Lohnforderungen unterbieten (MEW, Bd. 23, S. 454, 658; auch Reheis 2011, S. 106; Nachtwey 2018, S. 114).

Dieser Prozess ist für Marx selbstverstärkend, denn aufgrund der zurückgehenden Nachfrage entsteht ein Angebotsüberhang und somit steigender Preisdruck. Daraus wiederum folgt ein erhöhter Wettbewerbsdruck, der seinerseits die Tendenz zur Automatisierung verstärkt (Mason 2017, S. 157). Um überhaupt noch Profite erzielen zu können, müssen Kapitalgeber und Unternehmen die Produktionsmenge immer weiter erhöhen, also immer weiter wachsen. Marx war bereits klar, dass dieses Wachstum nicht auf nationale Märkte begrenzt bleiben kann. Für ihn und auch seine modernen Anhänger ist die globale Verbreitung des Kapitalismus unausweichlich und auch eine Grundvoraussetzung für das angestrebte Ende des Kapitalismus (MEW, Bd. 25, S. 242; Mason 2017, S. 157). Denn in der Konsequenz können die verzweifelten Arbeiter auch durch Auswanderung nichts an ihrer Lage ändern, da diese Verhältnisse dann weltweit herrschen. Dem internationalen Proletariat bleibt dann nur ein letzter Ausweg: die Revolution (MEW, Bd. 23, S. 790; Reheis 2011, S. 123, 133; Krauss 1995; Neffe 2017, S.146, 445).

> Der Kommunismus ist empirisch nur als die Tat der herrschenden Völker „auf einmal" und gleichzeitig möglich, was die universelle Entwicklung der Produktivkraft und den mit ihm zusammenhängenden Weltverkehr voraussetzt. (MEW, Bd. 3, S. 35)

Für Marx resultiert aus der beschriebenen Kombination von Innovations-, Investitions- und Nachfragekrise unausweichlich eine existenzielle Systemkrise (MEW, Bd. 23, S. 618; Neffe 2017, S. 434, 456; Liessmann 2015, S. 149; Sinn 2017, S. 26). In diesem Endzustand des Kapitalismus stehen sich wenige extrem Reiche an der Spitze multinationaler Konzerne und extrem arme Massen gegenüber. Sowohl die kleineren und mittleren Unternehmen als auch die vorher vorhandene Mittelschicht würden allmählich zwischen diese beiden Polen zerrieben (Euchner 1982, S. 108). Eagletons Annahme, dass Marx auch eine allmähliche Auflösung der Arbeiterklasse und gleichzeitige Vergrößerung der Mittelschicht für möglich hielt (Eagleton 2012, S. 15, 201), ist daher nicht nachvollziehbar.

Nur eine extreme Ausprägung der Klassengegensätze erfüllt für Marx die Voraussetzungen für eine revolutionäre Veränderung, eine Enteignung der herrschenden Klasse (Reheis 2011, S. 123f.). Für ihn ist der Sieg des Proletariats über die Bourgeoisie, der Weg vom Kapitalismus zum Kommunismus „mit der Notwendigkeit eines Naturprozesses" (MEW, Bd. 23, S. 791) unabwendbar. Er sieht dabei keine Möglichkeit, dass die Staaten mit finanzpolitischen Eingriffen den wirtschaftlichen Absturz verhindern. Zu seiner Zeit war die Geldmenge begrenzt durch den realen Goldbesitz der Zentralbank, was von ihm als unveränderliche Konstante übernommen wurde (MEW, Bd. 23, S. 242; Mason 2016, S. 158; Schefold 2018, S. 241f.). Jameson ergänzt, dass der Kapitalismus in dieser Endphase seiner Entwicklung die Fähigkeit eingebüßt hat, ausreichend Mehrwert zu erzeugen, um den Klassenkonflikt unter Kontrolle zu halten (Jameson 1996, S. 22). Dabei ist das prognostizierte Ende der kapitalistischen Wirtschaftsform für Marx kein erneuter Übergang in eine weitere ökonomische Epoche. Vielmehr sieht er ihn als entscheidenden, letzten Widerspruch, dessen Auflösung die Trennung von Arbeit und Kapital endgültig aufheben soll (Euchner 1982, S. 103). Erst dann sieht er die Möglichkeit zur Befreiung des Menschen und den Aufbau einer neuen Form von Arbeit, Leben und Gesellschaft ohne Ausbeutung (▶ Kap. 4.1).

Wie lassen sich seine Thesen aus heutiger Sicht bewerten? Seine Theorie der sinkenden Profitrate wird von der überwältigenden Mehrheit sowohl traditioneller als auch marxistischer Ökonomen inzwischen als falsch angesehen (Faber/Petersen 2013, S. 129, 134f.; Schefold 2018, S: 242; Plumpe 2018, S. 236). Eine Ausnahme ist Nachtwey, der auch in der heutigen Situation eine langfristige Tendenz zu sinkenden Profitraten sieht:

> Obwohl die Profite – dank der neoliberalen Politik – in den letzten Jahren global gestiegen sind, gibt es empirisch Anzeichen dafür, dass der lange Fall der Profitrate zu einer fatalen, selbstzerstörerischen Tendenz in den westlichen Kapitalismen geführt hat. Denn um die eigenen Profite wieder in die Höhe zu treiben, haben Unternehmen vor allem die Investitionstätigkeit verringert und gleichzeitig die Arbeitskosten gesenkt. (Nachtwey 2018, S. 113f.)

Er beruft sich dabei auf die These der „säkularen Stagnation" von Larry Summers und Paul Krugman, die von einer andauernden Epoche niedriger Wachstumsraten in den Industrieländern ausgehen. Demnach sorgt das Übergewicht älterer Berufstätiger, genauer ihr Altersvorsorgebedarf für eine erhöhte Sparquote. Dadurch werde dem Markt viel Nachfrage entzogen, wobei die jüngeren Generationen diese Lücke wegen der stagnierenden Reallöhne nicht schließen können. In der Folge werde das Wachstum so lange massiv gebremst, wie diese ungünstige demografische Konstellation besteht. Erst wenn die letzte zahlenmäßig große Alterskohorte der „Babyboomer" aus dem Arbeitsleben ausscheidet und ihre Ersparnisse für den Erhalt ihres Lebensstandards ausgibt, kann sich das Wirtschaftswachstum normalisieren (Krugman 2013; Summers 2019). Aber auch die These der „säkularen Stagnation" ist durchaus umstritten, da sie einem isolierten demografischen Faktor die bestimmende Rolle in einem sehr komplexen System zuweist.

Die Kritik an der Marx'schen Theorie adressiert nicht nur seine These der sinkenden Profitrate, sondern auch seine Arbeitswerttheorie. Die ausschließliche Fixierung auf menschliche Arbeit als Quelle von Wertschöpfung und Mehrwert ist tatsächlich reichlich befremdlich, wie auch Hans-Werner Sinn bemerkt:

> Zu Marxens größten wissenschaftlichen Fehlleistungen gehört die Arbeitswerttheorie, die wohl vor allem ideologisch begründet war. Die Behauptung, dass die relativen Güterpreise in der Marktwirtschaft grundsätzlich nach den in den Waren steckenden Arbeitszeit richte, ist schlichtweg falsch (...). Was hat zum Beispiel der Preis eines Gemäldes von Rembrandt mit dem Lohn des Meisters zu tun? (Sinn 2017, S. 24; auch Schefold 2018, S. 240)

Für Marx war ein Wachstum der Produktion nur durch eine höhere Anzahl an Maschinen möglich. Ein struktureller Produktivitätszuwachs, bei dem jede Maschine für sich produktiver wird, lag außerhalb seines gedanklichen Horizonts (Piketty 2016, S. 303; Nachtwey 2018, S. 113). Daher übersieht er die Möglichkeit der Wertsteigerung des konstanten Kapitals durch eine erhöhte Produktivität der Maschinen. Gleiches gilt für eine Senkung der Maschinenpreise, die den Wertverlust des variablen Kapitals kompensieren könnte (Faber/Petersen 2013, S. 133; Mason 2016, S. 158). Weiterhin hatte er die Verschiebung der Wertschöpfung in den Industrieländern nicht vorhergesehen. Diese vollzog sich von Produktion und körperlicher Arbeit über die Dienstleistungsgesellschaft zur *knowledge economy*, in der das Wissen als Investitionsgut entscheidend ist (Mason 2016, S. 163; ▶ Kap. 4.2). Plumpe kritisiert daher an Marx, dass dieser die Kraft des technischen Fortschritts entscheidend unterschätzt hat. Ohne eine überzeugende Begründung unterstellte er dem Kapitalismus, dieser würde systembedingt den Fortschritt bremsen. Bekannterweise war es eher andersherum: „Die Ironie war dann ja auch, dass nicht die kapitalistische Wirtschaftsordnung technologisch stagnierte und schließlich daran regelrecht erstickte, sondern die sozialistische Alternative, die diese Probleme zumindest konzeptionell überhaupt nicht haben durfte" (Plumpe 2018, S. 238).

Die entscheidenden Treiber der Kapitalkonzentration, nicht aber einer Stabilisierung der Profitrate sind für Marx Bevölkerungszuwachs und Ausweitung der Produktion (MEW, Bd. 25, S. 276; Liessmann 2015, S. 121). Er übersieht dabei, dass eine höhere Arbeitsproduktivität das Kapital in Relation zu den Arbeitskosten entwerten kann. Dadurch würde die für ihn so wichtige Profitrate wieder steigen. Nebenbei könnten mögliche Lohnzuwächse die Nachfrage und damit die Wirtschaft stimulieren (Kromphardt 2018, S. 233; Sinn 2017, S. 27).

Marx hatte durchaus richtig erkannt, dass die Marktwirtschaft aufgrund ihrer inneren Logik immer wieder in Investitions- und ebenso Absatzkrisen gerät. Auch ist die Tendenz des Kapitalismus zur Konzentration trotz wettbewerbsintensiver Märkte unbestreitbar (MEW, Bd. 23, S. 790; Wagenknecht 2017, S. 96). Dies sieht Neffe in Shareholder-Value-Denken und der ökonomischen und auch politischen Macht multinationaler Unternehmen verwirklicht (Neffe 2017, S. 445; Henning 2006, S. 15). Tatsächlich kontrollieren knapp 150 Großkonzerne fast 50 % aller globalen Unternehmen, insbesondere durch große Investmentgesellschaften wie Blackrock, Vanguard und State Street. Nicht zuletzt besteht in der digitalen Ökonomie eine sehr große Machtkonzentration, zum Teil sogar faktische Monopolstellungen (Jakobs 2016, S. 603; Kaufmann 2019; Wagenknecht 2017, S.101f.; ▶ Kap. 4.2). Marx und mit ihm auch seine heutigen Sympathisanten wie Mason und Neffe liegen allerdings in einer entscheidenden Einschätzung falsch.

Aufgrund ihres geschichtsphilosophischen Glaubens an die unausweichliche Endlichkeit des Kapitalismus unterschätzen sie systematisch seine Fähigkeit zur Selbstregulation. In den vielen durchlebten Krisen ist er eben nicht zusammengebrochen, sondern konnte sich jedes Mal wieder stabilisieren. So sank zum Beispiel seit den 1960er Jahren die Profitrate, allerdings nicht gleichmäßig, sondern primär in den veralteten Industrien. Dies wurde jedoch kompensiert durch höhere Renditen in neuen, innovativen Bereichen der Wirtschaft. Joseph Schumpeter bezeichnete diesen Prozess als „schöpferische Zerstörung" (Schumpeter 2020, S. 106; auch Sinn 2017, S. 27; Plumpe 2018, S. 238; Mason 2016, S. 158). Auch auf wirtschaftspolitischer Ebene wurde die Marktwirtschaft immer wieder an neue Bedingungen angepasst. So sank seit den 1980er Jahren in den Industrienationen der Lohnanteil an der Wirtschaftsleistung. Dies geschah durch Schwächung der Gewerkschaften und Produktionsverlagerungen in Billiglohnländer, wobei gleichzeitig die private und öffentliche Verschuldung stieg. In der historischen Realität löste das Sinken der Profitrate also Gegenmaßnahmen innerhalb des Systems aus. Denn seit der Aufgabe des Goldstandards 1914 können die Zentralbanken, entgegen Marx' Annahme, sehr wohl nahezu unbegrenzte Finanzmittel zur Verfügung stellen, um Schulden- oder

Nachfragekrisen auszugleichen (▶ Kap. 3.2.3). Krisen konnten also im Rahmen des Kapitalismus überwunden werden, ohne dass es zu dem von Marx, Neffe und Mason angenommenen und vorhergesagten Systemwechsel kam.

3.2.2 Armut, Ungleichheit und Ausbeutung

Neben der These von der fallenden Profitrate führen Marx und auch seinen aktuellen Interpreten einen weiteren Grund für die Krisenanfälligkeit und das Ende des Kapitalismus an – die unkontrollierte Ausbeutung der Arbeiter. Nach Marx' „Verelendungstheorie" versuchen die Kapitalbesitzer, die Stundenanzahl ihrer Arbeiter maximal auszudehnen und dabei nur minimale Löhne zu zahlen. Aufgrund der ungleich verteilten Machtverhältnisse können sie ihren Willen auch durchsetzen (MEW, Bd. 23, S. 247ff., Bd. 42, S. 601f.; auch Neffe 2017, S. 426; Wismann 2013, S. 232). Wie in Kapitel 3.2.1 ausgeführt, reduzieren die Produzenten gleichzeitig den Einsatz von menschlicher Arbeit und damit die Nachfrage nach Arbeitskräften. Es entsteht eine immer größere „Reservearmee" an Arbeitslosen, mit deren Elend die Löhne weiter gedrückt werden (Schefold 2018, S. 241). Die so gesteigerte Produktivität führt zu stetig wachsenden Warenmengen, aber nicht zu einem entsprechenden Wirtschaftswachstum. Denn die Arbeiter sind ja die potenziellen Käufer, die all diese Produkte konsumieren sollen. Angesichts ihrer minimalen Löhne fehlen ihnen allerdings schlicht die finanziellen Mittel dazu (Plumpe 2018, S. 237). Für Marx gehören Ausbeutung, Ungleichheit und Klassenkampf untrennbar zum Wesen, zur Natur des Kapitalismus. Daher gibt es für ihn keinen wirklichen Ausweg aus dieser ökonomischen und sozialen Schieflage. Vielmehr geht er, analog zu den Folgen der fallenden Profitrate, von einer unausweichlichen Verschärfung dieser Widersprüche aus, bis das notwendige revolutionäre Potenzial erreicht ist (MEW, Bd. 3, S. 34f., Bd. 25, S. 501; Neffe 2017, S. 145).

Es ist offensichtlich, dass die Entwicklung in den Industriestaaten erkennbar anders verlaufen ist, als in dieser Prognose skizziert. Welche Schlüsse ziehen moderne Marx-Sympathisanten und auch -Kritiker daraus? Für Neffe droht einem Arbeiter heute keine *absolute* Verelendung, allerdings eine *relative* durch die ungleiche Verteilung der

Unternehmensgewinne und zurückgehende Einkommen der Mittelschichten (Neffe 2017, S. 436; auch Milanović 2016, S. 46/S. 114f.; Nachtwey 2018, S. 116). Für Meyer ist unklar, ob für Marx auch diese relative Verelendung relevant wäre (Meyer 2017). Wilkinson weist allerdings darauf hin, dass auch diese „nur" relative Ungleichheit in entwickelten Gesellschaften zu massiven negativen Folgen führen kann. Denn für die Betroffenen verschlechtert sich aufgrund des sozialen Stresses und der Furcht vor Verachtung die Lebensqualität. In der Folge sinken ihre Lebenserwartung und das Vertrauen in die Mitmenschen, gleichzeitig nehmen Kindersterblichkeit, Übergewicht, Mordraten, Drogenkonsum usw. zu (Wilkinson 2006, S. 719f., 724). Faber/Petersen kritisieren, dass eine Tendenz zu immer größerer Ungleichheit weder theoretisch fundiert noch stringent in der Praxis zu beobachten ist (Faber/Petersen 2013, S. 254). Plumpe hingegen sieht soziale Ungleichheit als unausweichliche Begleiterscheinung des Kapitalismus. Für ihn bedeutet dies jedoch nicht, dass die sozial Schwächsten, wie zu Marx' Zeit, zwangsläufig in Armut leben müssen (Plumpe, 2018, S. 237). Denn in den Industriestaaten bilden Gewerkschaften, Arbeitsschutzgesetze und soziale Sicherungssysteme ein deutliches Gegengewicht zur Macht der Unternehmen.

Ein ganz anderes Bild zeigt sich in den Schwellen- und Entwicklungsländern. Seit den 1980er Jahren kehrten dort im Rahmen der Globalisierung fast frühkapitalistische Zustände zurück. Dies äußerte sich in einer Maximierung der Arbeitszeit, einer Minimierung der Löhne, extremen Arbeitsbedingungen und der Verhinderung von gewerkschaftlicher Organisation. Neffes Einschätzung, die Beschreibungen des Frühkapitalismus bei Marx seien im Vergleich dazu „geradezu idyllisch" (Neffe 2017, S. 388) kann man allerdings bezweifeln. Auf jeden Fall sieht er mit Eagleton hier, im „globalen Süden" mit ca. zwei Milliarden Arbeitern, das notwendige revolutionäre Potenzial (Eagleton 2012, S. 190, 204; Neffe 2017, S. 436ff; auch Wimmer 2020, S. 12; ▶ Kap. 3.2.4 und ▶ Kap. 4.3).

Interessant ist in diesem Zusammenhang, dass weder Marx noch seine heutigen Anhänger das Elend des Kapitalismus vermeiden oder verkürzen wollen. Vielmehr sehen sie die Notwendigkeit seiner weltweiten vollständigen Ausformung für den angestrebten revolutionären Übergang. Für Neffe schaffen erst Ausbeutung, Entfremdung und Machtlosigkeit sowie der Mangel an Lebenschancen, Würde und Teilhabe ein ausreichendes Klassenbewusstsein. Nur dann kann die notwendige Selbstwahrnehmung als solidarische Leidensgemeinschaft entstehen (Neffe 2017, S. 423; auch Mishra 2017, S. 73). Für Eagleton sollte daher die Radikalisierung des Kapitalismus nicht nur ertragen, sondern sogar aktiv befördert werden, um sein Ende herbeizuführen (Eagleton 2012, S. 29f., 76, 114; auch MEW, Bd. 26.2, S. 111). Die populäre Kritik an der Gier von Bankern, Spekulanten und Anlegern kann sich nach Meinung seiner modernen Sympathisanten nicht auf Marx berufen. Denn aus seiner Perspektive tun sie nichts moralisch Verwerfliches. Im Gegenteil, es ist anzunehmen, dass er ihre Gewinnmaximierung sogar begrüßt hätte, weil dadurch der Zusammenbruch des kapitalistischen Systems beschleunigt wird (Faber/Petersen 2013, S. 31).

Für Marx verfolgen alle an diesem Prozess beteiligten Akteure in ihrer Selbstwahrnehmung eigene Interessen (MEW, Bd. 22, S. 474, Bd. 23, S. 12; auch Greffrath 2017, S. 19; Eagleton 2012, S. 69). Allerdings geschieht dies unter bestimmten äußeren Einflüssen: „Die Menschen machen ihre eigene Geschichte, aber sie machen sie nicht aus freien Stücken unter selbstgewählten, sondern unter unmittelbar vorhandenen, gegebenen und überlieferten Umständen" (MEW, Bd. 8, S. 115). Diese „Umstände" kann keiner der Beteiligten beeinflussen, sie sind objektive sozioökonomische Rahmenbedingungen der jeweiligen Gesellschaft und ökonomischen Epoche. Sie wirken als spezifische Marktzwänge keineswegs nur auf die Arbeiter, sondern ebenso auf Kapitalinvestoren und Fabrikbesitzer (MEW, Bd. 13, S. 618, Bd. 23, S. 168; auch Brand 2012, S. 11; Liessmann 2015, S. 99; Neffe 2017, S. 418, 433).

Demzufolge ist die beschriebene Ausbeutung kein Fehlverhalten der Produzenten, sondern eine systembedingte ungleiche Verteilung des erarbeiteten Mehrwerts zwischen Arbeitnehmer und Arbeitgeber (Reheis 2011, S. 37f.; Faber/Petersen 2013, S. 256f.; Neffe 2017, S. 418; Nachtwey 2018, S. 113). Doch für Marx, so paradox das klingt, ist diese Gewinnverteilung an sich nicht ungerecht. Der Arbeiter bekommt ja den Marktpreis für seine Arbeitskraft. Deren tatsächlich höhere Wert im Verkaufspreis der Erzeugnisse liegt nicht in der Verantwortung des Fabrikbesitzers, sondern ist eine von äußeren Bedingungen diktierte Marktgegebenheit (MEW, Bd. 23, 189f.; auch Liessmann 2015, S. 106, 109f.; Nachtwey 2018, S. 114f.).

> Marx wandte sich gegen die – aus seiner Sicht falsche – Diagnose, die bedauernswerte Lage der Arbeiter im Kapitalismus sei auf individuelle moralische Defizite der Unternehmer zurückzuführen: auf ihren Egoismus, ihr Profitstreben, ihre Gier oder auf ihren Mangel an Empathie, Altruismus und Solidarität. Eine solche Zuschreibung auf individuelle Motive hielt Marx für naiv. (...) Marx interpretierte den Wettbewerb als kapitalistischen Systemimperativ. (Homann/Pies 2018, S. 228)

3.2.3 Neoliberalismus und Finanzkrise

Nun betrachten wir den sogenannten „Neoliberalismus" etwas näher. Vom linken politischen Spektrum wird er als besonders radikale Variante des Kapitalismus angesehen und als Ursache für seine negativsten Folgen. Wie lässt sich seine Entstehung nachvollziehen?

Wie wir bereits gesehen haben, bewies die kapitalistische Marktwirtschaft Ende des 19. und im 20. Jahrhundert eine erstaunliche Anpassungsfähigkeit. Durch staatliche Interventionen in die Wirtschaft wurden die von Marx beobachteten Auswüchse des „Manchester-Kapitalismus" deutlich abgemildert. Die primären Instrumente waren ein massiver Ausbau des Sozialstaates, die stärkere Besteuerung hoher Einkommen sowie starke Gewerkschaften. Speziell in Westeuropa und besonders im Zeitraum 1945-1980 ließ sich dies beobachten. Diese historische Phase hat unser kollektives Bild eines positiven, demokratisch-sozialen Kapitalismus stark geprägt (Möllers 2013). Leider konnte das erreichte Niveau nicht dauerhaft gehalten werden, denn es beruhte auf ungewöhnlich günstigen ökonomischen Bedingungen. So war das Wirtschaftswachstum in ganz Europa, besonders in Deutschland, in dieser Epoche auf einem Allzeithoch (Herbert 2023, S. 16f.). Dennoch hat die Marktwirtschaft bis heute alle Herausforderung gemeistert, alle Krisen überlebt. Wolfgang Streeck sieht drei kritischen Situationen, in denen sich der Kapitalismus retten konnte, er spricht dabei von jeweils „gekaufter Zeit".

Kommen wir zur ersten: Anfang der 1970er Jahre endete die Zeit des Wirtschaftswunders und damit der konstant hohen Wachstumsraten (Schanetzky 2023, S. 108f.). Die politischen Akteure und Unternehmen in den Industrieländern standen nun vor der Wahl zwischen zwei Übeln. Entweder sie sichern weiter den erreichten Lebensstandard, was nur mit höheren Löhnen und folglich hoher Inflation möglich war. Oder aber sie stabilisieren mit höheren Zinsen den Geldwert und damit die Vermögen, was jedoch zu Rezession und hoher Arbeitslosigkeit führen würde. Helmut Schmidts Ausspruch von 1972 „Lieber fünf Prozent Inflation, als fünf Prozent Arbeitslosigkeit" lässt erahnen, welche Wahl damals getroffen wurde. Mit der Duldung von hohen Teuerungsraten konnte der Rückgang des Wirtschaftswachstums zeitweise kompensiert werden. Der Kapitalismus konnte sich wieder stabilisieren, aber nicht dauerhaft. Das Pendel schlug dann in die andere Richtung aus, als die amerikanische Notenbank 1979 die Zinsen massiv erhöhte. Dieser Schritt läutete den weltweiten geldpolitischen Kampf gegen die ausufernde Inflation ein. Logische Folge war jedoch eine Wirtschaftskrise und bis dahin ungekannte Arbeitslosenzahlen. In der Folge wurde die Macht der Arbeitgeber deutlich gestärkt, die Löhne wiederum gerieten zunehmend unter Druck. Allerdings hatten sich die Menschen an den bisherigen Lebensstandard gewöhnt und forderten dessen Fortsetzung (Streeck 2013, S. 109f.). In dieser Situation bestand die Gefahr sozialer Unruhen und politischer Instabilität. Wie sollten die marktwirtschaftlichen Staaten darauf reagieren?

Dies führt uns zur zweiten Krise bzw. „gekauften Zeit". Anfang der 1980er Jahre entstand mit dem „Neoliberalismus" ein neues Lösungskonzept für diese ökonomischen Probleme. Kernthesen waren Deregulierung, Privatisierung von Staatsunternehmen, Senkung von Unternehmenssteuern und Arbeitskosten sowie Schwächung der Gewerkschaften (Klein 2015, S. 157; Engerman 2010, S. 209). Hauptvertreter dieser Idee waren in den USA Ronald Reagan und in Großbritannien Margaret Thatcher. Streeck bezeichnet dieses Konzept als „Konterrevolution gegen den Sozialstaatskapitalismus der Nachkriegsära" (Streeck 2013, S. 111). Aber der erhoffte Wachstumsschub blieb aus, auch die Arbeiter und Angestellten wehrten sich, was den gesellschaftlichen Frieden und damit die ökonomische Ordnung bedrohte. Das gewalttätigste Beispiel waren die Streiks der britischen Bergarbeiter, aber es gab auch viele andere Konflikte. Wie sollte der Kapitalismus diese kritische Situation überwinden und die Finanzierung der Staatsaufgaben sicherstellen? Zumal Steuererhöhungen ausgeschlossen schienen, um die Wirtschaft nicht noch stärker zu bremsen. In den USA legten zwei in der Reagan-Regierung populäre Denkansätze sogar Steuersenkungen nahe: Zum einen das „Laffer-Theorem", das den Grund für stagnierende Staatseinnahmen in zu hohen Abgaben sah, die Steuervermeidung attraktiv machten. Eine Reduzierung der Steuersätze sollte paradoxerweise die Einnahmen deutlich erhöhen. Zum anderen propagierte auch der „trickle down"-Ansatz eine geringere Steuerbelastung höherer Einkommen und Vermögen. Die zusätzlichen Ausgaben der Wohlhabenden für Güter und vor allem Dienstleistungen sollten in die Gesellschaft „einsickern" und so Wachstum erzeugen. Nach Streeck kann der Kapitalismus auch diesmal sein Ende verhindern, indem der Staat die öffentlichen Ausgaben massiv ausweitete. In der Folge explodierte in vielen Industrieländern die Staatsverschuldung, was eigentlich im Widerspruch zum politischen Bekenntnis von Thatcher und Reagan stand (Möllers 2013).

Verschuldung, Zinsbelastung und in der Folge die Risikoaufschläge für Staatsanleihen stiegen mit der Zeit immer mehr. Auch eine ausufernde Staatsverschuldung war also nur eine temporäre Lösung, eine dritte „gekaufte Zeit" wurde notwendig (Streeck 2011). Ende der 1990er/Anfang der 2000er Jahre waren die Regierungen gezwungen, ihre Staats- und damit auch die Sozialausgaben spürbar zu kürzen.

> In Deutschland, den anderen europäischen Staaten und in den USA nehmen die Zukunftsängste zu. Vor allem die soziale Sicherheit und der Sozialstaat – die Renten, die gesundheitliche Versorgung unabhängig von den Einkommen, die Pflegeversicherung und die Arbeitslosenunterstützung – werden immer mehr von der neoliberalen Politik ausgehöhlt. (Steinitz 2007, S. 159f.)

Interessanterweise schaffte in Deutschland ausgerechnet eine rot-grüne Regierung unter Gerhard Schröder Ende der 1990er Jahre die Vermögenssteuer weitgehend ab. Ab 2003 wurden dann einschneidende Anpassungen des Arbeitsmarktes vorgenommen, heute als „Hartz-Reformen" bekannt. Die verschärften Bedingungen für Sozialleistungen riefen bei den Betroffenen natürlich Unzufriedenheit hervor. Aber der finanzielle Rückzug des Staates aus vielen gesellschaftlichen Aufgaben betraf auch die Mittelschichten. Sie spürten einen Verlust von liebgewonnen Sicherheitsnetzen und begannen zu zweifeln, ob ihre Bedürfnisse auch in Zukunft erfüllt würden. Wie konnte sich der Kapitalismus nach Streeck auch aus dieser dritten kritischen Situation befreien? Die reduzierten öffentlichen Budgets wurden in den Industrieländern, besonders in den USA, ausgeglichen durch einen massiven Anstieg der privaten Verschuldung. Zuvor staatliche Leistungen wie Bildung, sozialer Wohnungsbau oder Altersvorsorge mussten nun selbst finanziert werden, was für die meisten nur durch die Aufnahme von Krediten möglich war (Möllers 2013). Diese neue Lösung schien alle drei maßgeblichen Beteiligten zufriedenzustellen:

1. Der Staat konnte seine Staatsverschuldung unter Kontrolle halten.
2. Unternehmen und einkommensstarke Bürger vermieden höhere Steuern.
3. Die Mittelschichten konnten ihre sinkenden Reallöhne nicht nur ausgleichen, sondern ihre Konsummöglichkeiten sogar steigern.

Aber dieses bequeme Arrangement endete 2007 in einem gigantischen Finanzcrash ... Das „neoliberale Modell" der Aufgabe von wichtigen staatlichen Kontrollfunktionen in Wirtschaft, Politik und Gesellschaft hatte letztendlich desaströse Auswirkungen. In die entstehende Lücke stießen multinationalen Konzerne und übten mit ihrer Marktmacht massiven Einfluss auf die Gestaltung der Rahmenbedingungen aus.

Gerade an diesem Punkt lässt sich ein Anschluss an die Marx'sche Theorie herstellen. Denn für ihn tendiert sowohl die Produktions- als auch die Finanzsphäre unweigerlich zu immer stärkerer Konzentration (MEW, Bd. 23, S. 655; auch Hilferding 1973, S. 5; abweichend jedoch Ferguson 2010, S. 312). Der Staat ist dabei kein wirkliches Gegengewicht, kein relevanter, autonomer Akteur, er fungiert für ihn als reiner Vollstrecker der Interessen von Besitzbürgern bzw. „Kapitalisten" (MEW, Bd. 20, S. 260; Faber/Petersen 2013, S. 247f.). Man muss Marx insofern recht geben, als die Wirtschaftspolitik in den Industrieländern vor der letzten Finanzkrise nicht an allgemein-gesellschaftlichen Interessen ausgerichtet war. Ganz im Gegenteil, die Regierungen standen unter dem starken Einfluss von verschiedenen Partikularinteressen. Besonders erfolgreich waren die Lobbybemühungen der Finanzbranche, von denen wiederum die Finanzierung der Staatsschulden abhing (Admati/Hellwig 2013, S. 190ff., 200-204). Die Aufhebung von durchaus sinnvollen und risikosenkenden Restriktionen für Banken und Investmentfonds hat die 2007 beginnende Finanzkrise begünstigt, vielleicht sogar erst ermöglicht. Faber/Petersen bestreiten jedoch, dass dabei Marx' Vorhersagen über das Ende des Kapitalismus bestätigt wurden. Vielmehr sehen sie in den Ursachen eher eine Widerlegung seiner Thesen (Faber/Petersen 2013, S. 242f.). Gehen wir nun auf zwei Faktoren genauer ein, nämlich die Wirkung des Zinses und die Unabhängigkeit der staatlichen Wirtschaftspolitik.

Entgegen Marx' Annahme (MEW Bd. 25, S. 370, S. 383) hat der Zins durchaus Einfluss auf Investitionsentscheidungen. So stand am Ursprung der Finanzkrise die expansive Geld- und Zinspolitik der amerikanischen Notenbank nach dem Terroranschlag vom 11. September 2001. Niedrige Zinsen und billiges Geld retteten die Wirtschaft vor der drohenden Rezession. Aber sie ermöglichten ebenso die Ausweitung der privaten Verschuldung und damit der Konsumnachfrage. Die internationale Wettbewerbsposition der USA verschlechterte sich dabei nicht, da diese künstliche Stimulierung nicht mit Lohnerhöhungen einherging. Was aber wuchs, war der Wert verschiedener Anlageklassen, besonders der Immobilien. Viele Hausbesitzer ließen sich davon zu immer höheren Beleihungen verführen, um ihre Konsumwünsche zu realisieren (Petersen/Faber 2013, S. 247f., S. 252).

Weiterhin bestreitet Marx nach Faber/Petersen zu Unrecht die selbstständige Rolle des Staates in der Wirtschaftspolitik. Dass die Staaten bzw. Regierungen unter dem Einfluss von verschiedenen Wirtschaftslobbys stehen, unterliegt keinem ernsthaften Zweifel. Dennoch können sie durchaus souveräne, politisch motivierte Regulierungen vornehmen. So war der eigentliche Auslöser der Finanzkrise nicht die Gier von Finanzspekulanten, sondern ein bewusster staatlicher Eingriff in den Immobilienkreditmarkt (Faber/Petersen 2013, S. 176ff.). Der amerikanische Staat hatte in den 2000er Jahren den faktischen Ausschluss einkommensschwacher Gruppen vom Kauf eines eigenen Hauses als gesellschaftlichen Missstand definiert. Um auch diesen Menschen einen wichtigen Teil des amerikanischen Traums zu ermöglichen, griff die Regierung unter Präsident George W. Bush in den Hypothekenmarkt ein. Sie ermutigte die staatlich geförderten großen Immobilienfinanzierer „Fannie Mae" (Federal National Mortgage Association) und „Freddie Mac" (Federal Home Loan Mortgage Corporation) ihre Kreditbedingungen zu lockern. Einkommenschwachen Hauskäufern sollte trotz mangelnder Bonität eine Finanzierung ermöglicht werden.

Dies war, trotz sicherlich guter Absichten, eine systeminterne, staatlich initiierte Marktverzerrung. Diese neue Praxis wurde schnell von vielen Banken und auch privaten Maklern übernommen, die darin ein neues Geschäftsfeld erkannten. Angesichts über lange Zeit kontinuierlich steigender Hauspreise schien auch kein wirkliches Risiko zu bestehen. Allerdings mussten die Finanzinstitute wegen der Basel-II-Regeln für jeden Kredit Eigenkapital in den Bankbilanzen zurückstellen. Je höher das Ausfallrisiko, desto höher die Rückstellung, d.h. bei diesen hochriskanten Immobilienfinanzierungen wurde besonders viel Kapital gebunden. Das aber schränkte Umfang und Tempo der Kreditvergaben ein, was ja auch der Zweck dieser Vorschrift war.

Um ihre Gewinne zu maximieren, mussten die Banken diesen Kontrollmechanismus aushebeln. Dies gelang ihnen mit einem neuartigen spekulativen Finanzinstrument, sogenannten „Mortgage Backed Securities"(hypothekenbesicherte Wertpapiere). Sie stellten eine Mischung von riskanten und sicheren Immobilienfinanzierungen dar und erhielten von den führenden Ratingagenturen Bestnoten. Letztere waren allerdings nicht unabhängig, sondern wurden von den ausgebenden Banken bezahlt. Investoren, die sich an den Ratings orientieren, wussten in der Regel nichts von diesem Interessenkonflikt. Als renditestarke und dabei scheinbar risikoarme Anlagemöglichkeiten erfreuten sie sich weltweit großer Nachfrage. In den Jahren vor der Finanzkrise füllten sich die Depots vieler Banken und Investmentfonds mit diesen deutlich zu hoch bilanzierten Papieren. Diese Fehlbewertung wurde erst sichtbar, als der Immobilienmarkt in den USA schließlich zu kippen begann. Unerwartet erreichten die Häuserpreise ihren Höhepunkt und gingen erstmals zurück, was dieses Spekulationssystem wie ein Kartenhaus einstürzen ließ (Faber/Petersen 2013, S. 211). Auslöser der nun folgenden Krise waren demnach neuartige, spekulative Finanzinstrumente. Ihre Sprengkraft entwickelten sie allerdings nicht aus sich selbst heraus. Erst in Kombination mit den geschilderten politischen Rahmenbedingungen geriet die Marktwirtschaft, genauer der Finanzkapitalismus, an den Rand des Zusammenbruchs (Faber/Petersen 2013, S. 246).

Faber/Petersen sehen eine an Marx orientierte Deutung der Finanzkrise also sehr skeptisch. Ungeachtet dessen bekam seine Lehre in der Folge neuen Auftrieb, denn seine Diagnosen schienen sich eindrucksvoll zu betätigen. Marx' Annahme der unkontrollierbaren Profitgier und Krisenanfälligkeit entsprach eher dem intuitiven Gefühl der Menschen als die These der traditionellen Ökonomie vom Marktgleichgewicht.

In der Folge verstärkte sich das akademische und gesellschaftliche Interesses an seinen Theorien, was die Renaissance des Marxismus spürbar verstärkte (Nachtwey 2018, S. 112). Er hatte sich in seinen Werken zwar nicht eingehend mit Geld, Krediten oder Finanzmärkten beschäftigt (Plumpe, 2018, S. 236). Aber er hatte verstanden, dass die neue, auf Geldbesitz beruhende Ordnung, die zu seiner Zeit entstand, völlig anders war, als alle Produktionsverhältnisse vorher.

> Das England der Industriellen Revolution bildete den anschaulichen Hintergrund für Marx' Beobachtung, dass die Epoche der Herrschaft des feudalen Grundeigentums abgelaufen war und jetzt eine junge soziale Klasse sich anschickte, das künftige Schicksal der Gesellschaft zu bestimmen – die Klasse der geldbesitzenden Bourgeoisie. Niemand erkannte schärfer als Marx, dass mit dem Übergang von der Agrar- zur Industriegesellschaft, vom Feudalismus zum Kapitalismus ein neues Kapitel der Weltgeschichte aufgeschlagen wurde und dass es sich hier um die erste globale Revolution handelte, die keine natürlichen, geographischen und sozialen Schranken mehr kennt. (Lohmann 2009, S. 24)

In allen vorherigen ökonomischen Epochen gab es limitierende Faktoren für die Entwicklung der Wirtschaft. Dies waren vor allem natürliche Grenzen, bedingt durch die begrenzte Verfügbarkeit von Sklaven bzw. Land, die Verderblichkeit landwirtschaftlicher Produkte und die Risiken der physischen Aufbewahrung größerer Vermögen. Genau dies trifft auf den Finanzkapitalismus nicht zu. Denn er bringt nicht primär Güter hervor, sondern beruht auf der faktisch unbegrenzten Schöpfung von Kapital (MEW, Bd. 23, S. 167, 655, Bd. 25, S. 421, 451, 507; auch Nachtwey 2018, S. 112; Neffe 2017, S. 419f.). Diese bereits von Marx als „fiktives Kapital" (MEW, Bd. 25, S. 488) bezeichneten Werte können sich dann auf Basis des Zinseszins-Effektes immer weiter vermehren (Nachtwey 2018, S. 112). Allerdings hätte er sich das Ausmaß der Finanzmärkte und besonders der Spekulationsinstrumente kaum vorstellen können. Seit den 1980er Jahren sind die Devisen- und Aktienmärkte immer weiter expandiert, neue Anlageformen wurden eingeführt. Entscheidend ist dabei nicht die zum Teil erschreckende Größe dieser Märkte, sondern der rein fiktive Wert vieler Anlagen, Kredite und Zahlungsversprechen. So gibt es im gesamten Euro-Raum einen Bargeldbestand von ca. 1.500 Mrd. EUR. Gleichzeitig beträgt allein das deutsche Sparvermögen (Sparbücher und Tagesgeld) über 2.000 Mrd. EUR. Sollten die deutschen Sparer ihr Vertrauen in den Euro verlieren und versuchen, auch nur ein Viertel ihrer Ersparnisse abzuheben, würde dies die gemeinsame Währung zum Einsturz bringen. Ebenso werden weltweit Euro in einem Umfang von über 2.000 Mrd. EUR gehandelt, aber nicht im Zeitraum eines Jahres, sondern pro Tag (Deutsche Bundesbank 2022, S. 4). Bei den spekulativen Finanzinstrumenten/Derivaten kam es schließlich zur tödlichen Kombination von hohen Risiken und einem exorbitant großen Marktvolumen. Letzteres hatte sich im Zeitraum 2000-2007 auf 600 Billionen Dollar versechsfacht. Zum besseren Verständnis – das ist ein 12-faches der damaligen weltweiten Wertschöpfung (!). Der Finanzkapitalismus ist also um ein Mehrfaches größer als die Summe aller globalen Gütermärkte (Neffe 2017, S. 453).

Eigentlich sind Derivate wie Verbriefungen, Kauf-/Verkaufsoptionen für Güter oder Kreditausfallversicherungen sehr nützliche Instrumente. Mit ihrer Hilfe können Investoren geschäftliche Risiken absichern, Produzenten landwirtschaftlicher Produkte bereits vor der Ernte Preise fixieren oder Fluggesellschaften Planungssicherheit bei den Kerosinpreisen erreichen. Aber als reines Spekulationsobjekt in den Händen von Finanzinvestoren und Hedgefonds wurden sie, allein aufgrund ihres Umfangs, zur Gefahr für das Finanzsystem (Reheis 2011, S. 97). Diesem Wachstum der Finanzmärkte stehen keine parallel entstehenden realen Güter und Werte gegenüber. Regelmäßige, sogar häufigere Krisen, wie von Marx vorhergesagt, sind eine logische Konsequenz.

Die Ursachen der 2007 beginnenden Finanz- und Wirtschaftskrise sollten nun klargeworden sein. Aber welche Folgen hatte sie und welche Position nehmen Autoren zu ihr ein, die sich explizit an Marx orientieren? Die Staaten mussten nicht nur die Finanz-, sondern auch die Realwirtschaft mit vorher unvorstellbaren Finanzmitteln retten. Die schmerzhaften Sparbemühungen der 1990er und 2000er Jahre in einigen Industrieländern lösten sich in Luft auf. Andere Regierungen, insbesondere südeuropäische Eurostaaten, hatten in der gleichen Zeit ihre Verschuldung massiv ausgeweitet. Nun gerieten sie an den Rand des Staatsbankrotts und mussten von anderen, finanziell stabileren, gerettet werden. Die hohen Staatsverschuldungen, Rettungsaktionen und auch Sparvorgaben zwangen die Staaten zu harten Einschnitten bei den Ausgaben. Dabei erforderten die ökonomischen und sozialen

Probleme eigentlich verstärkte staatliche Interventionen in vielen Bereichen (Streeck 2011).

Ein Hauptkritikpunkt an der Marktwirtschaft im Zusammenhang mit der letzten Finanz- und Wirtschaftskrise war die Verteilung der daraus entstandenen Lasten. Obwohl Banken und Großinvestoren mit ihren riskanten Investitionsstrategien Hauptverursacher der Krise waren, wurden gerade sie auffallend geschont. Sie mussten weder hohe Strafzahlungen leisten noch wurde die Finanzbranche stärker reguliert. Den Großteil der Lasten trug die breite Bevölkerung, vor allem die sozial Benachteiligten und armutsgefährdeten. Dieses Vorgehen hat der gesellschaftlichen Akzeptanz von Marktwirtschaft und Globalisierung massiv geschadet (siehe auch Fukuyama/Müller 2017). In der Folge bekamen nicht nur kritische Aktivisten deutlich mehr Zulauf (▶ Kap. 2.2). Wolfgang Streeck sieht in der aktuellen Entwicklung auch eine zunehmende Schwächung der Demokratie, die immer stärker von Wirtschaftsinteressen dominiert wird.

Kann es für Streeck überhaupt eine erneute Rettung des Kapitalismus, eine vierte „gekaufte Zeit" geben? In den 2010er Jahren schien sich die Marktwirtschaft, zumindest zwischenzeitlich, zu stabilisieren. Dies basierte jedoch weniger auf innerer Stärke, sondern war vor allem der weiterhin expansiven Geld- und Zinspolitik der Notenbanken geschuldet. Die historisch langen Wachstumsphasen in den USA und auch in Deutschland waren also trügerisch. Auch Streeck war damals aufgrund zweier langfristig negativer Faktoren ausgesprochen skeptisch: die zunehmende Verschuldung und die gleichzeitig abnehmende Fähigkeit der Staaten zur Krisenlösung. Tatsächlich hat sich seit 2007 die schon damals kritisch hohe Verschuldung nicht etwa reduziert. Im Gegenteil, wegen der verlockend niedrigen Zinsen haben sich die Verbindlichkeiten von Staaten, Unternehmen und Konsumenten in Summe verdoppelt. Solange die Zinsen künstlich niedrig gehalten wurden, blieben die daraus entstehenden, immer größeren Risiken unsichtbar. Gleichzeitig schränkt die bereits bestehende Verschuldung der Staaten deren Möglichkeiten deutlich ein, Ungleichheit und soziale Spannungen zu entschärfen (Möllers 2013; Amin 2010). Für Streeck befindet sich der Kapitalismus in den 2010er Jahren in der nächsten Krise – allerdings diesmal ohne Ausweg, ohne Möglichkeit, noch einmal Zeit zu kaufen (Knauß/Streeck 2015).

Heute können wir feststellen, dass sich diese negative Prognose nicht bewahrheitet hat, zumindest bisher. Das kapitalistische Wirtschafts- und Gesellschaftssystem scheint aktuell relativ stabil zu sein, und das trotz großer Herausforderungen in den letzten Jahren. So hat die Corona-Pandemie das Gesundheitssystem, die Wirtschaft und auch die soziale Sphäre extrem belastet und neue Lösungen erzwungen. Kaum war die Pandemie einigermaßen überstanden, begann im Februar 2022 der Ukraine-Krieg. Dieser erschütterte gleichzeitig die Energieversorgung, den Verteidigungssektor und viele andere Bereiche. Parallel dazu stiegen die Zinsen auf lange nicht gesehene Höhen, was die Kreditrisiken letztendlich doch aktivierte und immer mehr Schuldner in Schwierigkeiten brachte. Die ersten Bankpleiten oder -notlagen bei der Silicon Valley Bank und der Credit Suisse sind die ersten Vorzeichen. Angesichts der gleichzeitig hohen Inflationsraten ist nicht zu erwarten, dass die Zinsen in absehbarer Zeit wieder sinken werden.

Die makroökonomischen Rahmenbedingungen werden aktuell durch eine unheilvolle Kombination von niedrigem Wirtschaftswachstum und hoher Inflation belastet. Diese als „Stagflation" bezeichnete Konstellation ist wirtschaftspolitisch nur schwer zu lösen. Denn für eine Belebung des Wachstums bräuchte man Zinssenkungen und Ausgabenerhöhungen, was wiederum die Inflation anheizen würde. Gegen Inflation helfen dagegen Zinserhöhungen und Ausgabenkürzungen, genau das schadet aber dem Wachstum. Die Regierung müsste also für diese beiden Probleme genau gegensätzliche Maßnahmen ergreifen. Aber auch ein Mittelweg löst weder das eine noch das andere Problem. Daher besteht die Gefahr, dass sich die Stagflation festsetzt. Aber trotz der aufeinanderfolgenden Krisen und Herausforderungen sind keine politischen oder ökonomischen Umsturztendenzen erkennbar. Vielmehr orientieren sich die Menschen in diesen unruhigen, unsicheren Zeiten am Staat. Sie fordern von ihm Maßnahmen, Regulierungen und Rettungspakete als Schutz gegen die vielfältigen Risiken. Weder sozialistische Tendenzen, noch ein neoliberaler Rückzug des Staates aus Wirtschaft und Gesellschaft steht aktuell auf der Agenda (Niemietz 2021, S. 17ff.).

3.2.4 Globalisierung und Peripherie

Die weltweite Ausbreitung des kapitalistischen Wirtschaftssystems hat maßgeblich zu unserem heutigen Wohlstand beigetragen. Es entstanden aber auch neue, wechselseitige Abhängigkeiten mit den Schwellenländern. Diese Entwicklung wird im marxistischen Milieu als neue Chance zur Realisierung sozialistischer Ideen gesehen. Statt der von Marx vorgesehenen entwickelten Industrieländer rückt dort die globale Perspektive in den Fokus.

Der Begriff der Globalisierung wird in der heutigen öffentlichen Wahrnehmung ausschließlich auf unser Zeitalter bezogen, also die seit den 1980er Jahren vollzogene weltweite Arbeitsteilung und Produktionsverlagerung. Dabei wird oft ausgeblendet, dass es in der Geschichte schon immer erstaunlich weitreichende überregionale Handelsbeziehungen gab. Am Beispiel des Bernsteins aus dem Baltikum lässt sich dies aufzeigen. So beweisen Ausgrabungen, dass es schon vor ca. 6.000 Jahren aus dem Baltikum bis in den heutigen Libanon transportiert wurde. Später reichten die Handelswege bis nach Ägypten, Persien, Griechenland und ins römische Reich (Erdrich 2014, S. 202f.). Die entstandenen Handelsrouten wurden als „Bernsteinstraße" bezeichnet, analog zur heute wieder aktuellen Seidenstraße. Letztere verband vom 2. Jahrhundert v. Chr. bis zum 14. Jahrhundert n. Chr., also rund 1.600 Jahre, Westeuropa mit China. Über diesen Handelsweg fand ein reger Waren- und auch Kulturaustausch statt (Mark 2014, S. 234ff.). Auch im weltweiten Handel gab es mehrere historische Schübe. Einer begann mit der Entdeckung Amerikas, ein weiterer nach der Öffnung maritimer Handelswege nach Südostasien ab dem 16. Jahrhundert und schließlich im 19. Jahrhundert als Resultat des Kolonialismus. Die damalige europäische Eroberung der Welt brachte dabei eine Struktur hervor, die das Machtgefälle innerhalb der kolonisierenden Industriegesellschaften widerspiegelte (Amin 2010). In diesem Zusammenhang die kurze Anmerkung, dass Marx kein Vordenker des Anti-Imperialismus war, wie viele seiner Sympathisanten ihn später darstellten (Lohmann 2009, S. 32). Für ihn war auch diese Ausbeutung ein wichtiger Bestandteil der Entwicklung in Richtung proletarische Weltrevolution.

Auch nach dem Ende der Kolonialreiche blieb diese ökonomische Grundordnung weitestgehend erhalten. In den 1970er Jahren entwickelte der linke Autor Immanuel Wallerstein die „Weltsystem-Theorie" mit einer Dreiteilung der Welt, die auch heute noch verwendet wird. Im Zentrum stehen die westlichen Industrieländer (USA, Europa und Japan), in der Halbperipherie aufstrebende Schwellenländer (Teile des Nahen Ostens, Südostasiens und Lateinamerikas) und in der Peripherie alle übrigen Länder (Wallerstein 1979, S. 44; Reheis 2011, S. 42f.). Innerhalb und zwischen diesen drei Teilen der Welt besteht dabei eine Trennung in wenige vermögend/e Eigentümer von Produktionsmitteln und viele Menschen ohne solchen Besitz (Brand 2012, S. 10).

Die Globalisierung hatte aber auch Auswirkungen auf die Länder im Zentrum. Dort haben die Nationalstaaten bzw. ihre Regierungen deutlich an Gestaltungsmacht verloren (Henning 2006, S. 5f., 14; Mundorf 1998, S. 8ff.; Lenger 2004, S. 365). Sie sind kaum in der Lage, den sich global durchsetzenden Machtverhältnissen etwas entgegenzusetzen. In der Konsequenz werden ökonomische Faktoren immer dominanter. Alle Akteure und Lebensbereiche (Staaten, Unternehmen, Konsumenten, Sozialsysteme usw.) müssen sich an die Marktgesetze anpassen, um maximal effiziente Ergebnisse zu erreichen. Nur so können sie im internationalen Wettbewerb bestehen (Beck 1997, S. 5; Sedláček 2011, S. 326f.). Multinationalen Unternehmen und Wirtschaftslobbys steht dabei kein entsprechendes Gegengewicht von Nationalstaaten, NGO oder Gewerkschaften gegenüber. Denn die „International Trade Union Confederation" oder die „International Labour Organization" der UN haben ungleich weniger Einfluss auf globale Löhne und Arbeitsbedingungen als Konzerne und Marktkräfte. So können die Produzenten einen permanenten Druck auf die Löhne und Sozialsysteme der Industrieländer ausüben, indem sie mit Verlagerung in Billiglohnländer drohten.

Als Resultat mussten und müssen in den Ländern des Zentrums Millionen von Menschen in relativer Armut leben. Eine zu große Verelendung wird jedoch verhindert durch die spezifische Struktur der Weltwirtschaft, durch die ein finanzieller Sogeffekt in Richtung Zentrum entsteht. Dessen Eliten sind bereit, den erlösten Reichtum so zu teilen, dass keine revolutionären Tendenzen entstehen (Reheis 2011, S. 45). Die schärfsten Widersprüche entstehen also nicht, wie von Marx angenommen, innerhalb der am weitesten entwickelten Länder. Heute lassen sie sich eher zwischen diesem Zentrum und dem „Weltproletariat" in der Halbperipherie/Peripherie beobachten. Die Industrienationen kontrollieren den Welthandel durch ihren starken Einfluss auf Handelsabkommen, Import- und Exportpreise sowie die Zugangskontrolle zu ihren Märkten. Diese Gestaltung geht entsprechend zulasten aller Produzenten, Rohstoffexporteure und Warenimporteure außerhalb des Zentrums. Daraus resultiert ein Wohlstandgefälle zwischen globalem Norden und Süden, das sich zudem immer mehr verfestigt. Die so etablierte, dauerhafte Abhängigkeit der Halbperipherie und Peripherie kommt dem Zentrum durchaus gelegen.

Im Prozess der Globalisierung haben einige Schwellenländer im Rahmen einer nachholenden Modernisierung ihre Wettbewerbsposition stärken können. Diese Entwicklung wurde begünstigt durch die ökonomische Öffnung Chinas, neuartige Möglichkeiten der Informations- und Kommunikationstechnologie sowie den radikalen Rückgang der Transportkosten. Die Arbeitsbedingungen in den Billiglohnländern erinnerten zu Beginn an die erschreckenden Zustände des Frühkapitalismus (Menzel 1999, S. 18f.). Dabei spielten die westlichen Auftraggeber die Schwellenländer ebenso gnadenlos gegeneinander aus wie im 19. Jahrhundert die Fabrikanten die Arbeiter. Viele Neomarxisten sahen darin eine Wiederholung der im „Kapital" beschriebenen Verhältnisse, nun auf globaler Ebene.

Die Regierungen der heutigen Schwellen- und Entwicklungsländer waren und sind dabei keine Interessenvertreter ihrer Bürger und Arbeitskräfte, sondern Konkurrenten um das internationale Investitionskapital. Sie haben innerhalb der globalen Marktwirtschaft keine andere Wahl, als wirtschaftspolitisch auf Seiten der Investoren und Unternehmen zu stehen. Wenn sie nicht die gewerkschaftliche Organisation der Arbeiter unterbinden, steigen die Löhne und das Kapital wandert ab (Lohmann 2009, S. 29; Müller 2000, S. 79; Henning 2006, S. 17). Denn letzteres steht selbst unter Wettbewerbsdruck und sucht sich daher emotionslos die besten Rahmenbedingungen und die höchsten Profite. Als Beispiel lässt sich die Verlagerung der Billigproduktion von China nach Bangladesch, Kambodscha oder neuerdings Äthiopien nennen.

Wie würde Marx diese Situation einschätzen? Wie argumentieren seine heutigen Anhänger? Karl Marx hatte schon in seinem 1848 veröffentlichen „Kommunistischen Manifest" die weltweite Ausdehnung der kapitalistischen Wirtschaft vorhergesehen (MEW Bd. 4, S. 465). Für ihn war dies eine logische Konsequenz der Natur des Kapitalismus, genauer der endlosen Dynamik der Produktivkräfte. Diese führt für ihn zu einer unbegrenzten Steigerung der Produktion, die nur mit einer internationalen Expansion der Absatzmöglichkeiten und auch des Rohstoffbezugs beherrschbar ist (MEW Bd. 4, S. 466, Bd. 25, S. 126f., Bd. 42, S. 321; Nachtwey 2018, S. 111f.; Kocka 2018; Reheis 2011, S. 42). Für Marx hätte die heutige Entwicklung eine negative und eine positive Seite. Die Billiglohn-Arbeiter in den Schwellenländern müssen zweifellos viel Leid ertragen. Sie haben aber auch die Möglichkeit und Mission, diese Ausbeutungsverhältnisse zu überwinden. Daher hat er die globale Ausbreitung der kapitalistischen Marktwirtschaft keineswegs verurteilt, ganz im Gegenteil. Für ihn war sie eine unabdingbare Voraussetzung für die sozialistische Revolution (MEW, Bd. 23, S. 790; Reheis 2011, S. 39f.; Neffe 2017, S. 445; Kocka 2018). Diese kann nur entstehen, wenn weder Unternehmen noch Arbeiter Ausweichmöglichkeiten haben, erst dann können die sozialen Spannungen ausreichend eskalieren (MEW, Bd. 4, S. 444f.).

Marx hatte als Ort für den Beginn der Weltrevolution eigentlich die am weitesten entwickelten Industrieländer vorgesehen. Da es in England, Frankreich, Deutschland oder den USA keinerlei Anzeichen dafür gibt, versuchen seine modernen Sympathisanten ein alternatives Szenario zu entwerfen. Einige von ihnen äußern die Hoffnung, dass die Revolution stattdessen in der Peripherie beginnen könnte. Sie sehen durchaus die Möglichkeit, dass dies auch ohne eine vollständige Ausreifung des Kapitalismus in diesen Ländern möglich ist (Eagleton 2012, S. 73f., 80f.; Jameson 1996, S. 17). Die grundlegenden Voraussetzungen sehen sie als Resultat der „neoliberalen Globalisierung" als gegeben an. Denn weltweit ist die Zahl der Arbeiter massiv auf ca. 2 Milliarden angewachsen, während sich gleichzeitig die sozialen Spannungen verschärft haben (Menzel 1999, S. 19; Neffe 2017, S. 146f.; Eagleton 2012, S. 20f.). Amin spricht von einem seit 1990 herrschenden „Krieg des Nordens gegen den Süden" (Amin 2010), der sich nach 2008 stark verschärft habe. Aus diesem Grund sieht er in der heutigen Zeit ausreichend revolutionäres Potenzial in der Peripherie. Auch Derrida betont eine Zuspitzung der globalen Ausbeutung, die er als einzigartig in der Menschheitsgeschichte betrachtet:

> Man muß es herausschreien: Noch nie in der Geschichte der Erde und der Menschheit haben Gewalt, Ungleichheit, Ausschluß, Hunger und damit wirtschaftliche Unterdrückung so viele menschliche Wesen betroffen. (…) Kein Fortschritt der Welt erlaubt es, zu ignorieren, daß in absoluten Zahlen noch nie, niemals zuvor auf der Erde so viele Männer, Frauen und Kinder unterjocht, ausgehungert oder ausgelöscht wurden. (Derrida 1995, S. 139)

Diese neomarxistische Argumentation ignoriert dabei einige wichtige Tatsachen. Die bisherigen Versuche wurden in agrarisch geprägten, vom Kapitalismus kaum durchdrungenen Ländern wie Russland, China, Kuba, Vietnam oder Nicaragua durchgeführt. Die dort beobachteten Misserfolge lassen es fraglich erscheinen, dass ein neuer Versuch in der Peripherie erfolgreicher sein würde. Mit der weiter oben geschilderten Marx'schen Verortung der Revolution ist eine solche Annahme jedenfalls kaum in Einklang zu bringen. Außerdem haben Kapitalismus und Globalisierung auch in den Schwellenländern eine tendenziell deeskalierende Wirkung. Denn dort wird die Produktion für Auftraggeber aus den Industrieländern mit höheren Löhnen vergütet, als die für lokale Auftraggeber. Auf Basis dieser Einkommenssteigerung konnte die Armut in historischem Ausmaß verringert werden, vor allem in China:

> Nach Maos Tod, als infolge der Reformpolitik von Deng Xiaoping Hunderte Millionen Chinesen aus bitterer Armut befreit wurden, begeisterten sich diese Intellektuellen nicht mehr für China, wie sie das zu Maos Zeiten getan hatten. Dabei zeigt gerade das Beispiel des „Reichs der Mitte", wie segensreich der Kapitalismus ist. 1980 lebten 88 Prozent der Chinesen in extremer Armut, heute ist ihr Anteil auf unter 1 Prozent gesunken. (Zitelmann 2021)

Plumpe kritisiert daher die politische Linke und explizit Eagleton und Amin für ihre Annahme, angesichts der Verelendung der Arbeiter in der Peripherie sei eine globale revolutionäre Situation gegeben. Denn dafür hatte Marx definitiv eine *absolute* Verelendung *aller* Arbeiter weltweit als notwendig erachtet (Plumpe 2018, S. 237). Davon ist die Welt heute noch sehr weit entfernt. Zudem hat die Globalisierung ab 2010 deutlich an Schwung verloren. Die Weltwirtschaft zeigt sogar entgegengesetzte Tendenzen (Meyer 2019). Viele Unternehmen wollen ihre Lieferketten verkürzen und stärker diversifizieren sowie die Abhängigkeit von einzelnen Beschaffungs- und Absatzmärkten reduzieren. Auch auf politischer Ebene sind deutliche Anzeichen dafür zu erkennen, nicht nur in protektionistischen Maßnahmen. Mit gigantischen Subventionen sollen strategisch wichtige Produktionskapazitäten wieder zurück in die USA bzw. nach Europa gelockt werden. Mikrochips sind nach dem zeitweise intensiv verspürten Mangel nur ein Beispiel. Der Prozess der Globalisierung könnte in den nächsten Jahren und Jahrzehnten also verlangsamt, gestoppt oder sogar umgekehrt werden.

3.2.5 Ökologie, Klimawandel und die Idee des Nullwachstums

Die bisher primär ökonomische Perspektive sollte nun ergänzt werden um die ebenfalls wichtige ökologische. Denn die Kombination von ungebrochener Expansion der Weltwirtschaft und globalem Bevölkerungswachstum droht Ressourcen, Umwelt und Klima unseres Planeten zu überfordern. Dabei ist für dieses Buch natürlich relevant, welche Positionen wir zu diesem Themenkomplex bei Marx und seinen heutigen Sympathisanten finden.

Für Marx ist der Mensch ursprünglich untrennbar eingebettet in die umgebende Umwelt: „Wir beherrschen die Natur nicht, sondern wir gehören ihr an, stehen in ihr (...)" (MEW, Bd. 20, S. 452f.; auch Löwy 2005). Mit dieser Wahrnehmung steht er in der Tradition der positiven Naturphilosophie, zu der auch Jean-Jacques Rousseaus gehört. Beide sahen im Austritt aus dem Naturzustand, in der Besitznahme zuvor gemeinsamen Eigentums eine prinzipielle negative Veränderung (MEW, Bd. 23, S. 784; Rousseau 1986, S. 6, 10). Sie führt zu einem fundamentalen Bruch in der ursprünglichen Harmonie mit der Natur und den Mitmenschen. Die gemeinschaftliche Orientierung wird abgelöst von einer individualistischen und egoistischen Ausrichtung (MEW, Bd. 1, S. 362ff.; Rousseau 1988, S. 236ff., 244). Besitzunterschiede und Arbeitsteilung bringen zwar Produktivität, Wohlstand und Kultur hervor, aber auch Abhängigkeit, Ungleichheit, Ausbeutung und Unterdrückung. Der Mensch leidet als Resultat an einer vierfachen Entfremdung – vom Produkt, dem Prozess der Produktion, von sich selbst und von den anderen Menschen (Neffe 2017, S. 127). Dieser Begriff ist für Marx einer der zentralen Nachteile aller vorsozialistischen Gesellschaftsformen. In der Tat haben die meisten Arbeitnehmer heutzutage keine ganzheitlichen Aufgaben mehr wie zum Beispiel ein Schumacher, der alle Schritte der Produkterstellung selbst durchführt. Dagegen ist der

Arbeitsalltag z. B. eines Sachbearbeiters kleinteilig, abstrakt und ohne wirkliches Verständnis des Gesamtzusammenhangs.

Durch den negativen Einfluss aller nun folgenden Produktionsverhältnisse wird die Erde als frei nutzbarer Privatbesitz der Menschheit angesehen, besonders der wenigen mächtigen Reichen. Sie haben einen überdurchschnittlichen Konsum und sind stärker an umweltschädlichen Unternehmen beteiligt. Die Marktkonkurrenz und der damit verbundene Zwang zur Expansion erzwingen immer mehr und immer billigere Produktion. Dabei wird die Natur als kostenlose Ressource angesehen und – wie bei gemeinschaftlichen Gütern üblich – übernutzt (MEW, Bd. 23, S. 618; auch Altvater 2006, S. 17; Brandt 2012, S. 13). Marx war also bewusst, wie negativ sich die kapitalistische Produktionsweise auf die Natur auswirkt:

> Wie also die auf das Kapital gegründete Produktion einerseits die universelle Industrie schafft (...), so anderseits ein System der allgemeinen Exploitation der natürlichen und menschlichen Eigenschaften (...). (...) Die Natur wird erst rein Gegenstand für den Menschen, rein Sache der Nützlichkeit (...), um sie den menschlichen Bedürfnissen (...) als Mittel der Produktion zu unterwerfen. (MEW, Bd. 42, S. 323)

Seine Kapitalismuskritik beinhaltet also neben der sozialen und ökonomischen Perspektive auch eine für die damalige Zeit überraschend weitsichtige ökologische (Schmidt-Salomon o. J., S. 6; Foster 2000). Denn die Idee der Rücksichtnahme gegenüber der Natur war in seiner Zeit kaum existent. Auch in der sozialen Marktwirtschaft der Nachkriegszeit spielte sie lange keine Rolle. Erst mit dem Erstarken der Umweltbewegung Ende der 1970er Jahre wurde sie zu einem relevanten politischen Faktor. Seitdem hat diese Idee viel Einfluss gewonnen, wie in ganz Europa die Wahlergebnisse der Grünen zeigen. Begriffe wie Umweltbewusstsein und Nachhaltigkeit sind inzwischen zum gesellschaftlichen Mainstream geworden. Auch in der aktuellen öffentlichen Diskussion ist ein Bemühen um die Vereinbarkeit von ökonomischen und ökologischen Bedürfnissen durchaus erkennbar. Dennoch gibt es bis heute keine wirksame Begrenzung der wirtschaftlichen Expansion, die Grenzen der Natur wurden und werden negiert. Luft, Flüsse und Meere werden verschmutzt, Überfischung und Artensterben eskalieren, Urwälder werden abgeholzt. Auch der CO_2-Ausstoß aus fossilen Quellen steigt global langsamer, hat aber immer noch keinen Wendepunkt erreicht (Friedlingstein/O'Sullivan/Jones 2022, S. 4818). Der Mensch gestaltet den Planeten rücksichtslos nach seinen Bedürfnissen um (Altvater 2017, S. 60; Moore 2016).

Besonders alarmierend ist die Tatsache, dass unser Klima in den letzten 10.000 Jahren, der erdgeschichtlichen Epoche des Holozän, eine in der Menschheitsgeschichte einzigartig niedrige Schwankungsbreite hatte. Diese außergewöhnlich stabile Phase hat die Entwicklung unserer Zivilisation zweifellos befördert, wahrscheinlich wurde sie dadurch erst möglich (Rockström/Steffen/Noone 2009, S. 472). Mit unseren maßlosen Eingriffen in dieses natürliche Gleichgewicht haben wir nicht nur eine eigene Epoche, das Anthropozän begründet. Das darin vorherrschende, menschenzentrierte Verhältnis zur Natur zerstört konsequent unsere Lebensgrundlage. Dabei will dies ja niemand bewusst, aber als Summe der einzelnen Konsumverhalten entsteht diese gefährliche Situation. Eine Verhaltensänderung ist nur schwer zu erreichen, weil der individuelle Beitrag nur unbedeutend erscheint. Außerdem ist der persönliche Leidensdruck nicht groß genug, da die Auswirkungen bisher weitgehend abstrakt bleiben.

Was kann uns Karl Marx zu dieser Problematik anbieten? Er will den Kapitalismus überwinden und dabei auch die Gesellschaftsstruktur und ihre Ausrichtung verändern. So soll das konfliktbeladene Verhältnis zwischen Mensch und Natur befriedet und die ursprüngliche Harmonie wiederherstellt werden (MEW, Bd. 23, S. 528, Bd. 25, S. 784; auch Löwy 2005). Basis für diesen notwendigen, heilenden Prozess ist für ihn eine Erweiterung des gesellschaftlichen Fokus über die kurzfristige Gewinnorientierung hinaus in Richtung Nachhaltigkeit und konsequente Berücksichtigung der Interessen zukünftiger Generationen:

> Selbst eine ganze Gesellschaft, eine Nation, ja alle Gesellschaften zusammengenommen, sind nicht Eigentümer der Erde. Sie sind nur ihre Besitzer, ihre Nutznießer, und haben sie als boni patres familias den nachfolgenden Generationen verbessert zu hinterlassen. (MEW, Bd. 23, S. 784; siehe auch Schmidt-Salomon o. J., S. 5)

Die Erde ist in dieser Logik also kein Besitz der Menschen, sondern nur ein anvertrautes, für die Zukunft, für kommende Generationen zu bewahrendes Gut. Durchaus zeitgemäße Gedanken, denn die Dominanz wirtschaftlicher Interessen und die eklatante Missachtung der Bedürfnisse der Natur zeigen unübersehbare Folgen. Die Klimaveränderungen könnten sogar die Lebensbedingungen der gesamten Menschheit in Frage stellen und müssen wirtschaftspolitisch noch deutlich an Bedeutung gewinnen. Nur eine zeitnahe, radikale Reduktion, sogar Abschaffung der globalen CO_2-Emissionen kann diese existenzbedrohende Krise abwenden. Angesichts der aktuellen Bedeutung von Ökologie und Klimapolitik sieht Löwy eine neue Chance für Marx. Er hält diese Herausforderung nur mit Hilfe seiner Thesen überhaupt für lösbar (Löwy 2005).

Im aktuellen ökonomischen System führen Effizienzverbesserungen nicht zu einem Rückgang der Umweltbelastung, sondern zu einer Steigerung von Produktion, Ressourcenverbrauch und Umweltverschmutzung. Karl Marx hatte die negativen Konsequenzen dieses Wirtschafts- und Naturverständnisses durchaus erkannt: „Schmeicheln wir uns indes nicht zu sehr mit unsern menschlichen Siegen über die Natur. Für jeden solchen Sieg rächt sie sich an uns" (MEW, Bd. 20, S. 452f.; auch MEW, Bd. 25, S. 784, 828). Diesen Automatismus will er durchbrechen, allerdings ohne eine prinzipielle Abkehr von technologischem Fortschritt und ökonomischer Entwicklung. Denn auch er hatte das Prinzip des Wirtschaftswachstums nicht in Frage gestellt. Vielmehr konzipiert er eine grundlegende Veränderung sowohl der Gesellschaft als auch des ökonomischen Systems. So sollen Fortschritt und auch Wachstum vereinbar werden mit einem nachhaltigen ökologischen Gleichgewicht (Löwy 2005; Rottenfusser 2018).

Innerhalb der Gesellschaft bedarf es einer prinzipiellen Anpassung des Konsumverhaltens an die ökologischen Grenzen des Planeten. Marx will weg vom grenzenlosen Konsum, vom „Haben", zu einem bescheideneren Leben mit Arbeitszeitverkürzung und sinnvoller Beschäftigung, also zum „Sein" (Löwy 2005). An dieser Stelle zeigt sich eine weitere Parallele zu Rousseau, denn dieser hatte unterschieden zwischen den tatsächlichen Bedürfnissen und darüber hinausgehenden, künstlichen Begierden (Rousseau, Gesellschaftsvertrag, I,9, S. 24). Für Schnaas müssen wir als Gesellschaft einsehen, dass wir für die Wiederherstellung und Bewahrung eines ökologischen Gleichgewichts auf Wohlstand verzichten müssen. Diese neue Lebensweise wäre eine Abkehr vom Konsumismus und damit eine Rebellion gegen uns selbst und unsere tief verankerten Gewohnheiten (Schnaas 2011). Nur so würden sich die menschlichen Bestrebungen und Ansprüche in Richtung einer ökologischen Vereinbarkeit entwickeln (Burkett 1999, S. 149-155, 167, 243, 255f.; Hughes 2000, S. 201).

Der Globalisierungsprozess hat zwar Hunderte von Millionen Menschen aus der Armut befreit, aber auch zu einer enormen Intensivierung des Ressourcenverbrauchs geführt (Altvater 2017, S. 66). Es scheint, als gäbe es einen Zwang zum Wirtschaftswachstum, der keine Reduzierung der ökologischen Belastungen zulässt. Ein Hauptfaktor ist der permanente Wettbewerb zwischen Unternehmen und auch Ländern sowie hohe Renditeansprüche der Investoren. Aber auch wachsende Konsumbedürfnisse in den Schwellenländern tragen maßgeblich dazu bei. Aufgrund der Begrenztheit sowohl der natürlichen Ressourcen als auch der Aufnahmefähigkeit der Natur kann sich dieses expansive Wachstum aber nicht endlos fortsetzen (Sinn 2017, S. 30; Reheis 2011, S. 128f.; Altvater 2006, S. 14ff.; Altvater 2017, S. 57, 61).

Eine durchaus diskutierte Option für die Reduzierung der globalen Treibhausgas-Emissionen wäre die Begrenzung des Wirtschaftswachstums bis hin zu einem Nullwachstum. Zumindest so lange, bis ein CO_2-neutrales, „grünes Wachstum" möglich ist. Diese Idee bezieht sich natürlich primär auf die Industrieländer, denn diese haben historisch den größten Anteil an der Klimakrise und auch das größte Einsparpotenzial. Außerdem liegt ihr CO_2-Ausstoß pro Kopf deutlich höher als der globale Durchschnitt. In den EU-Staaten sind es 40 % mehr, in Japan 100 % und in den USA sogar 350 %. Bewohner des globalen Südens dagegen sind von den Auswirkungen der Klimakrise am stärksten betroffen, obwohl sie kaum zu deren Entstehung beitragen haben. Die scheinbar einfache Lösungsidee eines Nullwachstums ruft aber starke innergesellschaftliche Widerstände hervor und birgt zahlreiche Herausforderungen bei der Umsetzung. Eine ist unsere gedankliche Fixierung auf das Wirtschaftswachstum. Denn sowohl Bürger als auch Unternehmen, Verbände und Institutionen wie EU, IWF oder EZB messen Erfolg fast ausschließlich an dieser einen Zahl. Kaufkraft, Investitionen, Arbeitsplätze, soziale Sicherheit, Renten, Bildung, sogar die Tragfähigkeit der Staatsverschuldung – sie alle scheinen davon abzuhängen (Miegel 2012, S. 6; Ekardt 2019).

> In today's wealthy countries, economic growth has dramatically raised living standards, but simultaneously created social institutions and social consciousness that have locked us into a relentless pursuit of growth even when this entails the sacrifice of other more pressing social needs (...) such as environment sustainability, greater equality, liveable communities, healthy families, quality work life, and free time. (Wismann 2013, S. 234f.)

Aber angesichts der Bedrohung durch Umweltschäden und Klimaveränderungen lohnt sich eine ernsthafte Beschäftigung mit dieser Idee zweifellos. Eine Fortsetzung des im 20. Jahrhundert beobachteten Wirtschaftswachstums wäre unvereinbar mit den begrenzten Ressourcen und den Grenzen der ökologischen und klimatischen Aufnahmefähigkeit (Jackson 2011, S. 21). Wachstumsreduktion ist für Ekardt deshalb unsere moralische Verpflichtung, um die Existenzgrundlage zukünftiger Generationen zu sichern und die Erde bewohnbar zu erhalten (Ekardt 2019). Froitzheim ordnet das Wirtschaftswachstum in die Biologie ein und betont, dass alle Lebewesen eine genetisch festgelegte maximale Größe haben. Ungebremstes Wachstum wird in dieser Logik als eindeutiges Krankheitssymptom betrachtet. Es stellt sich daher die Frage, wie grenzenloses Wachstum in Ökonomie und Gesellschaft eine derart dominante Stellung bekommen konnte (Froitzheim 2020).

Zunächst ist es wichtig, eine Bestandsaufnahme des Wirtschaftswachstums in den Industrieländern durchzuführen. Gibt es tatsächlich eine langfristige Wachstumsschwäche, wie Piketty, Nachtwey, Summers und Krugman behaupten (▶ Kap. 2.3 und ▶ Kap. 3.2.1)? Diese These ist durchaus umstritten: Miegel, Uchatius und Liessmann teilen ihre Einschätzung (Uchatius 2008; Miegel 2012, S. 4f.; Liessmann 2015, S. 101). Jungbluth hingegen widerspricht in seiner direkten Antwort auf Uchatius. Er räumt zwar einen Rückgang des durchschnittlichen Wirtschaftswachstums ein. Aber für ihn ist der eigentliche Motor der ökonomischen Expansion weiter in Kraft. Gemeint ist das menschliche Streben nach Verbesserung der persönlichen materiellen Lebensumstände. Für ihn stützt es den langfristigen Wachstumspfad (Jungbluth 2013). Das exorbitante Wachstumstempo der ersten Jahrzehnte nach Kriegsende ist für Jungbluth allerdings kein Maßstab. Denn in historischer Perspektive sieht er eine Wachstumsrate von mehr als zwei Prozent pro Jahr als absolute Ausnahme. An dieser Stelle lohnt sich ein Blick auf die historischen Daten.

So hat sich die globale Wirtschaftsleistung (BIP) nach einer Schätzung der OECD zwischen Christi Geburt und dem Jahr 1820 versechsfacht. Diese Zahl suggeriert ein starkes Wachstum. Aber aufgrund des extrem langen Betrachtungszeitraums entspricht dies einer durchschnittlichen jährlichen Wachstumsrate (CAGR) von nur 0,11 % (Maddison 2006, S. 30). In Westeuropa hat sich die Wirtschaftsleistung im gleichen Zeitraum um den Faktor 13 erhöht, aber auch hier betrug der CAGR nur 0,15 % (Maddison 2006, S. 30). Von 1820 bis 1998 lag die weltweite Wachstumsrate dann bei historisch außergewöhnlichen 2,2 %, in Westeuropa bei 2,1 %. Die aktuell niedrigeren Wachstumsraten stellen also keine grundsätzliche Wachstumskrise, sondern eher eine Normalisierung dar. Sie liegen sogar noch deutlich über dem langfristigen, historischen Durchschnitt (Jungbluth 2013). Betrachtet man nicht die Wachstumsraten, sondern die Zunahme der Wirtschaftskraft in absoluten Zahlen, so lässt sich dies besser verdeutlichen. Denn bereits ein Wachstum von nur 1 % macht beim BIP einen Unterschied von fast 40 Mrd. EUR aus, weil der Ausgangswert in einer entwickelten Volkswirtschaft so hoch ist. Angesichts der heutigen Zusatzausgaben für Corona-Maßnahmen oder die Gaspreis-Bremse scheint dies kein großer Betrag zu sein, er entspricht aber den jährlichen Ausgaben des deutschen Staates für Kindergeld (Jungbluth 2013).

Miegel und Uchatius lassen Jungbluths Argumentation nicht gelten. Für sie ist das Absinken der Wachstumsraten in den Industrieländern keine Rückkehr zur langfristigen historischen Normalität. Nach ihren Berechnungen bleibt vom Wirtschaftswachstum nach 1990 nichts übrig, wenn man davon die in gleichem Maße wachsenden Haushaltsdefizite abzieht. Demnach war das Wachstum nur nominell, weil fehlende Wachstumsimpulse aus der Wirtschaft durch schuldenfinanzierte Konjunkturpakete und Steuersenkungen ausgeglichen wurden (Uchatius 2008; Miegel 2012, S. 6). Die Wirtschaft wurde also systematisch mit künstlicher Nachfrage aus Haushaltsmitteln stabilisiert, vor allem, um Arbeitsplätze und somit den sozialen Frieden zu erhalten (Ekardt 2019). Dies wurde notwendig, weil die Wirtschaft offensichtlich von einer mächtigen Gegenkraft ausgebremst wird, die in den vorherigen Jahrzehnten noch nicht wirksam war. Wenn sich diese Gegenkraft nur mit staatlichen Eingriffen überwinden ließ, muss sie stärker sein, als die nachholende Konsumnachfrage in Osteuropa und Asien.

Nach Uchatius ist diese in allen Industrieländern wirkende Gegenkraft der gesellschaftliche Reichtum, der bereits bestehende Überfluss an Konsumgütern (Uchatius 2011). Tatsächlich hat sich in Deutschland die Anzahl der Gegenstände pro Haushalt in den letzten 30 Jahren verdoppelt. Der Konsum setzt sich zwar fort, aber er wächst aufgrund der Sättigung nicht mehr, trotz aller Bemühungen der Werbewirtschaft (Uchatius 2013). Beim ärmeren Teil der Bevölkerung in den Industrieländern sind die Bedürfnisse vorhanden, nicht aber die finanziellen Mittel (Reheis 2011, S. 108f., 111). Die langjährige Praxis nahezu zinsfreier Konsumentenkredite fällt angesichts des inzwischen hohen Zinsniveaus auf absehbare Zeit ebenfalls aus.

Für Miegel sind diese Veränderungen nicht notwendigerweise negativ, sondern einfach die neue Normalität. Eine reife Volkswirtschaft lässt den quantitativen Wachstumspfad hinter sich und strebt qualitative Verbesserungen an (Miegel 2012, S. 6; Jackson 2011, S. 44f.; Wismann 2013, S. 235f.). Zudem zeigt die Glücksforschung, dass die Lebenszufriedenheit nur bis zu einem Einkommensniveau von 50.000 USD pro Jahr steigt, oberhalb dieser Grenze sind keine Effekte mehr erkennbar (Ekardt 2019; Uchatius 2008; Jackson 2011, S. 21). Aus Sicht von Ressourcenschonung und Klima wäre ein Nullwachstum eigentlich eine gute Nachricht, aber auch eine Herausforderung für unser Denken. Könnte man die „kapitalistische Maschine" einfach anhalten? Genau das hatte John Maynard Keynes 1930 prophezeit. Er hatte angenommen, dass sich der gesellschaftliche Reichtum bis 2030 um den Faktor acht vergrößern würde. Alle grundlegenden, wirklichen Bedürfnisse wären gestillt und somit eine radikale Reduzierung der Arbeitszeit möglich (Keynes 1963, S. 364). Nun bräuchte der hohe Wohlstand nicht mehr vermehrt werden. Es würde ausreichen, ihn zu erhalten, gleicher zu verteilen und zu genießen. Und tatsächlich hat sich seit 1930 unser Wohlstand verachtfacht. Wäre dieser stressfreie Wohlstand also eine reale Alternative zum aktuellen, wachstumsorientierten Kapitalismus?

Für die erfolgreiche Gestaltung einer „Nullwachstums-Gesellschaft" wären die richtigen Rahmenbedingungen entscheidend. Hierzu gehören Regulierungen wie eine ökologische Steuerreform oder Obergrenzen für Ressourcenverbrauch und Schadstoffemissionen. Darüber hinaus sind aber auch kulturelle und gesellschaftliche Anpassungen notwendig. Vor allem eine Veränderung des Konsumverhaltens mit dem Ziel einer bewussteren und somit reduzierten Nachfrage nach materiellen Gütern. Das Wohlstandsniveau würde leicht sinken, aber auch der Arbeitsinput könnte reduziert werden (Uchatius 2008; Jackson 2011; Paech 2012, S. 34, 82ff.). Erste Anzeichen in diese Richtung zeigen sich aktuell in der Diskussion um die Vier-Tage-Woche mit entsprechend geringerem Lohn. Allerdings wäre für die unteren Einkommensgruppen ein innergesellschaftlicher finanzieller Ausgleich notwendig. Auch die ebenfalls diskutierte Einführung eines bedingungslosen Grundeinkommens wäre eine naheliegende, aber extrem teure Lösung. Bei einer stagnierenden Wirtschaft wäre für ihre Finanzierung eine stärkere Belastung der einkommensstarken und vermögenden Bevölkerungsteile nötig. Die historische Erfahrung zeigt jedoch, dass eine solche Umverteilung sicherlich erbitterten Widerstand der Eliten hervorrufen würde (Jackson 2011, S. 175ff.; Brand 2012, S. 9; Ekardt 2019).

Wie ließe sich dann die zweifellos notwendige soziale Abfederung des nicht mehr vorhandenen Wirtschaftswachstums erreichen? Wie könnte in der Übergangsphase zur Post-Wachstumsgesellschaft eine Abwärtsspirale aus Unternehmenspleiten, Arbeitslosigkeit und sinkendem Konsum vermieden werden? Konkrete Konzepte für eine solche Umsetzung fehlen bisher. Für Uchatius sind die psychologischen und innergesellschaftlichen Widerstände gegen diese Idee deshalb durchaus nachvollziehbar:

> Bei der Frage, ob man ohne Wachstum auskommen kann, geht es also nicht um Gier, Besitzstreben oder Bequemlichkeit. Es geht darum, dass das System ohne Wachstum nicht funktioniert. (…) Niemand weiß, wie eine Post-Wachstums-Ökonomie aussehen könnte. (Uchatius 2008)

Keine Frage, ohne Wirtschaftswachstum würden die Preise für viele Konsumgüter und Dienstleistungen, wie zum Beispiel Fleisch oder Fernreisen, relativ zur Kaufkraft steigen. In der Konsequenz könnten sich höhere Einkommen mehr davon leisten als niedrige. Die Kritik daran von Seiten der Wachstumsbefürworter findet Ekardt aber wenig konsequent. Denn ihre Vertreter erwarten von einer Post-Wachstumsökonomie die Aufhebung von Ungleichheiten, akzeptieren diese aber beim aktuellen wachstumsorientierten System. Schaut man auf die globale Ebene, so wiederholt sich dieses Bild. Denn auch dort sind die Industrieländer mit ihrem ressourcenintensiven Lebensstil nur eine kleine Minderheit, ohne dass dies bisher eine Reaktion in den Gesellschaften im globalen Norden ausgelöst hätte (Ekardt 2019).

Wichtig ist in diesem Zusammenhang die Feststellung, dass Nullwachstum nicht gleichzusetzen ist mit Armut. Damit unser Ressourcenverbrauch im Rahmen der Regenerationsfähigkeit der Erde bleibt, dürften wir nur 40 % der heutigen Waren und Dienstleistungen in Anspruch nehmen. Das klingt nach wenig, entspricht aber dem Lebensstandard der 1960er Jahre – und die sind als „Wirtschaftswunderzeit" positiv im kollektiven Gedächtnis verankert. Niemand musste damals hungern, es gab keine massenhafte Obdachlosigkeit oder fehlende Bildungsmöglichkeiten. Für Miegel sind Konsumwünsche, die über diese 40 % hinausgehen, keine wirklichen Bedürfnisse, sondern resultieren aus Gewohnheiten, Statusdenken und Vergleich mit anderen (Miegel 2012, S. 6). Dabei müssten wir zur Realisierung eines effektiven Klimaschutzes nicht sofort zum Lebensstandard der 1960er zurückkehren. Für Ekardt wäre schon viel gewonnen, wenn wir in einer ersten Phase unseren Wohlstand langfristig zumindest nicht mehr zu steigern würden (Ekardt 2019). Denn eine ökonomische Mäßigung in den Industrieländern würde Freiräume für viele bisher nicht ausreichend berücksichtigte Menschen eröffnen.

Gemeint sind die Bewohner des sogenannten „globalen Südens", der Schwellen- und Entwicklungsländer. Sie haben historisch nur wenig zur Entstehung der Klimakrise beigetragen (besonders letztere). Daher fordern sie ihren Anteil am historisch-globalen CO_2-Budget und somit ein Recht auf Wirtschaftswachstum ein. Vor allem in den Schwellenländern entstanden und entstehen zahlenmäßig große Käufergruppen, neue Mittelschichten. Sie können in der erwähnten ersten Phase die Investitions- und Konsumgüter aus den bereits gesättigten und daher gemäßigten Industrieländern aufnehmen (Jungbluth 2013). Ihre Konsumwünsche sind primär getrieben von ungestillten Bedürfnissen, vom Bestreben, zum Lebensstandard der Industrieländer aufzuschließen (Miegel 2012, S. 5; Jungbluth 2013). Für diese Menschen ist die Überzeugung der Nullwachstums-Bewegung, materieller Wohlstand sei kein sinnvolles Lebensziel, nicht wirklich nachvollziehbar, sondern ein westliches Luxusproblem (Jungbluth 2013).

Aber selbst bei gleichbleibenden individuellen Bedürfnissen im globalen Süden müsste die Wirtschaft eigentlich weiter wachsen. Grund ist das weiter bestehende Bevölkerungswachstum, besonders auf dem afrikanischen Kontinent. Denn gegenwärtig leben 80 % der Weltbevölkerung in den Schwellen- und Entwicklungsländern. Bis 2050, dem Jahr der angestrebten CO_2-Neutralität der EU, wird die Weltbevölkerung voraussichtlich um 25 % auf fast 10 Milliarden Menschen steigen (UN DESA 2022). Allein deren zusätzlichen Grundbedürfnisse an Wohnraum, Nahrung, Wasser, Kleidung, Strom, Heizung, Kommunikation und Transport werden für Froitzheim und Jungbluth das globale Wirtschaftswachstum auch langfristig aufrechterhalten (Froitzheim 2020; Jungbluth 2013). Dies gilt natürlich umso mehr für die Kombination von steigenden Konsumwünschen und Bevölkerungszuwachs im globalen Süden.

In den Industrieländern wird das Recht des globalen Südens auf Wachstum mehrheitlich anerkannt. Hierfür sind verschiedene Gründe ausschlaggebend. Einer ist ethisch begründet, denn „immer mehr Menschen in Armut leben zu lassen, um den hohen Lebensstandard der frühindustrialisierten Staaten aufrechtzuerhalten, ist aus ethischer Sicht keine Option" (Froitzheim 2020). Ein anderer ist ökonomisch, denn ein steigender Lebensstandard mitsamt höheren Löhnen würde den Produktions-Preisdruck auf die Industrieländer reduzieren. Dies käme insbesondere den Beschäftigten im heimischen Produktions- und Niedriglohnsektor zugute (Ekardt 2019). Ein weiterer ist demografisch und bezieht sich auf die drohende globale Überbevölkerung. Die daraus resultierenden migrationsbezogenen und ökologischen Risiken sollten nach Möglichkeit vermieden werden. Wirtschaftswachstum im globalen Süden könnte mittelfristig die Weltbevölkerung sogar stabilisieren. Denn sobald Familien aus der Armut in die Mittelschicht aufsteigen, sinkt die Zahl der Kinder rapide (Ekardt 2019).

Ein letzter Grund beruht auf sozialen Aspekten und orientiert sich an der These von David Dollar und Aart Kraay „Wachstum ist gut für die Armen" (Dollar/Kraay 2002, S. 214). Auf einer breiten Datenbasis konnten sie zeigen, dass das globale Wirtschaftswachstum der letzten Jahrzehnte von einer entsprechenden Einkommenssteigerung in den armen Ländern begleitet war. Dabei geht das Streben der Industrieländer nach Rohstoffsicherheit mit den Interessen der lokalen Eliten nach

Wachstum eine symbiotische Beziehung ein. Allerdings profitiert die lokale Bevölkerung kaum von den Erlösen aus den Rohstoffexporten, muss aber die Folgen der damit verbundenen Naturzerstörung tragen (Brand 2012, S. 13). Armutsbekämpfung ist also angewiesen auf Wirtschaftswachstum, letzteres scheint aber nicht automatisch einherzugehen mit Armutsreduzierung (Rippin 2012, S. 46). Wie lässt sich dieses paradoxe Phänomen erklären?

Bei genauerer Analyse der Daten von Dollar/Kraay wurde festgestellt, dass der Zusammenhang auf globaler Ebene tatsächlich zutreffend ist. Bei Betrachtung auf Länderebene werden jedoch deutliche Unterschiede erkennbar. In einigen Ländern führte konstantes Wirtschaftswachstum tatsächlich zu einem ausgeprägten Rückgang der Armut. In anderen dagegen gingen die Einkommen der ärmeren Bevölkerung trotz Wachstum sogar zurück. (Cord/Lopez/Page 2004, S. 2). Quantitatives Wirtschaftswachstum ist also keine Garantie für Armutsreduktion, ebenso wichtig ist die inhaltliche Ausgestaltung. Welche qualitativen Voraussetzungen müssen dann gegeben sein, damit Wachstum den Armen hilft? Der direkte Weg wäre eine Konzentration auf Regionen und Wirtschaftssektoren, in denen die meisten armen Menschen leben und arbeiten. Ein indirekter Weg wäre die nachträgliche Verteilung des erwirtschafteten Reichtums an die Armen, zum Beispiel durch Sozialprogramme wie in Brasilien und Venezuela (▶ Kap. 4.4). In beiden Fällen benötigt man allerdings ausreichende gesellschaftliche und demokratische Kontrollinstanzen (Rippin 2012, S. 46). Karl Marx hätte diese Form von Verteilung im Übrigen nur als Fortsetzung der bestehenden kapitalistischen Ordnung eingeschätzt (▶ Kap. 3.2.4). So würden die Ausbeutungsverhältnisse ebenso erhalten bleiben wie die prinzipielle Veränderung der sozioökonomischen Struktur unvollendet.

Nachdem deutlich geworden ist, dass Wirtschaftswachstum – unter bestimmten Bedingungen – im globalen Süden durchaus positiv wirken kann, muss man auch die andere Seite dieser Medaille zeigen. Bislang beruht jegliches Wachstum, sei es im globalen Norden oder Süden, auf einem hohen Verbrauch von Ressourcen. Trotz aller Bemühungen gibt es bisher keine Entkopplung von ökonomischer Expansion und ökologischer Belastung, obwohl die negativen Auswirkungen bereits spürbar sind (Miegel 2012, S. 4). Dennoch setzen die aktuellen rechtlichen und ökonomischen Rahmenbedingungen keine ausreichenden Anreize, um dieses Ziel, diese Entkopplung zu erreichen (Jungbluth 2013). Ein Nacheifern unseres Lebensstandards durch Milliarden zusätzlicher Konsumenten aus dem globalen Süden wäre aber untragbar für unseren Planeten. Darum muss sich der Charakter des Wachstums radikal ändern, wenn er dort angewendet werden soll (Rockström/Steffen/Noone 2009, S. 473; Froitzheim 2020; Binswanger 2009, S. 51, 103).

Dies gilt zum Beispiel für die weitgehend verborgene, massive staatliche Subventionierung von fossilen Brennstoffen und traditionellen, CO_2-intensiven Industrien. Diese Mittel müssen dringend umgelenkt werden in die Förderung eines grünen, klimaneutralen Wachstums (Edenhofer 2018, S. 260f.). Das wichtigste Instrument der nationalen und internationalen Klimapolitik ist die Bepreisung von CO_2-Emissionen und damit die Setzung neuer Rahmenbedingungen. Die erzielten Erlöse könnten den globalen Süden bei der Anpassung an die neuen Bedingungen unterstützen. Bereits bestehende Schäden würden so abgemildert und das dortige Wachstum möglichst klimaneutral gestaltet (Jackson 2011, S. 175ff.; Brand 2012, S. 9). Eine Ausschüttung an die Bürger in den Industriestaaten (wie aktuell geplant) würde dagegen zu mehr Konsum und dadurch zu mehr Emissionen führen. Klimapolitisch wäre das eindeutig kontraproduktiv (Ekardt 2019). Erst wenn Wachstum ohne zusätzliche CO_2-Emissionen möglich ist, wäre es auch in den Industriestaaten wieder vorstellbar.

Nun ist natürlich interessant, welche Position Karl Marx zur Idee einer Abkehr vom Wirtschaftswachstum hätte. In seiner Theorie stellte er die Wachstumsorientierung des Kapitalismus nicht prinzipiell in Frage, seine globale Ausbreitung wurde ja als Voraussetzung für seine Überwindung angesehen. In dieser Logik erscheint die Verschärfung vieler Probleme und Konflikte sogar zielführend. Auch in der sozialistischen Übergangsphase hält er das Wachstum für notwendig, um die Bedingungen für den Kommunismus zu erarbeiten. Erst im Kommunismus nähert er sich der Idee einer Post-Wachstumsökonomie erstaunlich an (▶ Kap. 4.1). In der Folge geraten neomarxistisch orientierte Autoren in gewisse Argumentationsschwierigkeiten. Sollen Sie im Sinne von Marx die Wachstumsorientierung der Marktwirtschaft unterstützen? Oder sollen sie im Schulterschluss mit allen anderen Kapitalismusgegnern eine wachstumskritische Position einnehmen? Im ersten Fall würden sie sich in der linken politischen Sphäre weitgehend isolieren und müssten wohl auch innere Widerstände überwinden. Im zweiten Fall würden sie eine wichtige Position der seiner Theorie aufgegeben – eine Zwickmühle ...

Nehmen wir nun eine kritische Analyse der Thesen von Marx und seinen Anhängern zum Thema Ökologie, Klima und Wachstum vor. Zunächst geben Foster und Burkett zu bedenken, dass Marx der Natur keine eigenständige, von menschlichen Ansprüchen unabhängige Wertigkeit zugesteht (Foster 2000, S. 10ff.; Burkett 1999, S. 17). Zudem ist nicht sicher, dass sein positives Bild der ursprünglichen Beziehung zwischen Mensch und Natur in der historischen Realität jemals existiert hat. So gab es schon vor Tausenden von Jahren ökologische Krisen durch Übernutzung, zum Beispiel in der Levante der Eisenzeit.

Klein und Niemietz kritisieren am marxistischen Lösungsversuch, dass ein prinzipieller Gegensatz zwischen Kapitalismus und Klimaschutz angenommen wird. Daraus werde geschlossen, dass die Klimakrise nicht innerhalb des Kapitalismus, sondern nur durch eine radikale Umgestaltung von Gesellschaft und Wirtschaft lösbar sei (Klein 2015, S. 42f., 73, 251; Niemietz 2021, S. 20). Niemietz sieht darin ein Muster, sogar eine ganze Kette von Kritikansätzen am Kapitalismus. Als Marx' Verelendungstheorie im Wirtschaftswunder der Nachkriegszeit nicht mehr zu halten war, folgte Kritik am Massenkonsum, dann an der Umweltzerstörung, an der Globalisierung und aktuell an der Klimapolitik (Niemietz 2021, S. 241f.). Für Naomi Klein ist aber nicht die kapitalistische Produktionsweise als solche das Problem. Es ist die seit vielen Generationen vorherrschende Wahrnehmung der Natur als grenzenlos verfügbarer Ressource (Klein 2015, S. 157).

Auch der Wirtschaftsethiker Karl Homann betont die Fähigkeit der Marktwirtschaft zur Lösung dieser Probleme. Er will sich dabei aber nicht auf Einsicht oder Altruismus der Konsumenten und Unternehmen verlassen. Selbst wenn einzelne von ihnen ethisch oder ökologisch positive Absichten hätten, würden ihnen jegliche Informationen über die Absichten der anderen Marktteilnehmer fehlen. Ihre Position wäre daher nachteilig und könnte sogar die Wettbewerbsfähigkeit von Unternehmen gefährden. Wenn eine Gesellschaft bestimmte Ziele durchsetzen will, müssen sie für Homann in Form von Gesetzen und Regulierungen in die Rahmenordnung integriert werden. So sind die Bedingungen für alle gleich und unerwünschtes Verhalten würde durch Kostennachteile und Sanktionen vom Markt verdrängt (Homann 2007, S. 2f.). Die dafür notwendige (oder zumindest hilfreiche) übergeordnete Organisation wie eine Welt(klima)regierung zur Durchsetzung der Regeln fehlt jedoch.

Eine solche tiefgreifende Umgestaltung der ökonomischen Einfluss- und Anreizstruktur präferiert auch Naomi Klein, um die Ideologie der Ausbeutung der Natur zu beenden. Dafür müssten die großen Unternehmen geschwächt und gleichzeitig die Zivilgesellschaft gestärkt werden (Klein 2015, S. 130, 473f., 544). Als primäre Hebel sieht sie die staatliche Planung wichtiger langfristiger Projekte sowie eine grundlegende Reform des Energiesektors. Ein Verbot von fossiler Energieerzeugung, klimagerechte Emissionspreise und demokratisiertes Eigentum an der Energieversorgung könnten entscheidende Veränderungen anstoßen (Klein 2015, S. 139, 156, 159, 164). Klein bleibt damit innerhalb des aktuellen ökonomischen Ordnungsrahmens, was nachvollziehbar ist, da die kapitalistische Marktwirtschaft in der Vergangenheit durchaus erfolgreich Umweltprobleme gelöst hat. Dies galt allerdings nur, wenn der politische Wille bzw. das Wählerinteresse ausreichend stark ausgeprägt waren. Seit den 1980er Jahren lassen sich hierfür zwei positive Beispiele anführen. Das erste ist die Verbesserung der Luftqualität in Deutschland durch staatliche Umweltauflagen. Je nach Schadstoff gelang es, 20-95 % der Verschmutzung zu reduzieren (Umweltbundesamt 2022). Das zweite ist die Schließung des Ozonlochs durch ein weltweites Verbot von FCKW. Auch die aktuellen politischen Entscheidungsträger in der Klimapolitik glauben an die Steuerungskräfte des Marktes. Deshalb versuchen sie, die Klimakrise durch eine Bepreisung von CO_2-Emissionen zu lösen.

Hierbei ist es allerdings wichtig, bei der Verteilung der zweifellos harten Einschnitte und Belastungen den individuellen CO_2-Fußabdruck zu berücksichtigen. Wenn man sich die heutige Ausgangslage ansieht, so wird ein eklatantes Ungleichgewicht deutlich. So ist das einkommensstärkste Prozent der Weltbevölkerung für fast 17-mal mehr Treibhaus-Emissionen pro Kopf verantwortlich als der globale Durchschnitt. Außerdem wächst ihr Verbrauch besonders schnell. Dabei macht ihr Konsum nur ein Drittel aus, der Großteil wird von Investitionen in CO_2-

intensive Branchen und Unternehmen verursacht. Im Kontrast dazu hält die einkommensschwächere Hälfte der Bevölkerung in den Industrieländern die Klimaziele bereits heute ein (Rohrbeck 2023). Daher wäre es klimagerecht, höhere Vermögen und Einkommen stärker zur Finanzierung des Klimaschutzes heranzuziehen. In Kalifornien versuchten Klimaschützer 2022, eine Sondersteuer für Vermögen über zwei Millionen US-Dollar zu etablieren. Die Volksabstimmung scheiterte jedoch an dem Gegenargument, diese Steuer würde Vermögen pauschal belasten, ohne Rücksicht auf den individuellen CO_2-Fußabdruck. Anschließend wurde diese Idee weiterentwickelt, im neuen Konzept sollen die Emissionen von Unternehmen den Aktionären zugeschrieben werden. So würden Vermögende, die stark in CO_2-intensiven Industrien investiert sind, mit einer progressiven CO_2-Steuer viel zielgenauer belastet werden (Rohrbeck 2023).

Die entscheidende Frage an dieser Stelle ist, ob dies innerhalb des gewohnten Systems der demokratischen Entscheidungsfindung möglich ist. Keine der im Bundestag vertretenen Parteien fordert Maßnahmen, die für eine Einhaltung des Pariser Abkommens ausreichend sind. Sie repräsentieren damit zwar die Mehrheitsmeinung der Bevölkerung, übererfüllen diese Funktion aber. Denn die durchaus vorhandene Minderheit überzeugter Klimaschützer wird in dieser Konstellation gar nicht repräsentiert. Wie kann es im Parlament eines demokratischen Staates zu diesem Meinungsgleichklang kommen? Soll es nicht die Vielfalt der Gesellschaft widerspiegeln? Ursache dieser Verzerrung ist ein parlamentarisches Instrument, das eigentlich verfassungswidrig ist – der Fraktionszwang. Nach § 38 Abs. 1 des Grundgesetzes ist ein Abgeordneter ausschließlich seinem Gewissen verpflichtet. Unsere Verfassungsmütter und -väter haben nach den Erfahrungen der Weimarer Republik allerdings großen Wert auf stabile Machtverhältnisse gelegt. Daher wurde die Praxis des jeweils einstimmigen Abstimmungsverhaltens jeder Fraktion im Bundestag etabliert. Bereits in der Euro- und der Flüchtlingskrise hat sich deren fatale Wirkung gezeigt, weil abweichende Minderheitsmeinungen von Abgeordneten unterdrückt wurden. Ein spürbarer Anteil skeptischer Wähler fühlte sich dadurch nicht repräsentiert. Viele von ihnen fanden schließlich eine neue politische Heimat – die AfD.

Nun könnte man annehmen, dass es einen breiten gesellschaftlichen Konsens für den Klimaschutz gibt, bei genauerem Hinsehen ergibt sich jedoch ein differenziertes Bild. Zwar sind fast alle Bürger für Klimaschutz, aber eher auf einer abstrakten Ebene. Sobald geplante Maßnahmen eigene Interessen betreffen, Einschränkungen bedeuten oder gar das aktuelle Wohlstandsniveau gefährden, ändert sich die Stimmungslage schnell. In dieser Konstellation ist nur schwer vorstellbar, wie die Klimakrise im Rahmen der Demokratie gelöst werden könnte. Die Radikalisierung eines Teils der Klimabewegung und die provokativeren Protestformen zeigen, dass nicht wenige junge Aktivisten eine ähnliche Wahrnehmung haben. Die besondere Problematik der Klimakrise ist ja die extreme, jahrzehntelange Nachwirkung der Treibhaus-Emissionen. Wenn die Folgen der Erderwärmung schließlich katastrophale Ausmaße annehmen, ist es für ein Gegensteuern zu spät.

Aus meiner persönlichen Sicht ist das eigentliche Problem in dieser Situation die „konsequente Inkonsequenz". Denn entweder Politik und Bevölkerung treffen im Konsens alle Maßnahmen, die zur Erhaltung lebensfreundlicher Bedingungen für zukünftige Generationen notwendig sind. Und zwar ohne Rücksicht auf Einschränkungen, Belastungen und Wohlfahrtsverluste. Oder aber man kapituliert als Gesellschaft vor der Herausforderung der Klimakrise und geht in der Komfortzone seiner Gewohnheiten dem Untergang der Menschheit entgegen. Der aktuell gewählte, gemäßigte Mittelweg erscheint dagegen wenig sinnvoll. Die zugemuteten Restriktionen schränken die Lebensqualität ein, ohne eine ausreichende klimaschützende Wirkung zu entfalten.

4 Der neomarxistische Traum

4.1 Wie könnte ein neuer Kommunismus aussehen?

In Kapitel 3 wurde deutlich, warum neomarxistisch orientierte Autoren an ein Ende des Kapitalismus glauben. Was nun noch fehlt, sind die Vorstellungen für die Gesellschaft nach der Revolution. Welche Gedanken hat uns Karl Marx zu Sozialismus und Kommunismus hinterlassen? Was haben seine heutigen Sympathisanten eventuell verändert, um die heutigen Bedingungen mit einzubeziehen?

Zur Zukunft nach dem Kapitalismus finden wir in Marx' Werk nur relativ wenig, zumindest im Vergleich zu seinen umfangreichen Analysen der Vergangenheit (Euchner 1982, S. 125). Man bewegt sich in diesem Themenfeld also zum Teil im Bereich der Spekulation. Zu den Gewissheiten gehört, dass er weitgehend der Geschichtsphilosophie von Hegel folgt, wonach die historische Entwicklung eine klare Richtung und auch einen Endzustand hat. Wie aber soll dieser Endzustand aussehen? Hegels Antwort ist für Marx auf jeden Fall wenig überzeugend. Denn dieser sieht die Realisierung des „Weltgeistes" in der preußischen Monarchie als höchster Stufe. Marx hatte deshalb betont, man müsse „Hegel auf die Füße stellen", d.h. von den luftigen Höhen der abstrakten Philosophie in der sozialen Realität erden (MEW, Bd. 1, S. 214, 261, 307; auch Euchner 1982, S. 48, 100).

Auch Fukuyamas Endzustand der Geschichte (Marktwirtschaft mit liberaler Demokratie) würde ihm genauso wenig gefallen wie seinen heutigen Anhängern. Denn sie würden darin eine lediglich oberflächliche politische Gleichheit sehen, neben der soziale Verteilungskonflikte weiter bestehen blieben. Unter diesen unzureichenden Bedingungen könnte sich der Einzelne nur auf Kosten der anderen verwirklichen (Müller 1993, S. 5; Eagleton 2012, S. 108, 127, 237). Ihnen schwebt ein ganz anderes Endziel der gesamten sozioökonomischen Entwicklung der Menschheit vor. Ihr Ideal ist eine neue Gesellschaftsform, in der individuelle, kollektive und gesellschaftliche Interessen deckungsgleich sind (Meyer 2017). Sie streben dafür die Aufhebung aller Klassen und ihrer Gegensätze im Kommunismus an (MEW, Bd. 1, S. 345, Bd. 3, S. 35, Bd. 4, S. 181f.; auch Neffe 2017, S. 142, 149).

Für Marx war eine direkte Realisierung des Kommunismus nicht möglich, er sieht die Notwendigkeit des Sozialismus als zeitlich begrenzte Übergangsphase. Diese werden wir nun näher betrachten. Finanziell startet die sozialistische Gesellschaft nicht bei null, ganz im Gegenteil. Ihr stehen große materielle Ressourcen zur Verfügung, denn in der Endphase des Kapitalismus ist dieser voll ausgereift. Durch technischen Fortschritt und Automatisierung wird konstant ein hoher gesamtgesellschaftlicher Wohlstand erwirtschaftet. Er würde ausreichen, um allen Menschen ein gutes Leben zu ermöglichen (Reheis 2011, S. 123f.). Die extrem ungleiche Verteilung der Gewinne hat diesen „Wohlstand für alle" aber bisher verhindert (MEW, Bd. 26.2, S. 111; auch Eagleton 2012, S. 29f., 76, 114). Dieses schlummernde Potenzial soll nach Marx nun endlich realisiert werden.

In einem ersten Schritt wird der permanente Wettbewerbs- und Expansionsdruck aufgehoben, der auf den Unternehmen gelastet hat (Löwy 2005; Müller 1993, S. 4). Dennoch verbleibt auch im neuen System ein gewisser Anteil an externem Zwang. Gemeint ist die Notwendigkeit, für den angestrebten Übergang zur kommunistischen Gesellschaft die Produktivität weiter zu erhöhen (MEW, Bd. 25, S. 784). Der nun sozialistische Staat plant und organisiert *alle* Wirtschaftsbeziehungen der Angebotsseite (Rottenfusser 2018; Wagenknecht 2017, S. 106). Sein Aufgabenfeld erstreckt sich auf dabei von der Produktionsmengenplanung und Ressourcenzuteilung über Zulieferbeziehungen der Produzenten untereinander bis zur Verteilung an die Bevölkerung (Euchner 1982, S. 127f.). Auf der Nachfrageseite, also bei Arbeitnehmern bzw. Konsumenten, muss die weiter notwendige Produktion ihren Charakter fundamental verändern. Arbeit soll dann nicht mehr von Abhängigkeit, Ausbeutung und Fremdbestimmung geprägt sein, ebenso wenig von Konkurrenz untereinander. In der neuen Gesellschaft steht die Befreiung der Menschen von den Prägungen der vorherigen kapitalistischen Gesellschaft im Fokus. Gemeinschaftliche Selbstorganisation, Kontrolle über die Unternehmen und kooperatives Arbeiten sind dafür geeignete Mittel. Zelik betont, dass ein echter Sozialismus nicht staatlich oder kollektiv organisiert werden kann. Vielmehr muss aus individueller Eigeninitiative eine solidarische Erfahrung mit Anderen entstehen (Zelik 2019). Im Marx'schen Sinne natürlich primär im Prozess der gemeinsamen Produktion (MEW, Bd. 19, S. 19, Bd. 23, S. 92f., Bd. 25, S. 883, Bd. 42, S. 104f.).

> To be free was to be fully human. Being free, however, meant far more to Marx than merely being an individual free to choose among institutionally given options. His freedom was the freedom that comes when humans recognise their authorship of their own creations and thereby gain the power to no longer be their victims. (Wismann 2013, S. 239)

Was lässt sich über die politische Sphäre im Sozialismus sagen? Wie sieht das Verhältnis von „befreitem Mensch" und sozialistischem Staat aus? Marx und auch seine heutigen Anhänger haben ein ganz anderes Verständnis von Freiheit, als wir dies gewohnt sind. Sie wollen eine Gesellschaft, in der Selbstverwirklichung nur als Teil einer Verwirklichung aller möglich ist, also Kooperation statt Konkurrenz: „Marx (...) ging es nicht darum, dass sich das Individuum dem Kollektiv unterordnet, sondern darum, dass jeder Mensch seiner Mitmenschen bedarf, um sich als Person voll entfalten zu können" (Homann/Pies 2018, S. 227; auch Euchner 182, S. 126). Dagegen führen isolierte, individuelle Handlungsfreiheiten zu sehr unterschiedlichen ökonomischen Ergebnissen. Daraus würde ein Machtgefälle innerhalb der Gesellschaft entstehen und genau das will Marx verhindern. Nur in einer sozioökonomisch ausgeglichenen Gesellschaft können für ihn und neomarxistische Autoren die Voraussetzungen für „wahre" Freiheit geschaffen werden. Denn diese ist für sie nur möglich, wenn es keine Ausbeutung mehr gibt (MEW, Bd. 4, S. 482; auch Eagleton 2012, S. 107; Neffe 2017, S. 389). Erst dann kann für Eagleton eine echte Volksherrschaft als Demokratie auf höherem Niveau verwirklicht werden (Eagleton 2012, S. 237; MEW, Bd. 17, S. 347). Aus dieser Logik stammt auch die Selbstbezeichnung der sozialistischen Staaten als „Volksrepubliken".

Unter den neuen Bedingungen prägen sich die Menschen wechselseitig so stark, dass individuelle Ziele mit denen der Gemeinschaft synchronisiert werden. Der Sozialismus wäre also eine Art kollektive Erziehungsgemeinschaft mit dem Ziel einer größtmöglichen mentalen und kulturellen Übereinstimmung. Wie soll diese erreicht werden? Neben den beschriebenen Veränderungen der Arbeitswelt sollen auch gesellschaftliche Organisationen unterstützend wirken. Dies kann eine sozialistische Partei sein, aber auch Gewerkschaften, Jugendverbände oder andere Gruppen. Für Marx und auch seine modernen Anhänger wird so in der folgenden kommunistischen Gesellschaft „wahre" Freiheit und „wahre" Demokratie möglich. Doch in keinem der historischen sozialistischen Experimente konnte dieses Ideal verwirklicht werden (Niemetz 2021, S. 61). Dementsprechend gibt Menzel zu bedenken, dass Marx' Bekenntnis zur Freiheit im Widerspruch steht zu seinem Konzept der „Diktatur des Proletariats" und damit der Einparteienherrschaft (Menzel 1999, S. 7). Auch Neffe kritisiert, dass die starke Fokussierung auf diese Gruppe eine wesentliche Grundlage für Repression war (Neffe 2017, S. 17). Hier ließe sich anmerken, dass nach Marx die Gesellschaft zum Ende des Kapitalismus fast ausschließlich aus der Arbeiterklasse bestünde. Somit gäbe es keine nennenswerten Minderheiten, die von der „Diktatur des Proletariats" nicht repräsentiert würden (Euchner 1982, S. 109).

Marx scheint sich an dieser Stelle zweizuteilen – ist er nun ein Verfechter einer höheren Form von individueller Freiheit oder einer kollektiven Kontrolle? Setzt er auf den Altruismus und Enthusiasmus der Menschen oder auf Arbeitsnormen, Leistungsvorgaben und -prämien? Man muss sagen – beides, denn die unvereinbar scheinenden Richtungen spiegeln die Entwicklung seiner Theorie wider. In seinen Frühschriften stehen die individuellen/freiheitlichen Themen stärker im Mittelpunkt, in seinen späteren Werken gewinnen zunehmend kollektive Aspekte wie gesellschaftliche Kontrolle an Gewicht (Reheis 2011, S. 140f.; Neffe 2017, S. 142; Niemietz 2021, S. 55). Die Auswahl der Werke bestimmt also die Wahrnehmung und Anwendung seiner Theorie. Der westliche Marxismus hatte sich auf seine Frühschriften und damit freiheitliche Positionen fokussiert, beim Ost-Marxismus waren es fast ausschließlich die Spätwerke und somit eher Kontrollaspekte (Neffe, S. 124f.).

Wie Kapitel 3.2.5 gezeigt hat, ist der moderne Mensch aus marxistischer Sicht durch seine Prägung in kapitalistischen Gesellschaft „verdorben". Wie kann dann die angestrebte ideale, freie, gleichberechtigte, wahrhaft demokratische Gesellschaft überhaupt verwirklicht werden? Hier gehen die Meinungen auseinander: Marx selbst schreibt, dass „sowohl zur massenhaften Erzeugung dieses kommunistischen Bewußtseins wie zur Durchsetzung der Sache selbst eine massenhafte Veränderung der Menschen nötig ist." (MEW, Bd. 3, S. 70). Auch für Greffrath ist ein „zivilisatorischer Evolutionssprung" notwendig, um die aktuellen Probleme wie Ungleichheit, Armut und Naturzerstörung zu lösen (Greffrath 2017, S. 25). Eagleton hingegen behauptet, dass hierfür *keine* grundlegende Veränderung der menschlichen Eigenschaften notwendig ist. Gleiches gilt für einen Zuwachs an persönlicher Tugendhaftigkeit. Stattdessen können für ihn die neuen gesellschaftlichen und ökonomischen Strukturen die Menschen ausreichend neu prägen und vorbereiten. Dies steht im Einklang mit der oft zitierten Marx'schen These, dass der Mensch von seinen Lebensumständen, seinem Sein geprägt wird (MEW, Bd. 13, S. 8f.; auch Faber/Petersen 2013, S. 60). Denn durch die Revolution würden Unterdrückung und Ausbeutung beseitigt und damit die tieferen Ursachen für negative menschliche Verhaltensweisen (Eagleton 2012, S. 110f., 120). Für Reheis macht das dann positive Umfeld eine Überzeugung der Menschen von der kommunistischen Idee eigentlich unnötig (Reheis 2011, S. 141; MEW, Bd. 25, S. 782). Wie wir aus den Erfahrungen mit dem „real existierenden Sozialismus" wissen, waren die Erfolge bei der praktischen Umsetzung eher durchwachsen. Dies gilt sowohl für den ökonomischen Bereich als auch für die politische „Umerziehung" der Bevölkerung.

Wenden wir uns nun Marx' Vorstellungen des Kommunismus zu. Wie sollen dort Produktion und Arbeit organisiert sein? Welche Rolle wird dem Staat darin zugewiesen?

Klar ist, dass auch im Kommunismus Produktion und damit Arbeit erhalten bleiben. Sie sind weiter notwendig, um die materiellen Bedürfnisse der Bevölkerung zu erfüllen. Wichtig ist aber die qualitative Veränderung dieser Nachfrage. In allen vorherigen ökonomischen Epochen, insbesondere im Kapitalismus, war sie künstlich verzerrt und überhöht, um Abnehmer für die ungebremste Überproduktion zu finden (MEW, Bd. 23, S. 316, Bd. 40, S. 547; auch Neffe 2017, S. 130f., 427). Nun aber soll der Konsum durch den Einfluss der sozialistischen Gesellschaft spürbar zurückgehen (MEW, Bd. 3, S. 28, Bd. 13, S. 624, Bd. 19, S. 21; auch Reheis 2011, S. 125; Faber/Petersen 2013, S. 62). Denn im Sozialismus sollten die Menschen gelernt haben, zwischen ihren tatsächlichen Bedürfnissen und darüber hinausgehenden, eigentlich schädlichen Begierden zu unterscheiden (MEW, Bd. 25, S. 269).

Die komplette Neuorganisation der Gesellschaft im Kommunismus wirkt sich natürlich auch auf den Charakter der Arbeit und der zwischenmenschlichen Beziehungen aus. Das Ende der Ausbeutung ermöglicht den jetzt selbstbestimmten Menschen, die bisherige Entfremdung gegenüber ihrer Tätigkeit zu überwinden (Reheis 2011, S. 141f.). Sie können und sollen eine für sie persönlich sinnvolle und erfüllende Tätigkeit finden. Wegen gemäßigter Bedürfnisse und damit reduzierter Nachfrage sinkt parallel der Bedarf an Arbeit. Dies hätte im Kapitalismus zu Lohndruck und Elend geführt, im Kommunismus jedoch findet dies nicht statt. Der inzwischen gesellschaftlich verwaltete Wohlstand sichert allen Menschen ein Auskommen, was an das Konzept des „bedingungslosen Grundeinkommens" erinnert. Die neu geprägten Menschen wären trotzdem bereit, ihren Anteil an Arbeit einzubringen. Sie würden aber nur einen bescheidenen Lohn fordern, der ihren nun deutlich reduzierten Bedürfnissen entspricht.

Trotz der beschriebenen positiven Wirkungen der Arbeit in der neuen Gesellschaft sollte ihr Anteil an der Lebenszeit möglichst gering sein. Denn für Marx ist eine radikale Verkürzung der beruflichen Beschäftigung eine Grundvoraussetzung für die Verwirklichung des Menschen. Er definiert „wahren Reichtum" als von ökonomischen Zwängen befreite Zeit, die verfügbar ist für die eigene Entwicklung und Verwirklichung (MEW, Bd. 42, S. 396, 607). Er fordert sie in einem Ausmaß ein, das für die Arbeiter seiner Epoche unvorstellbar war und auch unsere Vorstellungen von „Work-Life-Balance" weit übertrifft. Und die reduzierten individuellen Konsumbedürfnisse machen es tatsächlich möglich. Dieser Freiraum ermöglicht vielfältige Aktivitäten sowohl der Hand- als auch der Kopfarbeit. Gerade ihre Kombination eröffnet für Marx die Chance auf eine ganzheitliche Entwicklung (MEW, Bd. 3, S. 33, 379, Bd. 25, S. 827f., Bd. 26.3, S. 252; auch Euchner 1982, S. 126, 131; Reheis 2011, S. 142; Neffe 2017, S. 147f.; Mason 2016, S. 197).

> Das Reich der Freiheit beginnt (...) erst da, wo das Arbeiten, das durch Not und äußere Zweckmäßigkeit bestimmt ist, aufhört; es liegt also (...) jenseits der Sphäre der eigentlichen materiellen Produktion. (...) Aber es bleibt dies immer ein Reich der Notwendigkeit. Jenseits desselben beginnt (...) das wahre Reich der Freiheit (...). Die Verkürzung des Arbeitstags ist die Grundbedingung. (MEW, Bd. 25, S. 828)

Welche Rolle kann und soll der Staat im Kommunismus spielen? Marx hat weitgehend offengelassen, wie dort Machtverhältnisse und gemeinschaftliche Entscheidungen über die Produktion gestaltet werden (Euchner 1982, S. 128; Piketty/Magro 2018). Diese Frage ist in seiner Theorie also nicht eindeutig bestimmt. Das Allgemeinwissen suggeriert, dass der Staat im Kommunismus ganz verschwinden wird. Und tatsächlich sah Marx seine Überwindung als Voraussetzung für die angestrebte Selbstverwirklichung. Denn für ihn standen die Arbeiter „im direkten Gegensatz (...) zum Staat, und müssen den Staat stürzen, um ihre Persönlichkeit durchzusetzen." (MEW Bd.3, S. 77; auch Schmidt-Salomon o. J., S. 2).

Kann die steuernde, verteilende und ordnungserhaltende Funktion des Staates nach Erreichen des Kommunismus tatsächlich wegfallen? In der ökonomischen Sphäre wäre Angebotsteuerung in Form einer Planwirtschaft nicht mehr nötig. Im sozialistischen Arbeitsumfeld haben die Menschen ausreichende Selbstorganisationsfähigkeiten entwickelt. Auch in der politischen Sphäre sind viele Organisationsaufgaben weggefallen, da inzwischen das „richtige" Bewusstsein herrscht (MEW, Bd. 4, S. 481). In der marxistischen Vorstellung gibt es dann kaum noch individuelle Interessen, die von der neuen gemeinschaftlichen Ordnung abweichen. Wenn der Staat überhaupt erhalten bleibt, dann mit radikal reduzierten Aufgaben und Einflussmöglichkeiten (Eagleton, 2012, S. 227, 240f.). An dieser Stelle ist kritisch anzumerken, dass die sozialistischen Eliten, also Partei- und Staatsapparat, kein wirkliches Interesse an diesem Erfolgsszenario haben dürften. Denn dann müssten sie ihre eigentlich temporäre Macht über Staat und Wirtschaft wieder abgeben.

Zum Zeitpunkt der Revolution und damit der „Restlaufzeit" des Kapitalismus findet sich bei Marx keine genauere Aussage. Es ist aber zu vermuten, dass er die Situation zumindest in den am weitesten entwickelten Industriestaaten für relativ reif hielt. Ebenso ist diese Frage unter den heutigen neomarxistischen Autoren umstritten. Für Neffe ist die Kluft zwischen Produktivkräften, Produktionsverhältnissen und Bewusstsein so groß wie seit Marx' Lebzeiten nicht mehr. Er sieht also aktuell ein großes revolutionäres Potenzial (Neffe 2017, S. 138). Für Liessmann dagegen könnte dieser Prozess auch ausgesprochen lange dauern, möglicherweise Generationen (Liessmann 2015, S. 146f.). Allerdings hat sich die Arbeiterklasse in den Industrieländern durch Automatisierung und globale Verlagerung weitgehend aufgelöst (Rottenfusser 2018). Menzel stellt daher die kritische Frage, ob damit nicht auch das Szenario der „proletarischen Weltrevolution" gegenstandslos geworden ist (Menzel 1999, S. 14f./S. 17f.). Denn für Marx war die Konzentration von Arbeitern in Fabriken eine wichtige Voraussetzung für ihre politische Bewusstseinsbildung und Organisation (Eagleton 2012, S. 206; Samol 2015).

Gibt es dann neben der klassischen revolutionären Variante eventuell auch nicht-revolutionäre, gemäßigtere Optionen? Für Greffrath werden bei Marx durchaus vorhandene evolutionäre Möglichkeiten vernachlässigt (Greffrath 2017, S. 20). Für Streeck kann sich der Kapitalismus recht unspektakulär einfach von selbst auflösen (Streeck 2013, S. 112, 126). Reheis geht einen anderen Weg und entwirft die Idee einer evolutionären „diskursiven Wirtschaftsdemokratie". In diesem Konzept soll die Staatsmacht menschliche Bedürfnisse erkennen und mit Hilfe einer gelenkten Planwirtschaft in ein entsprechendes Warenangebot umsetzen. Durch transparente Entscheidungsprozesse verbleibt die Kontrolle dabei bei den Individuen (Reheis 2011, S. 149f.). Auch für Eagleton sind zeitlich gestreckte Entwicklungen denkbar, konkret eine temporäre Koexistenz von Kapitalismus und kommunistischen Elementen in einem „Marktsozialismus". Dabei würden in lokalen Entscheidungsgremien möglichst viele Menschen in den Entscheidungs- und Veränderungsprozess eingebunden. Wichtige Unterstützungsfaktoren wären starke Gewerkschaften und Arbeiterparteien sowie begleitende Öffentlichkeitsarbeit. Eagleton hofft, dass damit ein allgemeiner sozioökonomischer Reformprozess angestoßen werden kann (Eagleton 2012, S. 39ff., 222, 232).

Fischer/Mueller warnen ebenfalls davor, die marxistischen Ideen endgültig abzuschreiben und verweisen dabei auf eine besondere evolutionäre Variante, den „Kulturmarxismus". Als dessen Hauptvertreter sehen sie Autoren wie Gramsci, Adorno, Horkheimer, Marcuse oder Habermas. Der traditionelle revolutionäre Sozialismus nach Marx oder Lenin hatte erfolglos auf die Arbeiter gesetzt. Der Kulturmarxismus versucht einen alternativen Ansatz, um dem Sozialismus doch noch zum Erfolg zu verhelfen. Hierfür sollen die Intellektuellen ihren kulturellen Einfluss auf die Gesellschaft für ihre Zwecke nutzen. Die Institutionen des Bürgertums, also Schulen, Universitäten, Politik, Medien und Verwaltung sollten gezielt unterwandert werden. Ziel war, den marxistischen Ideen eine kulturelle Hegemonie zu verschaffen. Allmählich sollte so der Kapitalismus diskreditiert und schließlich die bürgerliche Gesellschaft zerstört werden. In der 1968er-Bewegung gab es neben revolutionären Gruppierungen tatsächlich eine gemäßigtere Richtung, die den „Marsch durch die Institutionen" einschlug. Fischer/Mueller sehen als Resultat einen deutlichen Einfluss des Kulturmarxismus in den aktuell prägenden gesellschaftspolitischen Diskussionen. Besonders gilt dies für das global wahrgenommene Klimathema oder die soziale Ungleichheit (Fischer/Mueller 2019). Dabei wird der Kapitalismus als solcher und auch seine Lösungsfähigkeiten prinzipiell in Frage gestellt. So soll der Boden bereitet werden für die Einschränkung von Privateigentum, Marktwirtschaft und individueller Freiheit zugunsten staatlicher Regulierungen (Scheu 2016). Ein effektives Gegengewicht zu diesem Einfluss des Kulturmarxismus kann das Bürgertum für Fischer/Mueller nicht bilden. Seine traditionellen Institutionen wie Familien, Kirche, Vereine usw. sind dafür inzwischen zu schwach (Fischer/Mueller 2019).

In meiner persönlichen Einschätzung eröffnete die Zurückdrängung gesellschaftlicher Restriktionen und Verhaltenserwartungen zuvor ungekannte Möglichkeiten der individuellen Lebensgestaltung. Wir haben uns daran gewöhnt, Werte und Überzeugungen frei aus verschiedenen Quellen zusammenzustellen. Ebenso entscheiden wir heute über Beruf, Wohnort, Lebenspartner und vieles andere nach unserem eigenen Ermessen. Kaum jemand möchte in die geistige Enge der 1950er und 1960er Jahre zurück. Aber diese eigentlich positive Entwicklung hat aus meiner Sicht auch eine negative Kehrseite. Denn zum einen führt sie in ihrer Konsequenz zu einer Atomisierung der Gesellschaft, weil die Schnittmenge, die gemeinsame Wertebasis immer schmaler wird. Zum anderen profitiert nur ein Teil der Bevölkerung tatsächlich von dieser neugewonnenen Freiheit. Denn mit ihr ist auch die Verantwortung für das eigene Leben verbunden, dies gilt für Erfolge ebenso wie für Misserfolge. Besonders letztere kann man nicht mehr äußeren Faktoren, genauer den Entscheidungen Anderer zuschreiben, sondern nur sich selbst.

Dabei ist es aufgrund der zunehmenden Komplexität unserer Lebenswelt immer schwieriger, grundlegende berufliche und private Festlegungen zu treffen. Nicht wenige Menschen fühlen sich von dieser Freiheit und vor allem der Verantwortung überfordert. Sie suchen nach Auswegen aus dieser Belastung, nach einer Möglichkeit, die Entscheidungskomplexität zu reduzieren. Wo können sie eine einfache Erklärung der Welt finden, nach der sie so suchen? Solche „atomisierten" Menschen sind anfällig für Heilsversprechen von Sekten, einfache Botschaften von (rechts-)populistischen Parteien und auch Verschwörungstheorien. Die Anhänger solcher Gruppen treten ihre Freiheit zur Beurteilung der Lebensumwelt freiwillig an die Gruppe ab. Als Gegenleistung erhalten sie eine umfassende Lenkung ihres Lebens und zusätzlich Zugang zu vermeintlichem Geheimwissen, einen Hebelpunkt zur Erklärung der Welt. Aus überforderten, orientierungslosen Menschen werden plötzlich Insider, die der ahnungslosen Mehrheit überlegen sind, zumindest in der eigenen Wahrnehmung. Sie entfernen sich zugleich von Demokratie und Zivilgesellschaft, da sie nun keinen Sinn mehr in einer gleichberechtigten, faktenbasierten Diskussion mit „Unwissenden" sehen. Gibt es aktuell bereits Anzeichen für diese Tendenzen? Eine Entwicklung, die in dieses Schema passt, ist der Zerfall der traditionellen Parteienlandschaft in vielen europäischen Ländern. Gleiches gilt für die zunehmende politische Spaltung der Gesellschaften und die wachsende Popularität radikaler Gruppen und Parteien.

Die Auflösung der bürgerlichen Ordnung war in den letzten 50 Jahren also durchaus erfolgreich, unabhängig davon, ob es den „Kulturmarxismus" als gezielte Einflussnahme tatsächlich gegeben hat. Auch gegenüber Kapitalismus und Globalisierung besteht eine gewisse Grundskepsis. Diese Energien stärken jedoch nicht primär die marxistische Richtung, sondern eher den rechten politischen Rand. Aktuelle Umfrageergebnisse der AfD von über 20 % sind ein deutliches Zeichen dafür.

4.2 Eine neue Internationale? Die weltweite Linke heute

Wenn man sich mit den zukünftigen Chancen zur Verwirklichung des Marxismus beschäftigt, sind die Arbeiter natürlich eine wichtige, wenn nicht die zentrale Perspektive. Besteht die realistische Möglichkeit (oder Gefahr), dass sich die Arbeiter in der ökonomischen Peripherie und den entwickelten Industriestaaten zu einer globalen linken Bewegung vereinen? Kann auf dieser Basis eine proletarisch geprägte „neue Internationale" (Derrida 1995, S. 201) entstehen?

Zunächst zu der Frage, ob in den westlichen Industrienationen eine neue linke Massenbewegung entstehen könnte, die stark genug wäre, um die aktuelle sozioökonomische Ordnung in Frage zu stellen. In diesen Ländern hat sich im Verlauf des 20. Jahrhunderts der Schwerpunkt der Wirtschaft von der industriellen Produktion zu den Dienstleistungen verlagert. Dabei unterscheiden sich die Anteile der Industrie an der Wertschöpfung spürbar. In Deutschland liegt der Anteil mit 23,5 % höher als in den USA mit 18 %, der EU mit durchschnittlich 17 % oder Frankreich mit nur 10 % (Statistisches Bundesamt 2023a; World Bank 2022). Die vorher zahlenmäßig so dominante Arbeiterklasse löste sich in allen entwickelten Ländern größtenteils auf. Immer mehr einfache Tätigkeiten wurden und werden von Maschinen und Robotern übernommen (Mason 2016, S. 164). In der Produktion verblieben nur höher qualifizierte Facharbeiter, deren Aufgaben nur schwer bzw. nur kostenintensiv ersetzt werden konnten. Diese deutlich gestiegenen Qualifikationsansprüche konnten die Facharbeiter in für Marx unvorstellbar hohe Löhne umsetzen. Vielen gelang so der Aufstieg in die Mittelschicht. Eigenheim, Auto und Urlaubsreisen waren nun auch für sie erreichbar. Dementsprechend sind sie für revolutionäre linke Ideen nicht länger empfänglich, mehrheitlich auch nicht politisch links orientiert. Nicht wenige zeigen eine eher bürgerliche, besitzstandswahrende und tendenziell konservative Einstellung. Die heutige Arbeiterschaft in den westlichen Industrieländern ist für die Realisierung marxistischer Ideen also nicht wirklich geeignet. Ihr fehlt es nicht nur an Masse, sondern auch an der notwendigen revolutionären Einstellung (Hobsbawm 2012, S. 359).

Gibt es dann andere Arbeitnehmer, die als Träger von linksorientierten Veränderungen denkbar sind, vielleicht Leiharbeiter oder Beschäftigte im Niedriglohnbereich? In der viel diskutierten Zeitarbeit sind in der Realität nur 800.000 Menschen beschäftigt, was einem Anteil von lediglich 2 % entspricht und daher kaum relevant ist. Im Niedriglohnsektor waren 2022 immerhin 19 % der sozialversicherungspflichtigen Arbeitnehmer beschäftigt. Ihre finanzielle Lage ist zweifellos schwierig, dennoch ist auch bei ihnen kein revolutionäres Potenzial zu erkennen. Ein Grund dafür könnte die Dominanz des fragmentierten Dienstleistungsbereichs im Niedriglohnsektor gegenüber der produzierenden Industrie sein. Für Marx kann jedoch nur die Prägung in der Fabrik eine klassenbewusste, revolutionsfähige Arbeiterschaft herausbilden.

Welche Rolle spielen in diesem Kontext die Gewerkschaften als traditionelle Interessenvertreter der Arbeiterschaft? Könnten sie linke oder sogar marxistische Ideen stärker in dieser Gruppe verankern und realisieren? In Deutschland nehmen Betriebs-/Personalräte und Gewerkschaften traditionell eine sehr konstruktive Position ein. Sie versuchen, die Interessen der Arbeiter zu befördern, ohne die Unternehmen über Maß zu belasten oder die Arbeitsplätze zu gefährden. Ihre historische Rolle als Träger revolutionärer Arbeiterinteressen haben sie schon lange aufgegeben. Aber ein Blick nach Frankreich zeigt, dass Gewerkschaften auch deutlich weiter links positioniert sein können. Zum einen liegt dies am langjährigen Einfluss der Kommunistischen Partei Frankreichs. Zum anderen konkurrieren sie stärker als ihre deutschen Pendants um Mitglieder und Einfluss miteinander. Auch das Verhältnis zwischen Arbeitnehmern und Arbeitgebern ist prinzipiell feindseliger als hierzulande. Dementsprechend sind Streiks und Arbeitskämpfe nicht nur häufiger, sondern oft auch heftiger. Der Anteil der Arbeiter an der Gesamtbevölkerung liegt in Frankreich aber, wie weiter oben aufgezeigt, bei nur 10 %. Somit können die geschilderten linken Energien kein gesellschaftlich relevantes Veränderungspotenzial entfalten.

Gibt es dann andere gesellschaftliche Gruppen, die empfänglicher sind für linke revolutionäre Ideen? Die größte Unzufriedenheit müsste eigentlich bei Arbeitslosen und sozial Abgehängten zu finden sein. Tatsächlich sind antidemokratische Einstellungen in diesen beiden Gruppen mehr als doppelt so stark verbreitet wie bei Erwerbstätigen und mittleren/oberen Schichten (Hövermann/Kohlrausch/Voss 2021, S. 4, 7). Darüber hinaus haben sie keine organisierte Interessensvertretung innerhalb des aktuellen politischen Systems, denn die Gewerkschaften vertreten primär die Erwerbstätigen. Dabei erzielte Erfolge bei Löhnen, Arbeitszeiten und Kündigungsschutz erhöhen die Einstiegsbarrieren für Arbeitslose und Geringqualifizierte. Als Reaktion auf die Arbeitsmarktreformen der SPD hatte sich 2004 die „Wahlalternative Arbeit und soziale Gerechtigkeit" (WASG) von ihr abgespalten. Aber es ist bezeichnend, dass die WASG trotz damals 4,5 Millionen Arbeitslosen (Bundesagentur für Arbeit 2023) keine messbaren Erfolge verzeichnen konnte. 2007 fusionierte sie deshalb mit der PDS zur heutigen Partei „Die Linke". Das Wahlverhalten von Arbeitslosen und armutsgefährdeten Bürgern ist also keineswegs automatisch links orientiert. Vielmehr wandern viele, sogar ehemalige „Linke"-Wähler, zunehmend zu rechtspopulistischen Parteien wie der AfD ab. 2016 wurde die AfD bei den Landtagswahlen in Baden-Württemberg und Sachsen-Anhalt sogar stärkste Partei bei Arbeitern und Arbeitslosen (Niedermayer/Hofrichter 2016, S. 270). Bei der Bundestagswahl 2021 hat die AfD an die anderen Parteien über 600.000 Wähler verloren – mit Ausnahme der Linken, von der sie 90.000 Wähler gewinnen konnte (Infratest dimap 2021).

Auch hier lohnt sich ein vergleichender Blick nach Frankreich. Dort ist die Arbeitslosenquote mit 7 % gegenüber 3 % in Deutschland deutlich erhöht. Im Bereich der Jugendarbeitslosigkeit ist der Unterschied mit 19 % bzw. 6 % sogar noch ausgeprägter (Eurostat 2023). Die ausgesprochen geringe soziale Mobilität führt bei Jugendlichen, Arbeitslosen und sozial Abgehängten zu einem Gefühl der Perspektiv- und Ausweglosigkeit. Es entlädt sich immer wieder in Gewaltausbrüchen in den „Banlieues", den Hochhausvierteln im Umland der Großstädte wie zuletzt im Juli 2023. Das daran beteiligte Milieu lässt jedoch keinerlei Orientierung an linken Ideen erkennen. Auch in Teilen der Mittelschicht herrscht Unzufriedenheit, wie die Proteste der „Gelbwesten" Ende 2018 gezeigt haben. In dieser Bevölkerungsgruppe konnten Parteien des linken politischen Spektrums tatsächlich an Zustimmung gewinnen. So erreichte Jean-Luc Mélenchon mit seinem linken Bündnis „NUPES" bei der Parlamentswahl 2022 über 27 % der Stimmen. Trotzdem ist eine Umgestaltung der französischen Gesellschaft im Marx'schen Sinne kaum vorstellbar. Zum einen fehlt dafür eine ausreichende Zahl an politisch radikalen Arbeitern. Zum anderen ist die französische Gesellschaft insgesamt, trotz eines gewissen Alltagsanarchismus, sehr veränderungsscheu. Jegliche Reformversuche des Arbeitsmarktes und Sozialstaates wurden seit den 1990er Jahren massiv bekämpft. Die Reaktionen auf die 2022/2023 diskutierte Rentenreform verdeutlichen dies eindrucksvoll. Emmanuel Macron will das Rentenalter von 62 auf 64 erhöhen, das komplexe Rentensystem verschlanken und zahlreiche Privilegien für bestimmte Berufsgruppen abschaffen. Eigentlich nachvollziehbare Schritte, besonders, wenn man diese Bedingungen mit Deutschland vergleicht. Dennoch kam es zu Protest- und Streikaufrufen von Gewerkschaften, Vereinen, Verbänden und Studierenden, die im März 2023 in landesweiten Demonstrationen mit Millionen Teilnehmern kulminierten.

Zusammenfassend lassen sich am Beispiel von Deutschland und Frankreich zur Lage in den westlichen Industrieländern einige Schlussfolgerungen ziehen. Obwohl Skepsis gegenüber der Marktwirtschaft durchaus vorhanden ist, resultieren diesen Stimmungen bisher nicht in einer antikapitalistischen oder gar marxistischen Massenbewegung. Überzeugte und aktive Marx-Sympathisanten gibt es natürlich, ihre Zahl ist je nach Land sehr unterschiedlich, bleibt aber eher überschaubar (Niemietz 2021, S. 262). Eine realistische Machtoption ist also nicht in Sicht und es ist nicht erkennbar, dass sich diese Situation in absehbarer Zukunft ändern wird.

Wenden wir uns nun den Arbeitern in der Peripherie zu. Die massive Produktionsverlagerung im Zuge der Globalisierung hat die weltweite Verteilung der Industriearbeiter deutlich verändert. In den Ländern der Peripherie ist ihre Zahl auf ca. 2 Milliarden stark angewachsen. Nachtwey betont, dass es weltweit noch nie so viele Menschen ohne Kontrolle über Kapital und Produktionsmittel gab. Auch die Ungleichheit innerhalb der Gesellschaften habe einen historischen Höhepunkt erreicht (Nachtwey 2018, S. 118; auch Therborn 2012, S. 8, 21). Aber kann daraus eine neue revolutionäre Kraft, eine ernsthafte Gefährdung der kapitalistischen Marktordnung entstehen? Für Menzel blieb Marx in dieser Frage unentschlossen, denn ein Start der Revolution in der Peripherie würde den Prinzipien seiner Lehre widersprechen (Menzel 1999, S. 24). Aber die ersten sozialistischen Revolutionen erfolgten historisch eben dort (Eagleton 2012, S. 223).

Einige neomarxistische Autoren sind davon überzeugt, dass in der internationalen Arbeiterklasse genug revolutionäre Energie vorhanden ist. Tatsächlich gibt es immer mehr Streiks und Proteste, primär in Schwellen- und Entwicklungsländern wie Mexiko, Ecuador, Kolumbien, Chile, Libanon, Iran oder Hongkong (Stern 2020). In Brasilien und Indien besteht seit den 2010er Jahren sogar ein neues Interesse an den Marx'schen Thesen, viele Menschen lesen seine Werke (Stöckmann 2013). Für Amin sind die Herrschaftssysteme im globalen Süden sehr labil, obwohl sie von den Industrieländern gestützt werden. Viele Regierungen sind mit den wachsenden Herausforderungen überfordert und vertreten zudem nicht die Interessen ihrer Bevölkerung (▶ Kap. 3.2.4). Amin sieht in dieser Konstellation ausreichend revolutionäres Veränderungspotenzial in Richtung eines neuen Sozialismus (Amin

2010). Mehr noch, er ist mit anderen neomarxistischen Autoren davon überzeugt, dass eine neue, weltweite linke Arbeiterbewegung möglich ist. Allerdings nur aus der Verbindung von antikapitalistischen Bewegungen im globalen Süden und im globalen Norden (Rottenfusser 2018). Die kombinierten und damit globalen revolutionären Umbrüche könnten für Amin dem Sozialismus eine zweite Chance eröffnen:

> Für die Menschheitsgeschichte bedeutet der Kapitalismus nur ein kurzes Zwischenspiel. Ihn grundsätzlich in Frage zu stellen, bleibt (...) die unverzichtbare Voraussetzung für die Emanzipation der herrschaftsunterworfenen Arbeiter und Völker (nämlich der Peripherien, das heißt von 80 Prozent der Menschheit). Und die beiden Seiten der Aufgabe sind unauflöslich miteinander verknüpft. Einen Ausweg aus dem Kapitalismus wird es ebenso wenig geben, wenn nur die Völker des Nordens kämpfen, wie wenn nur die herrschaftsunterworfenen Völker des Südens es tun. Überwinden lassen wird der Kapitalismus sich nur, falls und sobald diese beiden Seiten der Aufgabe miteinander verbunden werden. (Amin 2010).

Ist der hier gezeigte Optimismus gerechtfertigt und die Entwicklung einer neuen, globalen Arbeiterbewegung in Reichweite? Ist ein revolutionärer Übergang zu einem neuen Sozialismus auf diese Weise tatsächlich möglich?

Voraussetzung dafür wäre eine globale Solidarität der Arbeiter untereinander. Dem steht jedoch die permanente Wettbewerbssituation auf verschiedenen Ebenen entgegen. Auf nationaler Ebene ist das Verhältnis der Arbeiter und Betriebe in den Schwellenländern eher von Konkurrenz um Aufträge aus den Industrieländern geprägt als von Solidarität. Theoretisch wäre die Bewusstwerdung gemeinsamer Interessen und ihre Geltendmachung denkbar. In der Praxis wird die gewerkschaftliche und politische Organisation der Arbeiter aber unterbunden oder deutlich erschwert. Denn auch die Schwellenländer stehen in Konkurrenz zueinander und die Regierungen befürchten, dass eine organisierte Arbeiterschaft höhere Löhne durchsetzen und damit die Wettbewerbsfähigkeit gefährden würde (Reheis 2011, S. 125). Gleiches gilt für die globale Ebene, denn die massive Verlagerung von Produktionskapazitäten in die Schwellenländer bedeutete parallel hohe Arbeitsplatzverluste in den Industrieländern. Deshalb ist das Verhältnis zwischen Arbeitern im Zentrum und der Peripherie von Konkurrenz geprägt, also eher von Preiskampf als von gemeinsamem

Klassenkampf. Für Neffe ist daher keine nationale oder gar internationale Organisation der Arbeiter erkennbar (Neffe 2017, S. 146, 427).

Menzel sieht auch die Rolle der Gewerkschaften in diesem Zusammenhang kritisch, denn sie haben eine eher protektionistische als internationale Ausrichtung. Dies gilt, wie oben geschildert, für die nationale Ebene, wo sie die Interessen der Erwerbstätigen vertreten, nicht die der aktuell Arbeitslosen und armutsgefährdeten. Aber auch auf internationaler Ebene ist eine ähnliche Positionierung der Gewerkschaften erkennbar. Unternehmen in den Industrieländern stehen im harten Preiswettbewerb mit Konkurrenten in den Schwellenländern. Ebenso konkurrieren innerhalb der Konzerne die einzelnen Standorte um Produktionsaufträge (Menzel 1999, S. 19f.). Eine imaginäre internationale Arbeiterklasse oder gar die Weltrevolution stehen bei den Gewerkschaften überhaupt nicht auf der Agenda:

> Die Linke wurde konservativ in dem Sinne, daß es nur noch ging um (...) den Systemerhalt statt um die Systemüberwindung (..). Sie wurde nationalistisch statt internationalistisch, insofern es ging um den Erhalt der (..) nationalen Beschäftigung, (..) der nationalen Sozialstandards, um die protektionistische Abwehr von fernöstlichem Verdrängungswettbewerb und nahöstlicher bzw. osteuropäischer Arbeitsmigration (Menzel 1999, S. 7f.)

Ohne Unterstützung von außen fehlen den Arbeitern im globalen Süden jedoch die notwendigen organisatorischen und finanziellen Mittel für Arbeitskämpfe und soziale Protestbewegungen. So können sie ihre Lohn- und Arbeitsbedingungen nicht verändern und bleiben in ihrer Abhängigkeit gefangen. Dies wiederum stabilisiert, wie zu Marx' Zeiten, die dortige kapitalistische Ordnung inklusive der Herrschafts- und Eigentumsverhältnisse (MEW, Bd. 3, S. 34; Brand 2012, S. 13).

Die Hoffnung der Marx-Sympathisanten auf eine „neue Internationale" wird sich demnach wohl nicht erfüllen. Die sozioökonomischen Veränderungen seit seinen Lebzeiten brachten eine weltweite Verbreitung des Kapitalismus im Zuge der Globalisierung. Aber eben keine internationale revolutionäre Arbeiterschaft. Stand heute gibt es auch keinerlei Anzeichen dafür, dass sich diese Situation in absehbarer Zukunft ändern wird. Selbst China, das offiziell am Marxismus als Staatsideologe festhält, hat die sozialistische Planwirtschaft längst zugunsten des Kapitalismus aufgegeben.

4.3 Kommunismus im digitalen Zeitalter?

Angesichts der absehbaren epochalen Veränderungen in der Wirtschafts- und Arbeitswelt fehlen noch einige wichtige Themen. Wenn Digitalisierung, künstliche Intelligenz und Automatisierung unsere Zukunft prägen werden – ist Marx dann überhaupt noch relevant? Sehen Vertreter des Neomarxismus in diesen Veränderungen auch neue Chancen für den Kommunismus?

Obwohl die Arbeiterklasse Marx' Hoffnungen nicht erfüllt hat, sieht Rottenfusser seine Theorie nicht als gescheitert an. Ganz im Gegenteil, erst der historische Weg seit dem 19. Jahrhundert hat für ihn die Voraussetzungen für den jetzt möglichen Übergang zu Sozialismus und Kommunismus geschaffen (Rottenfusser 2018). Auch Amin und Hobsbawm sehen heute größere Chancen für die Verwirklichung seiner Ideen, also eine zunehmende Aktualität seines Ansatzes: „Noch nie war Marx so nützlich und so nötig dafür, die Welt zu begreifen und zu verändern, heute sogar in noch höherem Maße als gestern." (Amin 2010; auch Hobsbawm 2012, S. 69, 360; Nachtwey 2018, S. 110). Sogar der katholische Kardinal Reinhard Marx sieht die Thesen seines Namensvetters weiterhin als relevant an: „Ich bin sicher, dass wir eine Renaissance des Marxismus erleben werden." (Marx 2017).

Neffe und Mason verteidigen Marx gegen Kritik, seine Theorie sei nur auf die spezifischen Bedingungen des Frühkapitalismus anwendbar (Steedman Jones 2017, S. 24, S. 117). Sie betonen, dass in seinen Thesen, neben der Fokussierung auf die Arbeit, auch das Thema Wissen eine wichtige Rolle spielt (Neffe 2018; Mason 2016, S. 160). Tatsächlich findet sich bei ihm das sogenannte „Maschinenfragment", in dem er explizit auf die Bedeutung des Wissens hinweist:

> Die Natur baut keine Maschinen, keine Lokomotiven, Eisenbahnen, electric telegraphs, selfacting mules etc. Sie sind Produkte der menschlichen Industrie; (…) Organe des menschlichen Willens über die Natur; (…) vergegenständlichte Wis-

> senskraft. Die Entwicklung des capital fixe zeigt an, bis zu welchem Grade das allgemeine gesellschaftliche Wissen, knowledge, zur unmittelbaren Produktivkraft geworden ist und daher die Bedingungen des gesellschaftlichen Lebensprozesses selbst unter die Kontrolle des general intellect gekommen und ihm gemäß umgeschaffen sind. (MEW, Bd. 42, S. 602)

In der heutigen Ausprägung des Kapitalismus bilden Technologie, Wissenschaft und Bildung die prägenden Produktivkräfte. Arbeitskraft ist nicht mehr die primäre Quelle des Mehrwerts, wie noch in der Epoche der Industrieproduktion (Mason 2016, S. 163; Poelchau 2016; Negri/Lazzarato/Virno/Atzert 1998; Göhring 2007, S. 134; Burckhardt 2018, S. 21-33). Greffrath weist auf die enormen Produktivitätspotenziale dieser Entwicklung hin. Er sieht im daraus entstehenden Wissen sogar einen eigenständigen vierten Produktionsfaktor nach Boden, Arbeit und Kapital (Greffrath 2017, S. 21f.). Individuelles und auch kollektives Wissen wird innergesellschaftlich und sogar global verfügbar („general intelect"). Das dafür notwendige Kommunikationsmittel, also ein globales Informationsnetzwerk, hat Marx laut Lohmann und Fuchs bereits vorausgeahnt (Lohmann 2009, S. 29; Fuchs 2016, S. 56f.).

Marx geht sogar noch weiter, in einem Gedankenexperiment stellt er sich eine Maschine vor, die nichts kostet und ewig hält (MEW, Bd. 42, S. 657). Diese Idee kommt den heutigen Konzepten einer datenbasierten Industrie 4.0 erstaunlich nahe. Auch Müller, Mason und Menzel sehen als logischen Schlusspunkt des Kapitalismus die Verdrängung eines Großteils der menschlichen Arbeitskraft. Warenproduktion und Dienstleistungen könnten durch Automatisierung, Digitalisierung und künstliche Intelligenz grundlegend verändert werden. Zudem in einem Maße, das im Frühkapitalismus unvorstellbar war (Müller 2000, S. 79; Mason 2016, S. 161f.; Menzel 1999, S. 13; kritisch dazu Runciman 2015). Nachtwey äußert die Hoffnung, dass diese Entwicklung eine Dezentralisierung und somit Demokratisierung von Produktion und Kommunikation bringen könnte. Allerdings gilt dies nur, wenn es parallel zu einer spürbaren Reduzierung der Arbeitszeit kommt. Dies würde ausreichende Freiräume für eine Neugestaltung der Lebenssphären eröffnen (MEW Bd. 4, S. 482; auch Nachtwey 2018, S. 120). Auf diesem neuen Arbeitsmarkt würden sich vier unterschiedliche Gruppen herausbilden:

1. Der hoch qualifizierte Teil der Bevölkerung würde die Steuerung dieser weitgehend automatisierten Prozesse übernehmen und dafür entsprechende Spitzenlöhne fordern. In der zukünftigen Wissensökonomie spielen die von Marx beschriebenen, austauschbaren Arbeiter und einfach erlernbaren Tätigkeiten keine Rolle mehr. Stattdessen ist sie geprägt von selbstbewussten, anspruchsvollen und gleichzeitig wenig loyalen Angestellten.
2. Ein ausreichend qualifizierter Teil würde weiter gebraucht, jedoch nicht mehr in vollem Umfang. Den Zugewinn an freier Zeit könnte diese Gruppe für ihre Selbstvervollkommnung nutzen, wie Marx hoffte (▶ Kap. 4.1). Allerdings versuchen Internetkonzerne, ihren Einfluss immer weiter in unseren Freizeitbereich auszudehnen und auch zu ökonomisieren (Mason 2016, S. 164; Mason 2017, S. 161).
3. Der nur gering qualifizierte Teil würde hingegen ein schlecht bezahltes „Dienstleistungsprekariat" ohne politischen Einfluss bilden (Mason 2016, S. 162, 165). Ihre ökonomische Funktion wäre die Versorgung der anderen Gruppen mit Waren und Dienstleistungen. Greffrath weist dabei auf neue Möglichkeiten der Ausbeutung in bestimmten Teilbereichen hin. Uber-Fahrer oder isolierte, miteinander konkurrierende Freelancer könnten ihr ebenso stark ausgesetzt sein, wie die von Marx beschriebenen Tagelöhner (Greffrath 2017, S. 22). Warum Huws eine neue Teilung digitaler Arbeiter nach Rasse und Geschlecht (Huws 2003, S. 78) befürchtet, ist jedoch nicht nachvollziehbar. Denn diese Sphäre ist von Gleichheit im Sinne einer anonymen Austauschbarkeit geprägt und eventuell bestehende Unterschiede werden nivelliert. Strukturell bedingte Unterschiede, zum Beispiel im Bereich der Bildung, könnten jedoch weiterhin indirekt diskriminierend wirken.
4. Die vierte Gruppe bestünde aus den nicht mehr benötigten Teilen der Erwerbsbevölkerung, aus Menschen, die nun weitgehend beschäftigungslos sind (Mason 2017, S. 162). Sie hätten jetzt sogar mehr verfügbare Zeit als alle anderen beschriebenen Gruppen. Diese könnten sie natürlich zur Entwicklung ihrer Persönlichkeit nutzen. Aber auch eine von der Gruppe 3 gestaltete „Freizeitgesellschaft" wäre eine verlockende Option. Nicht zuletzt, um diese Gruppe ruhig zu halten.

Als Resultat dieser Veränderungen der Arbeitswelt würden zahlenmäßig wenigen Gewinnern viele Verlierer gegenüberstehen, insbesondere die Gruppen 3 und 4 (Wimmer 2020, S. 12). Ihre Mitglieder wären weiterhin in kapitalistischen Abhängigkeitsverhältnissen gefangen, ohne dies bewusst wahrzunehmen (MEW Bd. 23, S. 599). Für Gruppe 4 sehen nicht wenige linke Autoren die viel diskutierte Idee eines bedingungslosen Grundeinkommens als mögliche Lösung (Wright 2019, S. 117f.; Mason 2016, S. 159f., 337-371; Rifkin 2014; Lenger 2004, S. 211; Göhring, S. 125f., 134ff.). Greffrath und Menzel sehen diese Option allerdings nicht als Lösung im Marx'schen Sinne. Denn die faktisch beschäftigungslosen Empfänger wären vom produktiven Prozess und auch vom gesellschaftlichen Einfluss abgekoppelt. Folge wäre ein Verlust an Lebenssinn und Selbstwertgefühl, die primär durch Arbeit vermittelt werden (MEW, Bd. 42, S. 375; Greffrath 2017, S. 23; Menzel 1999, S. 13; Butollo/Kalff 2017). Dies ließe sich nur kompensieren, wenn sich der gerade in Deutschland extrem hohe gesellschaftliche Stellenwert der Arbeit verändert. Durch ihn werden aktuell beschäftigungslose Menschen ausgegrenzt und moralisch verurteilt. Eine neue Wahrnehmung würde auch andere, nicht wertschöpfende, aber gesellschaftlich wichtige Tätigkeiten aufwerten:

> Es scheint so auf den ersten Blick, als ob der modernen Gesellschaft schlechthin die Arbeit ausgeht. Aber es betrifft dies nur die Arbeit in kapitalwirtschaftlicher Form (...). Dies bedeutet zunächst nichts anderes als die Forderung nach einer Ausweitung dieses Bereichs gesellschaftlich notwendiger und nützlicher Arbeit im Verhältnis zur industriellen Warenproduktion. (Müller 2000, S. 79)

Plumpe bezeichnet diese Prognose einer weitgehenden Befreiung des Menschen von der Arbeit als „recht kühne Hoffnung" (Plumpe 2018, S. 235). Angesichts der aktuellen Arbeitsmarktsituation in Deutschland kann man sich dieses Szenario in der Tat nur schwer vorstellen. Aufgrund des demografischen Wandels herrscht in vielen Berufsfeldern und Branchen ein deutlicher Fachkräftemangel. In Zukunft aber könnte gerade dieser Arbeitskräfteverknappung über steigende Lohnkosten die Automatisierung und Digitalisierung vorantreiben. Immer mehr Arbeitsplätze und ganze Berufsbilder in Industrie, Dienstleistung und Verwaltung würden verschwinden (Schätzungen gehen von 25 % ersetzbaren Tätigkeiten in den Industrieländern bis 2030 aus). Parallel würden aber auch neue Aufgaben entstehen, zum Beispiel in Gesundheitsdienstleistungen und Infrastruktur (McKinsey 2017, S. 2, 94f.).

Nachdem wir mögliche Antworten neomarxistischer Autoren und auch ihrer Kritiker auf die sich abzeichnende neue Arbeitswelt betrachtet haben, wenden wir uns nun den Technologien selbst und der Digitalwirtschaft zu. Eröffnen sich hier neue Chancen für marxistische Ideen?

Die Digitalwirtschaft ist insofern neuartig, als ihre „Ware" durch Verwendung nicht verbraucht wird. Ebenso fallen nach der Amortisation der Entwicklungskosten nur noch minimale Grenzkosten bei der Nutzung, Vervielfältigung und Verbreitung an (Fuchs 2016, S. 63; Wimmer 2020, S. 11, 13; Mason 2017, S. 162). Dies lässt sich am Beispiel des Streamings von Musik oder Filmen verdeutlichen, wo ein zusätzlicher Abruf keine nennenswerten Kosten mehr verursacht. Für Fuchs lässt sich Marx' Dialektik dennoch auf die Widersprüche und Interessenskonflikte im digitalen Zeitalter anwenden. So haben sich Nutzer daran gewöhnt, dass viele Inhalte im Internet kostenfrei verfügbar sind. Künstler, Software- und Medienkonzerne dagegen wollen ihr geistiges Eigentum schützen und finanziell verwerten. Dies versuchen sie durch eine Zugangsbeschränkung zu erreichen, beispielsweise durch Kopierschutz, Pay-TV oder kostenpflichtige Inhalte. Trotz intensiver Bemühungen fällt es ihnen aber schwer, die Nutzung ihrer Angebote auf zahlende Kunden zu begrenzen (Fuchs 2016, S. 63).

Andere digitale Unternehmen finanzieren sich nicht über den Verkauf von Inhalten, sondern über Nutzungszeit und zielgenaue Werbung. Google, YouTube, Facebook, Instagram, TikTok und andere gewähren den Zugang formell kostenlos. Hinter dieser Fassade verbirgt sich jedoch eine ganz andere Funktion, nämlich eine gigantische Werbeplattform. Ihre exorbitanten Gewinne machen diese Internetkonzerne mit Profilen, also Nutzerdaten und -vorlieben. Unternehmen nutzen diese Profile für gezielte Werbung, was deutlich wirkungsvoller ist als klassische, ungezielte Massenwerbung wie Fernsehwerbung, Plakate oder Zeitungsanzeigen. Hier lässt sich eine Verbindung zu Marx' These vom „Warenfetisch" herstellen, also nicht sichtbaren sozialen Verhältnissen in den produzierten Gegenständen (MEW, Bd. 23, S. 86, 89). Für Fuchs lässt er sich auch in der digitalen Welt beobachten, wenn auch spiegelverkehrt. Denn in sozialen Netzwerken sind zwischenmenschliche Beziehungen direkt erfahrbar, während die Monetarisierung, die Ware, verborgen bleibt, da für den Zugang kein Geld verlangt wird (Fuchs 2016, S. 62ff.).

Die aktuelle Struktur des Internets hat neue Macht- und Eigentumsstrukturen etabliert, dabei aber die ökonomische Profitorientierung beibehalten. Der Kapitalismus funktioniert also auch im digitalen Zeitalter keineswegs so immateriell, wie oft angenommen wird. Vielmehr gilt dies nur für wenige, nicht gewinnorientierte, kooperative Ausnahmen. Beispiele sind die Online-Enzyklopädie Wikipedia, kostenlose Open-Source-Programme wie Linux und Mozilla oder einige Tauschplattformen (Mason 2016, S. 164f.; Reheis 2011, S. 133; Bisky 2016; Fuchs 2016, S. 65). Die meisten neuen Instrumente sind daher keineswegs unsere Diener, wie viele denken. Sie sind keine Werkzeuge, die wir nutzen und kontrollieren wie ein Handwerker. Ganz im Gegenteil, wir werden von verschiedenen Ausprägungen der digitalen Welt beherrscht, vor allem von sozialen Netzwerken. Denn diese nutzen ganz gezielt unsere natürlichen Schwächen aus. Die eigentliche Innovation ihrer Schöpfer ist die perfektionierte, massive Beeinflussung unseres Belohnungssystems. Durch die Gewöhnung an schnelle Dopamin-Ausschüttungen ist unsere Nutzungszeit länger, als wir eigentlich beabsichtigten. Diese Abhängigkeit ist tatsächlich stärker, als wir selbst wahrnehmen (wollen). Darin unterscheiden wir uns nicht grundsätzlich von früheren Fabrikarbeitern und deren Abhängigkeit von den Besitzern. Wissen und Informationen, hier in Form von ökonomisch verwertbaren Daten, sind der neue Produktionsfaktor, die neue Währung der Digitalwirtschaft. Wissen ist nicht nur Macht, wie Francis Bacon bereits im 16. Jahrhundert geschrieben hatte, nun ist es äquivalent zu Geld (Neffe 2017, S. 462; Neffe 2018; Huws 2003, S. 17; Huws 2014, S. 131). Aber auch nichtkommerzielle schädliche Ziele können mit Hilfe dieser Instrumente verfolgt werden. Beispiele hierfür sind politische Einflussnahme oder Desinformation, wie nicht nur Donald Trump gezeigt hat.

In dieser Form führt das Internet nicht zu Freiheit und Demokratisierung, sondern zu neuen Monopolen und zunehmendem Machtverlust von Bürgern und Regierungen (Wimmer 2020, S. 12f.; Mason 2017, S. 161). Dies hebt den scheinbaren Unterschied zwischen digitalen Gütern und traditionellen Konsumgütern und Dienstleistungen wieder auf. Eine solche Konstellation hebelt zudem marktwirtschaftliche

Mechanismen aus, vor allem die Preisbildung. Die Internetkonzerne können Preise für Produkte und Dienstleistungen verlangen, die astronomisch über den tatsächlichen, minimalen Kosten liegen (Mason 2016, S. 160). Ebenso wird das Prinzip des Wettbewerbs verzerrt, denn die hohen Gewinnspannen in diesem Bereich müssten eigentlich neue Anbieter anlocken. Die starke, fast monopolistische Marktmacht der Internetkonzerne würde sich dadurch schnell auflösen. In dieser Konstellation funktioniert genau das jedoch nicht. Denn die dominanten Unternehmen wie Google, Facebook, Amazon, Microsoft oder WhatsApp bewegen sich in Märkten mit extremen Größenvorteilen („the winner takes it all").

Eine solche Marktstruktur hat nicht nur Nachteile, wenn ein Betriebssystem, soziales Netzwerk oder Messenger von möglichst vielen Freunden und Geschäftspartnern genutzt wird. Auch wären die Preise bei vielen kleinen Anbietern aufgrund fehlender Größenvorteile deutlich höher. Auf volkswirtschaftlicher Ebene sind die Auswirkungen jedoch negativ, vor allem in langfristiger Perspektive. Marktdominante Unternehmen stehen nicht im Preiswettbewerb und haben zudem keine ausreichenden Anreize, in Innovationen zu investieren. Beides führt potenziell zu Wohlstandsverlusten. Müller sieht daher die Notwendigkeit neuer Spielregeln für die Digitalwirtschaft. Dies könnten kartellrechtliche Schranken bei der Übernahme von innovativen Unternehmen sein, denn die Platzhirsche haben genug Kapital, um alle Konkurrenten frühzeitig aufzukaufen. Auch die allgemeine Zugänglichkeit und Nutzung der gesammelten Daten würde die Marktkonstellation entscheidend verändern (Müller 2019).

Eröffnen die neuen Technologien aus Sicht der Marx-Sympathisanten eventuell auch neue Optionen für die Verwirklichung seiner kommunistischen Vision? Herbert Buchstein nimmt in dieser Frage eine eher skeptische Position ein, er hält einen ökologischen, digitalen Wandel des Kapitalismus für deutlich wahrscheinlicher, als sein Ende (Buchstein 2019, S. 37, 46f.). Paul Mason erkennt durchaus an, dass der Kapitalismus in der Vergangenheit seine Anpassungsfähigkeit bewiesen hat. Aber das Informationszeitalter hält er für eine reale Chance, Marx' Traum doch noch zu verwirklichen. Als Basis dafür sieht er das immer stärkere Auseinanderdriften von zwei zentralen Faktoren. Während die Produktionskosten allmählich in Richtung null sinken, bleiben gleichzeitig die Verkaufspreise monopolistisch hoch (Mason 2017, S. 163). Ist das nicht der prophezeite antagonistische Widerspruch zwischen dynamischen Produktivkräften und verhärteten Produktionsverhältnissen? Mason muss dabei die ursprüngliche Fokussierung des Marxismus auf eine revolutionäre Industrie-Arbeiterschaft aufgeben. Auch für ihn ist sie unwiederbringlich verschwunden, das Warten auf eine proletarische Revolution hält er daher für falsch. Er setzt stattdessen auf die Entwicklung eines nicht-marktwirtschaftlichen Sektors mit Kooperativen, Genossenschaften und Tauschökonomie. So soll der Kapitalismus allmählich, evolutionär und von innen abgelöst werden. Mason malt das Bild einer Zukunftsgesellschaft im Überfluss an Zeit, Waren und Information (Mason 2017, S. 165; Runciman 2015).

Für Fuchs kann eine gerechte Gesellschaft nur auf gemeinschaftlichen Gütern aufgebaut sein, auch im Bereich von Wissen und Kommunikation. Die ökonomische Verwertung von Grundbedürfnissen wie Liebe, Bildung, Wissen und Kommunikation hält er entsprechend für prinzipiell falsch (Fuchs 2016, S. 65). Mit Göhring hofft Fuchs auf das Aufbegehren einer informierten, vernetzten Bildungselite gegen diese Monetarisierung. Dies wäre für beide der Startpunkt für eine Neugestaltung der gesamten sozioökonomischen Ordnung:

> Sie würden dadurch den Weg zu einer neuen Gesellschaft bahnen, die nicht auf Tausch, Verwertung und Unterordnung aufbaut, in der infolgedessen die Warenform aufgehoben ist, mit dieser das Geld in jeder, auch verschleierter Form überflüssig gemacht und sowohl der Lohnarbeit wie dem Kapital die Grundlage entzogen ist, in der die damit verbundenen Formen von Brutalität, Kriminalität und Krieg verschwunden sind. Die Produktionsweise, die Art, den Lebensunterhalt zu gewinnen, überhaupt alle gesellschaftlichen Verhältnisse wären verändert: eine wirkliche Revolution, die wichtigste, die die Menschheit in ihrer Geschichte durchgemacht hätte (...). (Göhring 2007, S. 136f.)

Neffe kann sich angesichts der heutigen digitalen Leistungspotenziale sogar ein Revival der Planwirtschaft vorstellen, diesmal jedoch wesentlich effizienter als der erfolglose sozialistische Vorgänger. Dabei sieht er den Staat nach dem Vorbild der Internet-Handelskonzerne als eine Art „Mega-Amazon". Auf Basis künstlicher Intelligenz soll er die Nachfrage vorab einschätzen und das entsprechende Angebot bereitstellen (Neffe 2017, S. 471f.). Voraussetzung ist für Neffe allerdings die

Aufhebung der aktuellen privatwirtschaftlichen Monopole und ihrer kaum in Geldwert zu bemessenden Macht. Nur wenn kritische Wirtschaftsfaktoren, Infrastruktur und Daten unter staatlicher und damit gesellschaftlicher Kontrolle stehen, können diese entscheidenden Ressourcen tatsächlich gemeinschaftlich genutzt werden (Neffe 2018). Ganz ohne proletarische Revolution soll die neue Gesellschaft zum „digitalen Sozialismus" werden (Mason 2016, S. 124; Neffe 2017, S. 470f.; Bisky 2016).

Göhring warnt allerdings, dass die Profiteure der aktuellen Markt- und Machtstruktur ihre Positionen nicht kampflos aufgeben würden. Denn die IT- und Internetwirtschaft hat kein Interesse an einem Verlust ihrer Monopolgewinne. Ganz zu schweigen von einem Ende des kapitalistischen Systems als solchem (Göhring 2007, S. 134f.).

4.4 Sozialismus im 21. Jahrhundert? Das Beispiel Venezuela

Viele Menschen fühlten sich im Laufe ihres Lebens von Karl Marx' Ideen oder allgemein einer sozialistischen Alternative zum Kapitalismus angezogen. Dies galt entsprechend auch für Versuche ihrer Realisierung in verschiedenen Ländern. Viele Alt-68er erinnern sich noch an ihre Begeisterung für Fidel Castros und Che Guevaras Kuba, Ho Chi-Mins Vietnam und Mao Tse-Tungs China. In den 1980er Jahren erhielten linke Bewegungen auf der ganzen Welt (Peru, Nicaragua, Angola, Moçambique, Afghanistan und andere) große Unterstützung in linken politischen Kreisen. Ein wichtiges Motiv dafür war ihr Kampf gegen die „imperialistischen" USA, der sich mit dem Anti-Amerikanismus der westlichen Linken deckte. Sie erhielten aber auch finanzielle und organisatorische Hilfe von der Sowjetunion, die einen Teil ihrer Einnahmen aus Rohstoffexporten dafür verwendete. Mit dem Zerfall der Sowjetunion endete die externe finanzielle Unterstützung und diese Bewegungen verloren schnell an Bedeutung. Auch die allgemeine Diskreditierung des Kommunismus trug sicherlich ihren Teil dazu bei. Mit der Zeit entstand in der verbliebenen linksorientierten Öffentlichkeit ein gewisses Vakuum, was sozialistische Musterländer anging. Dieses Bedürfnis konnten in den 2000er Jahren linke Regierungen in Bolivien und Ecuador, besonders aber Hugo Chávez' Venezuela erfüllen. Seinen Versuch, den Sozialismus ins 21. Jahrhundert zu tragen, werden wir im Folgenden genauer analysieren.

4.4.1 Die Vorgeschichte – Venezuela vor Chávez

Viele heute sehr wohlhabende Länder wie Norwegen oder Schweden waren zu Beginn des 20. Jahrhunderts ausgesprochen arm. Man kann sich heute kaum vorstellen, dass sie sogar von Hungersnöten und Auswanderungswellen geplagt wurden. Ähnlich verhielt es sich mit Venezuela. Zu diesem Zeitpunkt war es eines der ärmsten Länder in Lateinamerika, weit abgeschlagen hinter Argentinien. Aber ab den 1920er Jahren, mit dem Beginn des Ölzeitalters, änderten sich diese Umstände. Der wichtigste Rohstoff des Industriezeitalters sortierte die wirtschaftliche Positionierung der Länder neu. Venezuela war von der Natur besonders reich beschenkt worden und stand auf der Sonnenseite dieser Entwicklung. Bis 1970 hatte sich das Bild dann völlig verändert, Venezuela war nun der zweitgrößte Ölproduzent der Welt nach den USA. Es wurde zum reichsten Land Lateinamerikas und einem der zwanzig reichsten der Welt, auf dem Niveau von Spanien oder Großbritannien. Aber wir werden sehen, dass Rohstoffreichtum nicht selten Segen und Fluch zugleich ist, wie auch Russland, Nigeria oder die Demokratische Republik Kongo zeigen (Beutelsbacher 2019, Peters 2019, S. 34f.).

Zunächst zur Ausgangslage vor der Regierungszeit von Hugo Chávez. Der venezolanische Staat finanzierte sich primär durch Ölkonzessionen an private Unternehmen. Aber die über viele Jahrzehnte üppig sprudelnden Öleinnahmen hatten eine ungesunde sozioökonomische Struktur entstehen lassen. Die politischen Machtverhältnisse spiegelten die für Südamerika typische soziale Ungleichheit wider. Eine kleine Elite einflussreicher Familienclans teilte die Macht unter sich auf und kontrollierte die Verteilung aller Ressourcen. Dazu gehörten lukrative Posten in Staatsunternehmen und Verwaltung für die eigenen Seilschaften. Aus dieser Konstellation resultierte eine ausgeprägte Vetternwirtschaft mit aufgeblähtem Staatsapparat (Zelik 2019). Mit dem Öl entstand eine sogenannte „Rentengesellschaft", bei der Einkommen und Erfolg nicht von produktiver Arbeit abhängen. Entscheidend ist vielmehr die Machtposition im Verteilungskampf um die unerschöpflich scheinenden Rohstoffeinnahmen (Peters 2019, S. 74). Der Staat wurde so zur Kampfarena verschiedener Gruppierungen und ihrer Partikularinteressen. Zur Stärkung ihrer Einflussposition versuchte dabei jedes Machtzentrum, möglichst große Bevölkerungsgruppen an sich zu binden. Dabei verwendeten sie staatliche Gelder und auch politische Parteien, um ihre gesellschaftliche Basis zu maximieren (Zelik 2019).

In der ökonomischen Sphäre befeuerte der konstante Zufluss von Öleinnahmen den Konsum künstlich zu einem permanenten Boom. Die Bevölkerung gewöhnte sich an diesen Zustand, was wachsende Begehrlichkeiten weckte. Gleichzeitig wurden die eigenen Produzenten von Konsumgütern geschwächt. Zum einen verbilligten die Petrodollars alle Importe, zum anderen führten sie zu steigenden nationalen Lohnkosten. Zusätzlich wurde der Arbeitsmarkt von der Regierung extrem reguliert, was die jährlichen Lohnnebenkosten bis 1992 auf ganze neun Monatslöhne anwachsen ließ (Zitelmann 2019). Die venezolanische Wirtschaft außerhalb des Ölsektors war also nicht wirklich konkurrenzfähig. Die politisch Verantwortlichen sahen auch keine Notwendigkeit, die vollständige Abhängigkeit vom Öl abzumildern und die Wirtschaft zu diversifizieren.

All dies ließ sich finanzieren, solange sowohl Produktionsmengen als auch Ölpreise kontinuierlich stiegen. Diese paradiesischen Zeiten waren aber schlagartig vorbei, als in den 1980er Jahren die Ölpreise fielen und gleichzeitig die Zinsen stiegen (Niemietz 2021, S. 198). Die neuen ökonomischen Konstanten waren Dauerrezession, hohe Arbeitslosigkeit, hohe Inflation, wegbrechende Staatseinnahmen und eine immer drückendere Staatsverschuldung. Schnell wechselnde Regierungen bemühten sich immer verzweifelter, den Haushalt zu konsolidieren und nahmen dafür vor allem Kürzungen in der sozialen Sphäre vor. Die Bevölkerung hatte sich allerdings an die staatlichen Ausgaben gewöhnt und wollte diese neuen Einschränkungen nicht kampflos akzeptieren. In der Folge kam es ab 1989 zu innenpolitischen Konflikten, gewaltsamen Protesten und einer Instabilität, die fast zehn Jahre anhalten sollte (Niemietz 2021, S. 198).

In dieser Situation betrat ein völlig unbekannter Offizier die politische Bühne – Hugo Chávez. Er hatte sich schon in jungen Jahren anhand der Thesen von Simón Bolívar und Karl Marx politisiert. 1992 scheiterte sein Versuch, mit Hilfe eines Militärputsches die Macht in Venezuela zu ergreifen. Eine landesweit übertragene Fernsehansprache machte ihn allerdings schlagartig bekannt und mit Zustimmungswerten von über 50 % zum Hoffnungsträger vieler Unzufriedener. Nach zwei Jahren Haft wurde Chávez 1994 begnadigt und baute in den Folgejahren die linksorientierte Parteiorganisation MVR auf. Neben Landarbeitern und Angehörigen der städtischen Mittelschicht schlossen sich ihr auch viele ehemalige Militärangehörige an. Im Präsidentschaftswahlkampf 1998 sendete er aber gemäßigte Signale und sprach sich gegen die Verstaatlichung von Unternehmen aus. Er versprach, die Interessen von ausländischen Investoren und überhaupt westliche Werte zu respektieren. Damit gewann die MVR entscheidende Teile der bürgerlichen Mitte als Wähler. Chávez bediente aber seine linke Wählerschaft, indem er den „neoliberalen Kapitalismus" kritisierte und gleichzeitig das kubanische System lobte (Bahrmann 2018, S. 65ff.; Zitelmann 2019). Mit dieser Doppelstrategie wurde Hugo Chávez Ende 1998 schließlich zum Präsidenten von Venezuela gewählt.

4.4.2 Chávismus und sozialistische Reformen

Nach seinem Amtsantritt begann Chávez sofort mit der Umsetzung von umfangreichen Reformvorhaben zur Gestaltung eines „Sozialismus im 21. Jahrhundert" (Jordan 2019). Eine erste Stoßrichtung dafür war die Neubegründung der gesamten politischen Ordnung. So wollte er die verlorene Legitimität der staatlichen Institutionen wiederherstellen. Die neue Verfassung wurde unter breiter gesellschaftlicher Beteiligung ausgearbeitet. Auch zuvor politisch weitgehend ausgegrenzte Menschen brachten ihre Ideen ein. Ein prägendes Merkmal war die deutliche Stärkung von Bürgerbeteiligung und Selbstverwaltung, um den Interessen der Bevölkerung mehr Einfluss einzuräumen (Zelik 2019). Das dafür vorgesehene Instrument waren lokale Räte, die sogenannten „Nachbarschaftskomitees". Ihre Wirkung blieb jedoch hinter den Erwartungen zurück, sie wurden schnell zu einem Einfluss- und Versorgungsinstrument der Regierungsbürokratie.

Ein weiteres Feld war die Außenpolitik, in der Chávez Venezuela neu positionierte. Er nahm eine offen „antiimperialistische" und damit gegen die USA gerichtete Position ein. Deren Eckpunkte waren eine intensive Partnerschaft mit Kuba, die Stärkung der OPEC, die Wiederbelebung der Idee blockfreier Staaten und die internationale Kooperation. Letztere erstreckte sich auf verschiedene afrikanische und asiatische Staaten, aber auch reaktionäre und autoritäre Regime wie Iran, Weißrussland oder die Türkei (Bahrmann 2018, S. 71; Zelik 2019).

In die ökonomische Sphäre wurde ebenfalls mit verschiedenen Reformprojekten massiv eingegriffen. Die Kernfrage in Venezuela war zweifellos die Kontrolle über die Ölindustrie, die damals die Hälfte ihrer Gewinne an die Staatskasse überwies. Sie war in den 1970er Jahren verstaatlicht und in „Petróleos de Venezuela" (PDVSA) zusammengefasst worden. Ungeachtet dessen arbeitete die PDVSA sehr effizient und gewinnorientiert, weil sie eng mit privaten westlichen Ölunternehmen zusammenarbeitete (Zitelmann 2019). Diese Ausrichtung widersprach natürlich Chávez' Vorstellungen, er wollte den staatlichen Ölkonzern stärker unter die Kontrolle der Regierung stellen. 2002 unternahm er entschiedene Maßnahmen, besetzte den Vorstand neu und tauschte einen Großteil der Führungskräfte aus. Die Besetzung der Posten erfolgte dabei nicht nach ökonomischem oder technischem Sachverstand. Entscheidend war die Loyalität zu Chávez und seinen politischen Überzeugungen (Zelik 2019).

Wenig überraschend kam zu einem erbitterten Kampf zwischen verschiedenen Interessengruppen um das „goldene Kalb" Venezuelas. Die Ölarbeiter traten noch 2002 in den Streik und legten die Ölförderung lahm, um die Regierung unter Druck zu setzen. Dieser zunächst begrenzte Ausstand weitete sich bald zu einem Generalstreik aus, was die Anspannung weiter erhöhte. Die Situation eskalierte, als Massendemonstrationen der rechten Opposition schließlich zu einem Putschversuch gegen Chávez führten. Für Zelik waren dies jedoch nur oberflächlich betrachtet spontane Reaktionen der Bevölkerung. Er sieht im Hintergrund die alten Eliten und das abgesetzte PDVSA-Management als Initiatoren. Sie wollten die beabsichtigte stärkere Umlenkung der Öleinnahmen in die Staatskasse um jeden Preis verhindern (Zelik 2019). Es gibt deutliche Hinweise darauf, dass die USA diesen Putschversuch politisch, finanziell und organisatorisch unterstützten. Dies wäre auch naheliegend, denn George W. Bush konnte einer linksgerichteten Regierung vor seiner Haustür sicherlich nur wenig abgewinnen.

Wie konnte sich Chávez in dieser kritischen Situation an der Macht halten? Er wandte sich an die Armen und Unterprivilegierten und bat um ihre Unterstützung bei seinem Kampf gegen die alten Eliten (Beutelsbacher 2019). Diese Botschaft verfing und brachte Millionen von Menschen für ihn auf die Straße. Sie hatten die Hoffnung, er würde Armut und Korruption bekämpfen, vor allem aber wollten sie den ökonomischen und damit sozialen Abwärtstrend endlich stoppen. Diese massive Willensbekundung konnte schließlich die Armee auf die Seite von Chávez ziehen – damit war der Machtkampf entschieden. Aber die dafür notwendige Mobilisierung der Massen hatte für Chávez einen Preis. Er musste im Folgenden deren Forderungen nach Teilhabe stärker berücksichtigen. Der politische Schwerpunkt verschob sich ab 2002 deutlich nach links und die Transformation in Richtung Sozialismus rückte noch stärker in den Fokus (Bahrmann 2018, S. 83; Zelik 2019). Chávez konnte zu diesem Zeitpunkt allerdings die sozioökonomische Situation nicht wirklich beeinflussen. Aufgrund der niedrigen Ölpreise fehlten ihm dazu die finanziellen Mittel. Er wäre heute wahrscheinlich völlig unbekannt, wenn ihm nicht ein glücklicher Zufall geholfen hätte – die Rückkehr der hohen Ölpreise. Von 2003 bis 2013 stiegen sie von unter 60 Dollar pro Barrel auf über 130 Dollar und ließen Venezuelas Staatseinnahmen wieder sprudeln (Niemietz 2021, S. 198f.). So war die Staatskasse plötzlich wieder gefüllt und das große sozialistische Experiment konnte beginnen.

Ein zentrales Instrument waren für Chávez Preiskontrollen zugunsten der ärmeren Bevölkerungsschichten. Die Regierung legte sehr niedrige Abgabepreise für Fleisch und andere Grundnahrungsmittel fest, die allerdings oft unter den Herstellungskosten lagen (Niemietz 2021, S. 199). Wie die ökonomische Praxis zeigt, führt die Fixierung von Höchstpreisen, die unter dem Marktpreis liegen, schnell zu einer Angebotsverknappung. Chávez deutete das Verschwinden von Waren jedoch als bewusste Sabotage seiner Politik durch die alten Eliten. Wer nicht zu seinen Preisen verkaufen wollte, den bezichtigte Chávez der Spekulation und drohte mit Gefängnisstrafen. Wer auch politisch opponierte, den ließ er tatsächlich verhaften oder zwang ihn ins Exil (Zitelmann 2019; Fischermann 2019).

Nach seiner Wiederwahl 2006 griff er zusätzlich zu immer stärkeren Verstaatlichungen von Unternehmen in verschiedenen Sektoren. Die Eigentümer erhielten zwar Entschädigungen, dennoch war es ein klarer Bruch seines Wahlversprechens von 1998 (Niemietz 2021, S. 199). Bis 2010 gingen hunderte Unternehmen der Eisen-, Stahl-, Zement- und Nahrungsmittelindustrie sowie die Stromversorgung und die Häfen in den Besitz des Staates über. Wie in der Ölindustrie wurden die verstaatlichten Firmen nicht von Managementprofis geleitet. Die Führungsposten wurden vielmehr an Parteimitglieder oder loyale Militärangehörige ohne wirkliche Fachkompetenz vergeben (Fischermann 2019). Die Verluste dieser Staatsunternehmen wurden nicht hinterfragt und abgestellt, sondern mit großzügigen Subventionen ausgeglichen. Gleichzeitig wurde ihnen verboten, überflüssige Mitarbeiter zu entlassen, was die finanzielle Lage weiter verschlechterte (Zitelmann 2019). Der Staat erwies sich, entgegen Chávez Überzeugung, nicht als besserer Unternehmer. Dies trug seinen Teil zum allmählichen Niedergang der venezolanischen Wirtschaft bei.

Ein weiteres zentrales Vorhaben von Chávez neuer, modernisierter Form des Sozialismus war die Etablierung einer „Solidarökonomie". In einem ersten Teilprojekt sollte die Selbstverwaltung in den Betrieben und somit der Einfluss der Arbeiter gestärkt werden. Diese ließen sich aber nicht wirklich für diese Idee einer Beteiligung an der Unternehmensführung begeistern. Auch die Gewerkschaftsvertreter zeigten, zu Chávez' Verwunderung, keine Unterstützung für diese Idee (Zelik 2019). Das zweite Teilprojekt war die Gründung und Förderung von solidarischen Gemeinschaftsunternehmen. Bei deren Konzeption ignorierte die Regierung bereits vorhandene, durchaus erfolgreiche Erfahrungen. Stattdessen wurden ohne ausreichende Vorbereitung neuartige Formate installiert. Dabei schien die Loyalität gegenüber der Regierung wichtiger zu sein, als solidarische Wirksamkeit oder Rentabilität (Bahrmann 2018, S. 89; Zelik 2019). Der Chávismus priorisierte propagandistisch verwertbare quantitative Erfolge gegenüber nachhaltigen, qualitativen Verbesserungen. Im Vordergrund standen staatlich organisierte Aktionen und Initiativen, die langfristig notwendige Eigeninitiative und gesellschaftliche Selbstorganisation wurde dabei vernachlässigt.

Die Regierung hatte mit intensivem Marketing, Steuervorteilen und massiven Zuschüssen von 2005 bis 2009 die Gründung von 180.000 Kooperativen und Genossenschaften anregen können. Aber nicht wenige dieser Gemeinschaftsunternehmen existierten nur auf dem Papier. Sie wollten lediglich Staatsmittel erhalten, ohne die Absicht, damit real etwas zu erschaffen (Zitelmann 2019; Lambert 2022; Zelik 2019). Die meisten lösten sich früher oder später auf, die Schätzungen dazu sind aus verständlichen Gründen relativ ungenau. Aber die 2007 noch aktiven werden auf 30.000-60.000 Betriebe, d. h. 15-30 % der ursprünglich gegründeten geschätzt (Piñeiro Harnecker 2009, S. 309). Ein maßgeblicher Schwachpunkt des Solidarökonomie-Projekts war die mangelnde Evaluierung der Ergebnisse. Ohne Nachsteuerung und Verbesserung der Maßnahmen blieben die anfänglichen konzeptionellen Schwächen weitgehend erhalten.

Die Gemeinschaftsbetriebe mussten für Chávez auch nicht unbedingt rentabel sein. Als ihre primäre Aufgabe sah er die Einweisung der Bevölkerung in die Praxis des „demokratischen Sozialismus" (Piñeiro Harnecker 2009, S. 311, 324). Dies war ebenfalls nicht von Erfolg gekrönt. Solidarisches Verhalten, sofern es überhaupt entstand, blieb auf die jeweiligen Kooperativen/Genossenschaften beschränkt. Und diese standen weiterhin in Konkurrenz zueinander sowie den Staats- und Privatunternehmen (Piñeiro Harnecker 2009, S. 308, 331; Niemietz 2021, S. 202f.). Für Hugo Chávez wurde deutlich, dass diese Koexistenz von Kollektiv- und Privateigentum für eine Realisierung seiner sozialistischen Pläne nicht ausreichte. Um die angestrebte gesellschaftliche Transformation doch noch zu erreichen, wollte er radikalere Veränderungen in der ökonomischen Sphäre vornehmen. Das Experiment konnte nach seiner Überzeugung nur gelingen, wenn ausnahmslos alle Unternehmen in kollektives Eigentum überführt wären. Außerdem müssten sie auf Basis eines staatlichen Plans für die Gemeinschaft produzieren (Piñeiro Harnecker 2009, S. 331f.). Dieses Konzept klingt wiederum verdächtig nach einer sozialistischen Planwirtschaft im Stile der Sowjetunion. Chávez wollte den Sozialismus modernisieren, nun schien er doch zur alten Konzeption zurückzukehren (Niemietz 2021, S. 203f.). Aber letztlich schreckte er vor dieser radikalen Variante zurück. Dadurch blieb sein sozialistisches Reformprojekt gewissermaßen auf halbem Wege stecken.

Eine zusätzliche, für Lateinamerika typische Problematik, war die extreme Konzentration des Landbesitzes in den Händen weniger Großgrundbesitzer. Chávez hatte dieses öffentlichkeitswirksame und konfliktbeladene Thema schon vor seiner Wahl zum Präsidenten aufgegriffen. Ab 2004 adressierte er es dann mit einer umfangreichen Agrarreform. Staatliches Land, aber auch nicht genutzter Großgrundbesitz, wurden neu verteilt. Die speziell gegründeten Agrarkooperativen erhielten, wie die Gemeinschaftsunternehmen, große Finanz- und Sachmittel vom Staat. Dabei handelte es sich vor allem um verbilligte Kredite, landwirtschaftliche Maschinen und eine Verbesserung der Infrastruktur (Bahrmann 2018. S. 77, 90). Aber die hochgesteckten Erwartungen erfüllten sich auch im landwirtschaftlichen Sektor nicht. Die erhoffte Erhöhung der Produktion von Agrargütern und Lebensmitteln blieb aus, Agrarkooperativen gerieten schnell in existenzielle Schwierigkeiten oder lösten sich ganz auf. Warum scheiterte nach den Gemeinschaftsunternehmen auch dieses Projekt? Ein Grund war der erwartbare, massive Widerstand der Großgrundbesitzer, aber auch regionaler Politiker, sogar aus Chávez' Regierungspartei (Zelik 2019). Ebenso wurden die staatlichen Unterstützungen, ähnlich wie im Unternehmenssektor, eher mit der Gießkanne verteilt. Es fehlten klare Kriterien und vor allem eine Evaluation der Wirksamkeit der Maßnahmen. Oft war die Umsetzungsgeschwindigkeit wichtiger als konzeptionelle Qualität, die zudem an der Vernachlässigung erfolgreicher Erfahrungen litt. Ein weiterer Grund war die fehlende Qualifikation vieler Mitglieder der Agrargenossenschaften für die Leitung eines großen landwirtschaftlichen Betriebs. Schließlich waren die meisten von ihnen vorher abhängige Kleinbauern oder Landarbeiter (Zelik 2019). Hinzu kamen administrative Hemmnisse und die allgegenwärtige Korruption, die eine Realisierung der Landreform zusätzlich erschwerten.

Betrachten wir nun den Kern des sozialistischen Experiments in Venezuela, die Sozialpolitik. Während der Krisenjahre hatten sich in der Bevölkerung große Wünsche und Erwartungen angestaut. Chávez heizte diese Stimmung mit immer neuen Versprechungen noch zusätzlich an (Peters 2019, S. 157f., 168). Zudem musste er noch seine politische Schuld gegenüber den ärmeren Schichten aus dem Putschversuch 2002 einlösen. Ab 2003 wurde ein Großteil der sprudelnden Öleinkünfte (2011 fast 40 Mrd. USD) für ein breites Repertoire an Sozialprogrammen („Misiones") verwendet. Um die Ungleichheit zu verringern, verteilte der Staat umfangreiche Zuschüsse für Mieten, Nahrung, Strom, Medikamente, Telefon und Benzin (Zelik 2019; Zitelmann 2019). Das Wirtschaftswachstum in Venezuela erreichte in den 2000er Jahren Werte von 8 % pro Jahr. Ursache war jedoch nicht eine Produktionssteigerung der lokalen Industrie, sondern die staatlich finanzierte Expansion des Konsums (Zitelmann 2019).

In der damaligen Situation mit stabil hohen Öleinnahmen konnten all diese sozialen Wohltaten finanziert werden. Die Erinnerungen an die jahrelange Krise durch niedrige Ölpreise waren allerdings noch frisch. Wäre es nicht sinnvoll, eine finanzielle Rücklage zur Absicherung gegen Marktschwankungen zu bilden? Rohstoffabhängige Staaten, die bei hohen Preisen einen Teil ihrer Einnahmen in Form einer Reserve zurückgelegen, können die Staatsfinanzierung dauerhaft sicherstellen. So baute Norwegen ab 1990 mit einem Teil seiner Öl- und Gaseinnahmen den zweitgrößten Staatsfonds der Welt auf. Auch Russland hat nach seiner Staatspleite 1998 eine Reserve angelegt, die bis zu 200 Mrd. USD betrug (Beutelsbacher 2019). Eigentlich hatte auch Venezuela nach den negativen Erfahrungen der 1980er und 1990er Jahre einen Notfonds installiert. Doch ab 2001, also kurz nach seinem Machtantritt, hatte Chávez die Einzahlung von Rücklagen eingestellt. Als Resultat dieser Ausgabe- und Finanzpolitik entstanden immer größere Haushaltslöcher. Sie wurden gestopft mit Hilfe einer zunehmenden Auslandsverschuldung, die bis 2015 auf 140 Milliarden Dollar anwuchs (Bahrmann 2018, S. 86; Schnauder 2019; Zelik 2019; Brandt 2016, S. 23f.). Die geschilderte expansive Sozialpolitik war aber ähnlich erfolglos und ineffizient wie Solidargemeinschaften, verstaatlichte Unternehmen oder Agrarkooperativen. Viel Geld versickerte durch wirkungslose Maßnahmen und Korruption. Nicht wenig landete auch in den Taschen von Parteigenossen, politischen Unterstützern und loyalen Militärs (Zelik 2019).

4.4.3 Probleme des Sozialismus in Venezuela

Bereits 2007 waren erste Schwächen des venezolanischen Wirtschafts- und Regierungssystems erkennbar. Aber aus welchen Gründen geriet das Land und mit ihm Chávez' Regierung in eine existenzielle Krise?

Warum scheiterte dieses sozialistische Experiment letztlich ebenso, wie die zahlreichen Versuche vorher?

Das prinzipielle strukturelle Problem war die weiterhin bestehende, extreme Abhängigkeit Venezuelas von Öleinnahmen. Chávez hatte zwar zaghafte Versuche unternommen, die Wirtschaft breiter aufzustellen. Aber diese Bemühungen waren weder entschieden noch nachhaltig genug, um eine ausreichende Wirkung zu entfalten (Rhonheimer 2018; Schnauder 2019). Der Anteil des Öls an den Exporten stieg von 2002 bis 2011 sogar noch an, von 86 % auf 95 % (Zelik 2019; Jordan 2019). Dies hatte negative ökonomische Nebenwirkungen: Die Öleinnahmen werteten die venezolanische Währung auf, was Importwaren verbilligte und die lokale Produktion stark belastete (Beutelsbacher 2019; Schnauder 2019). Chávez' Wirtschaftspolitik schadete also der Wettbewerbsfähigkeit der inländischen Unternehmen. Aber ebenso litt Venezuelas Attraktivität bei internationalen Investoren am Misstrauen der Regierungsbehörden und ihren ständigen Kontrollen (Niemietz 2021, S. 207ff.).

Die beschriebene Ineffizienz des ökonomischen Systems und vor allem der sozialen Reformvorhaben bedeuteten eine enorme Geldvernichtung. Diese ließ sich kompensieren, solange durch Ölpreis und Fördermenge ausreichend Mittel zur Verfügung standen. Der Ölpreis blieb bis 2013 tatsächlich hoch, was aber deutlich zurückging, war die Fördermenge. Grund dafür war die immer weiter steigende Gewinnablieferung der PDVSA an den Staatshaushalt. Sie war bis 2013 von 50 % auf den Extremwert von 90 % gestiegen. Dadurch fehlten dem Unternehmen schlicht die Mittel für notwendige Investitionen in die Infrastruktur der Förderung. Auch das weitgehend fachfremde Management konnte dem selbstverschuldeten Rückgang der Ölproduktion nichts entgegensetzen (Beutelsbacher 2019; Zelik 2019; Zitelmann 2019; Schnauder 2019). In dieser kritischen Situation starb Hugo Chávez 2013 nach einer langen Krebserkrankung. Die Bilanz seiner Regierungszeit ist sehr ambivalent:

> Chávez (...) wollte für mehr Gerechtigkeit sorgen, die Korruption bekämpfen und die Abhängigkeit des Landes von den Erdöleinnahmen verringern. Das Gegenteil war der Fall. (Jordan 2019)

Sein Nachfolger Nicolás Maduro musste nun versuchen, den „Sozialismus im 21. Jahrhundert" zu retten, der nun in seine zweite Phase eintrat. Allerdings fehlte ihm das Charisma seines Vorgängers, in dessen Schatten er immer stand, was diese kritische Aufgabe noch schwerer machte. Bei den vorgezogenen Präsidentschaftswahlen 2013 konnte er sich nur knapp gegen seinen konservativen Herausforderer durchsetzen. Die Opposition gewann also offensichtlich an Zuspruch, obwohl sie für viele Venezolaner die alten Eliten repräsentierte. Diese hatten über viele Jahrhunderte Venezuela beherrscht und das Land ausgebeutet (Fischermann 2019). Maduro fehlte es aber nicht nur an Ausstrahlungskraft, seine Regierung stand auch auf einer wesentlich schmaleren politischen Basis als die seines Vorgängers. Hugo Chávez hatte mehrere Wahlen deutlich gewonnen und die Mehrheit der Bevölkerung hielt ihm die Treue. Als ehemaliger Offizier konnte er sich auch auf die Unterstützung der Armee verlassen. Im Machtkampf 2002 hatte er zudem die Kontrolle über den staatlichen Ölkonzern gewonnen. Umso schwieriger war die Lage für Maduro, der sich weder auf Popularität in der Bevölkerung noch die Armee oder den Ölkonzern verlassen konnte. Zusätzlich musste er die Interessen mächtiger Einflussgruppen austarieren, die sich an die Bereicherung am Staatsvermögen gewöhnt hatten (Zelik 2019). Er versuchte, mit einem stärker linkslastigen politischen Kurs, mit Unternehmensverstaatlichungen und -enteignungen, sein Profil zu schärfen. Dieser Versuch misslang nicht nur, sondern brachte Produktion und Privatwirtschaft endgültig an den Abgrund (Rhonheimer 2018; Zelik 2019).

Maduro war in der Konsequenz noch abhängiger von einem hohen Ölpreis, der zuvor auch Chávez' gerettet hatte. Aber auch hier fehlte ihm das Glück seines Vorgängers. Der Ölpreis fiel in seiner Amtszeit, und zwar keineswegs moderat, wie Niemietz schreibt (Niemietz 2021, S. 208). Er stürzte geradezu ab, allein von 2013 bis 2015 von 111 Dollar pro Barrel auf unter 40 Dollar (Zitelmann 2019; Zelik 2019). Als Kombination von fallenden Preisen und sinkender Fördermenge schrumpften nach 2013 die Staatseinnahmen um 77 % und die Wirtschaft um kaum vorstellbare 80 % (Beutelsbacher 2019; Zelik 2019; Zitelmann 2019; Schnauder 2019; Lambert 2022). Eine derart katastrophale finanzielle und wirtschaftliche Entwicklung hätte zweifellos jedes Land vor existenzielle Probleme gestellt. Für Venezuela galt dies natürlich in besonderem Maße. Die Wirtschaft war ineffizient, Privatunternehmen durch staatliche Gängelung und Währungsaufwertung geschwächt, viele Warenmärkte durch Preiskontrollen verzerrt. Das politische System war instabil und verlor zunehmend die Kontrolle über die Situation. Die bisher unter einem Berg von Öl-Dollars verborgenen Schwächen ließen sich nun nicht mehr leugnen. Das labile System begann ab 2013 zu kollabieren (Rhonheimer 2018; Bahrmann 2018, S. 117; Zitelmann 2019). Venezuela konnte die hohen, im Ausland aufgenommen Verbindlichkeiten nicht mehr bedienen. Dadurch geriet das Land in politische Abhängigkeit von seinen größten Gläubigern, Russland und China (Fischermann 2019; Schnauder 2019).

Die Menschen spürten die sich anbahnende Krise zunächst an der Versorgungslage mit Lebensmitteln, Medikamenten und vielen anderen Konsumgütern. Sie verschlechterte sich dramatisch, besonders nachdem die venezolanische Währung massiv an Wert verloren hatte. Denn Produzenten mussten viele Ausgangsprodukte und Händler die eingeführten Importwaren in Dollar bezahlen. Viele Verkäufer waren nicht bereit, die realitätsfernen staatlichen Höchstpreise zu akzeptieren, da sie zum Teil unter den Herstellungs- oder Beschaffungskosten lagen. Daraufhin verschwanden viele Waren aus den Läden und landeten wegen der exorbitanten Gewinnmargen auf dem Schwarzmarkt. Wer Zugriff auf Importprodukte oder subventionierte Waren hatte, konnte schnell zu Reichtum kommen. Informelle Netzwerke für Schmuggel und Korruption entstanden in der Staatsbürokratie, den Handelskonzernen und im Militär. Für die Normalbevölkerung und umso mehr für die Armen waren die Schwarzmarktpreise unbezahlbar (Rhonheimer 2018; Bahrmann 2018, S. 106, 128; Zelik 2019). Vor den wenigen Läden, die noch Waren zu offiziellen Preisen verkauften, bildeten sich lange Schlangen (Lambert 2022).

Vor der finanziellen Schieflage hätte die Regierung diese Angebotsverknappung sicherlich mit Öl-Dollar gelöst. Nun aber fehlten ihr schlicht die finanziellen Mittel dafür. Als Resultat wurden selbst Güter der Grundversorgung bald knapp (Zitelmann 2019; Schnauder 2019; Zelik 2019; Fischermann 2019; Lambert 2022; Niemietz 2021, S. 219). Um zumindest die Spekulation mit Lebensmitteln einzudämmen, richtete die Regierung Maduro 2017 spezielle Komitees ein. Sie sollten die gerechte Verteilung von Lebensmitteln sicherstellen, nicht zuletzt, um die Loyalität der ärmeren Bürger zu sichern. Diese Absicht ist nachvollziehbar, denn die Armut stieg rasant an, von 37 % zu Beginn der Regierungszeit von Chávez auf niederschmetternde 82 % im Jahre 2017 (Rhonheimer 2018; Bahrmann 2018, S. 111). Auch Bildungssystem und Gesundheitsversorgung verschlechterten sich zusehends, die Säuglingssterblichkeit war eine der höchsten weltweit (Zelig 2019; Zitelmann 2019).

Diese negative Entwicklung wurde von der Regierung zu Recht als existenzbedrohend angesehen, denn sie barg die Gefahr sozialer Unruhen. Auch eine Wiederholung der Massenproteste von 2002 schien durchaus möglich (Lengsfeld 2022; Schnauder 2019; Zitelmann 2019; Lambert 2022). Nicolás Maduro versuchte deshalb, die wegbrechenden Öleinnahmen mit Hilfe der Notenpresse zu kompensieren. Aber die massive Ausweitung der Geldmenge führte zu einer explodierenden Inflation, bis 2018 erreichte sie eine Million Prozent (!) (Zitelmann 2019; Zelik 2019; Schnauder 2019). Nun begann die letzte Phase des Chávismus in Venezuela:

> Ganz ähnlich wie das Sowjetsystem, von dem Chavez sich distanzieren wollte, hing sein gesamtes ineffizientes und verlustreiches System am seidenen Faden der massiven finanziellen Subvention durch stetig steigende Ölpreise und -einnahmen. Als diese ausblieben, war Chavez' „Sozialismus im 21. Jahrhundert" am Ende. (Niemietz 2021, S. 219)

Ab 2014 kam es zu immer mehr und immer gewaltsameren Protesten. Auf den Straßen sah man statt Massenkundgebungen *für* Chávez jetzt Massenproteste *gegen* seinen Nachfolger (Niemietz 2021, S. 219). Die Zustimmungswerte von Maduro fielen schließlich auf unter 25 %, nicht zuletzt, weil er sich weigerte, die Verantwortung für die vielen offenkundigen Probleme zu übernehmen. Stattdessen beschuldigte er alte Eliten, politische Opposition und ausländische Mächte der Verschwörung gegen seine Regierung. Obwohl die ab 2015 verhängten Sanktionen der USA zweifellos negative Auswirkungen hatten, waren sie sicherlich keine ausreichende Erklärung (Bahrmann 2018, S. 113, 122; Zelik 2019; Lambert 2022). Dennoch nutzte Maduro diese Verschwörungstheorie für eine Verschärfung der innenpolitischen Repression. Die Pressefreiheit wurde weiter eingeschränkt und noch mehr politische Gegner inhaftiert (Niemietz 2021, S. 219; Peters 2019, S. 208; Schnauder 2019).

Welche Auswege waren für Maduro noch denkbar? Er hatte bereits zu Beginn seiner Präsidentschaft versucht, Hugo Chávez politisch links zu übertreffen. Aber die Mobilisierungskraft der „bolivarischen Revolution" war deutlich schwächer geworden. Bei Chávez mag die Parole „Sozialismus oder der Tod" noch verfangen haben, jetzt war dies nicht mehr der Fall. Verzweifelt versuchte es Maduro daraufhin mit dem genauen Gegenteil, nämlich wirtschaftsliberalen Reformen. Aber auch dieser radikale Kurswechsel konnte seine schwache Machtposition nicht verbessern. Dies zeigte sich bei den Parlamentswahlen 2015, bei denen die Opposition zwei Drittel aller Sitze gewann. Maduro konnte sich fortan nur noch mit Notverordnungen an der Macht halten, was seine Legitimität weiter schwächte (Zelik 2019). Fast drei Millionen Venezolaner flohen in der Folge vor Hunger, Repression und Kriminalität aus dem Land (Rhonheimer 2018; Bahrmann 2018, S. 130; Fischermann 2019; Schnauder 2019). Nach den Präsidentschaftswahlen 2018 eskalierte der politische Konflikt, da die Opposition sich weigerte, Maduros Wiederwahl anzuerkennen. Um den Parlamentspräsidenten Juan Guaidó, der von vielen westlichen Staaten als rechtmäßig anerkannt wurde, etablierte sich ein konkurrierendes Machtzentrum (Peters 2019, S. 199, 204; Freytag 2019). Anfang 2019 erfassten die Massenproteste auch die Armenviertel, die bis dahin stärkste Bastion des Chávismus. Mindestens 120 Menschen verloren bei Protesten und Demonstrationen gegen das Regime ihr Leben. Spätestens jetzt wurde offensichtlich, wie schwach die Macht und Legitimation von Maduro inzwischen war (Zitelmann 2019; Zelik 2019).

Das politische Patt setzte sich fort bis zum Überfall Russlands auf die Ukraine im Februar 2022. Wie ein Beben veränderte er radikal die weltweite politische, militärische und ökonomische Situation. Angesichts der entstandenen Energienot war Venezuela als Öllieferant nun unverzichtbar, plötzlich wurde Maduro sogar von den USA umworben. Die gleichzeitige Verdopplung des Ölpreises auf über 100 US-Dollar pro Barrel entspannte die ökonomische und damit innenpolitische Lage. Dadurch stabilisierte sich Maduros Regierung so deutlich, dass Juan Guaidó von seiner eigenen Partei abgesetzt wurde. Diese unerwartete Entwicklung ändert jedoch nichts am Scheitern des von Hugo Chávez begonnenen sozialistischen Projekts in Venezuela.

4.4.4 Scheitern des Chávismus und böses Erwachen der westlichen Linken

Was lässt sich über die tieferen Ursachen dieses Misserfolgs sagen? Abhängig von ihrer Nähe zu marxistischen Positionen kommen Autoren zu durchaus unterschiedlichen Einschätzungen.

Raul Zelik, bei dem Sympathien für das Marx'sche Ideengut erkennbar sind, findet auch bei Chávez durchaus positive Ansätze. Als Ursache für sein Scheitern sieht er nicht die sozialistische Idee selbst, sondern primär Abweichungen davon. Dies macht er am Beispiel der venezolanischen Verfassung deutlich. Die 1999 eingebrachten Änderungen sieht er durchweg positiv, als Versuch, die bisherige Macht der Eliten zu brechen. Dazu sollten die demokratischen Mitwirkungsrechte der Bevölkerung gestärkt und vertieft werden. Für Zelik ist diese Vergemeinschaftung der Macht eine unbedingte Voraussetzung für den Aufbau einer sozialistischen Gesellschaft. Nicht zuletzt, um das Abgleiten in einen Staatssozialismus wie im 20. Jahrhundert zu verhindern. Chávez' und seine Regierung behielten diese Richtung jedoch nicht bei. Nach dem Machtkampf von 2002 wurden die neu etablierten Einflussmöglichkeiten wieder weitgehend aufgehoben. Zelik hält das für eine fatale Entwicklung, eine vertane Chance (Zelik 2019). Für ihn sollten nicht staatliche Institutionen im Zentrum der Transformation stehen. Entscheidend wäre vielmehr die kooperative Kontrolle der Arbeiter über die Unternehmen, die aber ebenfalls misslang. Weiterhin konnte Chávez ein weiteres wichtiges Ziel nicht erreichen, nämlich die Verringerung der für Lateinamerika typischen Klassengegensätze. Zelik kritisiert, dass in der Konsequenz die alten Eliten nicht entmachtet wurden, sondern durch Parteifilz und Vetternwirtschaft sogar neue privilegierte Gruppen entstanden (Zelik 2019).

Für Stefan Peters hatte sowohl die Wahl von Chávez als auch die spätere Krise seines Systems eine tiefere Ursache. In beiden Fällen sieht er eine Bedrohung der venezolanischen Rentengesellschaft als entscheidenden Faktor. Die Protestbewegung seit den 1980er Jahren, die ihn an die Macht brachte, wollte nicht die prinzipielle Abschaffung dieses Systems. Ganz im Gegenteil, es sollte erhalten bleiben, aber die breiten Bevölkerungsschichten stärker an den Öleinnahmen beteiligt werden (Peters 2019, S. 87f.). Das Experiment in Venezuela scheiterte für

Peters also nicht, weil es nicht sozialistisch genug war, wie oft von linken Sympathisanten angenommen. Vielmehr gelang es Chávez weder, diese über Jahrzehnte tief eingeprägte Anspruchskultur zu erfüllen, noch, sie zu verändern (Peters 2019, S. 113, 185).

Auch Andreas Freytag, der gegenüber marxistischen und sozialistischen Ideen deutlich reservierter ist, analysiert das Scheitern des Chávismus in Venezuela. Für ihn haben alle sozialistischen Staaten drei übereinstimmende Eigenschaften. Es handelt sich um die Vergesellschaftung der Produktionsmittel, zentralisierte Planwirtschaft und größtmögliche gesellschaftliche Einheitlichkeit (Freytag 2019). Was die Vergesellschaftung der Produktionsmittel angeht, so ist das Privateigentum an Rohstoffen, Fabriken und Unternehmen nicht vereinbar mit der Marx'schen Theorie. Es muss daher unter Kontrolle der Arbeiter bzw. zunächst des neuen sozialistischen Staatsapparates gestellt werden. Die bisherigen Besitzer werden sich aber nicht widerstandslos mit der damit verbundenen Enteignung abfinden. Ebenso ist davon auszugehen, dass sich eine politische Opposition bilden wird. Hier ist der Weg zur Gewaltanwendung durch die Regierung nicht weit, für Freytag ist er unausweichlich (Freytag 2019). Lässt sich die Entwicklung von Venezuela unter Chávez in diesen Kontext einordnen? Er hatte tatsächlich die Erdölindustrie unter staatliche Kontrolle gestellt und versucht, das private Unternehmertum durch Gemeinschaftsunternehmen zu verdrängen. Darüber hinaus etablierte er den Sozialismus als einzig richtigen Weg und unterdrückte alle abweichenden politischen Meinungen. Wie in Kapitel 4.4.2 beschrieben, wandte er dabei auch repressive Mittel an, vor allem als die erwarteten Erfolge ausblieben. Daher erfüllt Venezuela durchaus die Kriterien von Freytag und auch das Muster anderer sozialistischer Experimente.

Hier lohnt sich auch ein Vergleich mit anderen südamerikanischen Ländern ohne sozialistische Experimente. Der marktliberale Gegenpol zu Venezuela war Chile, das bereits in den 1970er Jahren unter der Militärdiktatur von Augusto Pinochet diesen Kurs eingeschlagen hatte. Dessen Wirtschaftsleistung hatte sich deutlich besser entwickelt und erreichte im Zeitraum 1980-2020 sogar ein dreifach höheres BIP pro Kopf (Niemietz 2021, S. 204ff.). Wichtiger als die Wirtschaftsleistung ist für unser Thema allerdings der Vergleich der Armutsbekämpfung. Hugo Chávez konnte mit seiner Sozialpolitik die Armutsrate von 1999 bis 2012 von 37 % auf 25 % senken, was als großer Erfolg erscheint. Doch sozialdemokratisch oder sogar neoliberal regierte Länder wie Brasilien, Peru oder Kolumbien waren bei der Armutsbekämpfung ähnlich erfolgreich. Demnach musste es eine externe, von der Wirtschaftspolitik unabhängige ökonomische Ursache geben – der Anstieg der Rohstoffpreise in dieser Epoche. Die zusätzlichen Einnahmen ermöglichten allen exportorientierten Ländern die Finanzierung von Sozialprogrammen. Diese unterschieden sich zwar in Größe und Konzeption, waren aber offensichtlich ähnlich wirksam (Zelik 2019). Anhänger von Marktwirtschaft und Demokratie sahen dies alles als Bestätigung ihrer negativen Einschätzung. Venezuelas Entwicklung empfanden sie als Paradebeispiel für ökonomischen Niedergang, Repression sowie sozialistische Miss- und Vetternwirtschaft.

Welche Position nahm die westliche Linke gegenüber dem venezolanischen Experiment ein? Hugo Chávez hatte nicht nur in der eigenen Bevölkerung große Hoffnungen auf eine positive Veränderung der wirtschaftlichen und politischen Lage geweckt. Auch in westlichen linken und globalisierungskritischen Kreisen war er die neue Galionsfigur: „Chávez' Person, seine Politik, sein Führungsstil und seine Medienauftritte haben die Linken jubeln lassen. Endlich würde bewiesen werden, dass der Sozialismus funktioniert" (Lengsfeld 2022; auch Fischermann 2019; Zitelmann 2019). Viele linke Vordenker äußerten sich positiv über diesen neuen Versuch zur Verwirklichung der sozialistischen Idee. Dazu zählen Jeremy Corbyn, Ken Livingstone, Gregor Gysi, Sarah Wagenknecht, Naomi Klein und Noam Chomsky. Tom Hayden prophezeite sogar enthusiastisch: „Ich sage voraus, dass der Name von Hugo Chávez von Millionen verehrt werden wird, je mehr Zeit vergeht" (Zitelmann 2019). Besondere Begeisterung rief die Verwendung der Öleinnahmen für den Ausbau der Sozialleistungen hervor. Mit linker Politik ließ sich offensichtlich doch eine gerechte Verteilung von natürlichem Reichtum erreichen. Tatsächlich hatten Chávez' Sozialprogramme die Armut in Venezuela zwischenzeitlich deutlich gesenkt (Peters 2019, S. 192f.; Zitelmann 2019).

Alle negativen Seiten wurden von den westlichen linken Unterstützern dagegen systematisch ausgeblendet:

> Worte über brutale Unterdrückung der Opposition, grassierende Korruption oder Parteibuchwirtschaft sind von links kaum zu vernehmen. Kein Wunder, immerhin pilgerten die europäischen Vordenker in großer Regelmäßigkeit nach Lateinamerika, um den Bedeutungsverlust zu Hause durch Lichtblicke in Übersee auszublenden. (Schnauder 2019)

Spätestens ab 2013 war die Krise in Venezuela und auch die Unzufriedenheit der Bevölkerung unübersehbar. Mit Zunahme der Konflikte und Widerstände wählte Maduro dann den repressiven Weg, nur so konnte er sich und den Sozialismus an der Macht halten. Dennoch weigerte sich die Linke lange, die Legitimität seiner Regierung anzuzweifeln. Vielmehr wurde die Schuld für alle Probleme den USA und ihrer feindseligen Politik gegenüber Venezuela zugeschrieben (Freytag 2019).

Als die Lage in Venezuela immer kritischer wurde, ließ die Unterstützung aber relativ schnell nach. In der Folge änderten sich Einstellung und auch Rhetorik linker Autoren und Gruppen spürbar. Bezeichnenderweise erfolgte dieser Meinungsumschwung nicht wegen der Misserfolge oder der repressiven Politik. Grund war vielmehr Maduros Versuch, mit wirtschaftsliberalen Maßnahmen das Ruder herumzureißen, was die westliche Linke als Verrat an den sozialistischen Ideen empfand (Niemietz 2021, S. 221, 226; Freytag 2019). An die Stelle der anfänglichen Begeisterung trat eine zunehmende Distanzierung, sogar eine Art „kognitiver Salto". Denn plötzlich wurde sogar abgestritten, dass Venezuela jemals sozialistisch war. Niemietz hält diesen Prozess für ein typisches Muster bei der politischen Linken. Erst zeigt sie Begeisterung für ein neues Experiment, dann Enttäuschung und schließlich wird dessen sozialistischer Charakter abgestritten (Niemietz 2021, S. 229, 260; Nachtwey 2018, S. 110; Furet 1998, S. 608f., 614).

Schlussbetrachtung

Zum Abschluss dieses Buches folgt eine Zusammenfassung der gewonnenen Erkenntnisse. Warum werden Karl Marx und seine Thesen immer noch als Alternative zur aktuellen Marktwirtschaft wahrgenommen? Welche Antworten finden wir bei ihm und seinen modernen Sympathisanten auf die aktuellen Herausforderungen?

Es ist eigentlich erstaunlich, dass wir uns immer noch mit diesem Thema beschäftigen, wenn man sich die Ausgangslage zur Wendezeit vor Augen führt. Damals waren die Schwächen des „real existierenden Sozialismus", wie er im DDR-Jargon genannt wurde, eigentlich ausreichend hervorgetreten. Die Niederlage des Sozialismus war zum einen militärisch, denn die Sowjetunion und der Warschauer Pakt konnten im Rüstungswettlauf nicht mehr mithalten. Zum Glück wurden die jeweiligen Vernichtungspotenziale nicht in einem kriegerischen Konflikt zwischen den beiden Blöcken getestet. Der Kalte Krieg wurde nie zu einem heißen, sondern blieb auf Stellvertreterkonflikte im „globalen Süden" beschränkt. Zum anderen war der Kapitalismus auch beim Lebensstandard, der Wirtschafts- und Innovationskraft, Umweltschutz und politischen Freiheiten überlegen.

In allen sozialistischen Experimenten entwickelte sich eine ausgeprägte staatliche Repression. Für Niemietz war dies kein Zufall, sondern eine logische Folge der dahinterstehenden Ideologie. Die Enteignung der Bürger und die Durchsetzung eines fixen Plans der gesellschaftlichen Umgestaltung mussten zwangsläufig Widerstand hervorrufen. Dieser ließ sich nur durch den Einsatz staatlicher Machtmittel unterdrücken. Den Anhängern des Marxismus bereitete dies keine Gewissensbisse, da sie von der Richtigkeit des eingeschlagenen Weges überzeugt waren. Dennoch war diese repressive Struktur in vielfacher Hinsicht schädlich. Wie jede Diktatur unterband sie den notwendigen Austausch zwischen der Zivilgesellschaft und den Regierenden. Auch alternative politische Wege konnten weder entwickelt noch diskutiert oder eingebracht werden. So waren Stabilität und Entwicklung der Sowjetunion und ihrer Satellitenstaaten völlig abhängig von den Fähigkeiten eines kleinen Zirkels ideologisch fixierter Parteibürokraten. Die politische und auch religiöse Unterdrückung durchlief in der Sowjetunion verschiedene Phasen. Nach Ende der Stalinzeit, also ab den 1960er Jahren, fokussierte sie sich immer stärker auf aktive Andersdenkende und Gläubige. Diese Gruppen wurden mitsamt ihren Familien mit großer Härte verfolgt oder zur Emigration gezwungen.

Die Mehrheit verhielt sich allerdings loyal zur Sowjetmacht, ohne dabei an ihre Ideologie zu glauben. Beide lebten in einer Koexistenz, einem Burgfrieden, bei dem die Herrschaft der KPdSU nicht in Frage gestellt wurde. Als Gegenleistung erwartete die Bevölkerung eine Verbesserung ihrer materiellen Verhältnisse (Engerman 2010, S. 198f.). Ein entscheidender Unzufriedenheitsfaktor war deshalb die Unfähigkeit aller sozialistischen Wirtschaftssysteme, diese Konsumbedürfnisse zu stillen. Denn die Planwirtschaft war dem Kapitalismus auf allen Ebenen konsequent unterlegen. Zum einen konnte sie die verborgenen Regelungsmechanismen des Marktes nicht adäquat ersetzen. Zum anderen überforderte die Komplexität einer gezielten Steuerung von Produktion und Warenverteilung die Staatsbürokratie hoffnungslos. Schätzungen sprechen von einer Billion Rechenoperationen allein für die Sowjetunion – und das vor dem Computerzeitalter. Zusätzlich fehlte dem sozialistischen Wirtschaftssystem der Erfolgskern der Marktwirtschaft, nämlich die unternehmerische Energie, das individuelle (Gewinn-)Interesse.

Marx hatte eine fundamentale Veränderung des Menschen zur Voraussetzung für einen erfolgreichen Übergang zum Kommunismus gemacht. Aber es gelang der sozialistischen Gesellschaft in der verwirklichten Form eben nicht, diesen Wandel von Wahrnehmung, Einstellung und Verhalten zu erreichen. Wie jede Erziehungsdiktatur scheiterte sie an zwei Faktoren. Zum einen ist die Natur des Menschen weder so positiv noch so stark von außen beeinflussbar wie Karl Marx oder auch Jean-Jacques Rousseau dachten. Zum anderen wurden die „Erzieher" (Lenin nannte sie „Arbeiteraristokratie"), nicht anders als ihre „Schüler", von ihren Genen und der alten familiären und gesellschaftlichen Umgebung geprägt. Wie sollten sie die Gesellschaft in eine neue Zukunft führen? Als Resultat wurden die Menschen trotz aller Einflussnahme nicht fleißiger und auch nicht bescheidener in ihren materiellen Ansprüchen. Im Gegenteil, die Arbeitsmoral ließ ebenso zu wünschen übrig wie die Produktivität. In allen maßgeblichen Bereichen hatte der Sozialismus gegenüber Demokratie und Kapitalismus verloren. Dies lag sicherlich an zahlreichen Fehlern der Partei- und Staatsführungen. Nicht weniger wichtig waren aber prinzipielle Fehleinschätzungen und konzeptionelle Fehler der Marx'schen Theorie.

Dies gilt zum einen für den Ort der sozialistischen Experimente. In seiner geschichtsphilosophischen Logik konnte die proletarische Weltrevolution ausschließlich in den ökonomisch am weitesten entwickelten Ländern beginnen. In der Realität lagen die Schauplätze aber in der Halbperipherie, was die ohnehin bescheidenen Erfolgschancen weiter verringerte. Seine Prognose hatte sich also historisch eindeutig als falsch erwiesen. Zum anderen hatte Marx ein langfristiges Überleben des Kapitalismus ausgeschlossen, weil er nicht an eine evolutionäre Lösung innerhalb des bestehenden Wirtschaftssystems glaubte. Er hielt eine Verelendung und Radikalisierung der Arbeiterklasse für unausweichlich, aber auch darin hatte er sich geirrt. Dem Kapitalismus gelang es im Verlauf des 20. Jahrhunderts, die bestehenden Konflikte zu verringern. In den Industrieländern löste sich das Proletariat allmählich auf, vielen Arbeitern gelang sogar der Aufstieg in die immer größer werdende Mittelschicht. Statt einer Radikalisierung innergesellschaftlicher Konflikte, wie Marx sie prophezeit hatte, erlebten Marktwirtschaft und auch Demokratie dadurch sogar eine Stabilisierung.

Der offensichtliche Sieg im Kalten Krieg führte bei vielen im Westen zu einem Gefühl der Überlegenheit. Hatte sich das eigene Wirtschafts- und Regierungssystem nicht als unbestreitbar effektiver und stabiler erwiesen? Wer oder was sollte es noch herausfordern können? Nur aus dieser damaligen Stimmung kann man Francis Fukuyamas Werk „Das Ende der Geschichte" verstehen. Dieser nahm, nicht anders als Marx, eine allmähliche weltweite Ausbreitung des Kapitalismus an. Er sah darin jedoch keinen Weg zur Revolution, sondern ein Instrument für ökonomische Integration und kulturelle Angleichung. Unbestreitbare Ungleichheiten innerhalb der Gesellschaften und zwischen den Ländern sind für Fukuyama keine Fehler im System. Vielmehr sieht er sie als Zeichen für eine unzureichende Einbindung in die Marktwirtschaft und Defizite in der Verwirklichung der Demokratie. Diese beiden Elemente sind für ihn untrennbar verbunden; jedes von ihnen ermöglicht die vollständige Realisierung des anderen. Nur in der rechtlichen Gleichheit der Demokratie kann jeder Mensch sein Bedürfnis nach echter Anerkennung erfüllen. Außerdem erlauben demokratische Prinzipien einen maximalen innergesellschaftlichen Interessensausgleich. Fukuyama ist realistisch genug, nicht an eine schnelle weltweite Verwirklichung der Demokratie zu glauben. Er hat die Möglichkeit und auch Wahrscheinlichkeit von Rückfällen in autoritäre Formen von Herrschaft durchaus eingeräumt. Letztere können sogar effektiver sein als die langwierigen und komplexen demokratischen Entscheidungsprozesse. Fukuyama ging es um das Ideal der Demokratie, das sich langfristig weltweit durchsetzen wird, weil es allen anderen Regierungsformen überlegen ist. Denn alle außer der Demokratie beruhen auf der Herrschaft einer Minderheit über die Mehrheit und können daher nur wenigen Menschen ein ausreichendes Maß an Anerkennung geben.

Sowohl in den ehemals sozialistischen Ländern in Osteuropa als auch in den westlichen Industrieländern gab es weiterhin eine antikapitalistisch orientierte Minderheit. In Osteuropa waren die Erwartungen nicht weniger Menschen vom Kapitalismus enttäuscht worden. Rezession, Massenarbeitslosigkeit und Verlust der gewohnten gesellschaftlichen Orientierung stellten die anfängliche Euphorie und Aufbruchstimmung in Frage. Viele waren von der Radikalität und Geschwindigkeit der Veränderungen schlicht überfordert und dadurch offen für andere Ideen. In Deutschland wurde die Akzeptanz der Demokratie nach 1949 durch den steigenden Wohlstand und das Wirtschaftswunder sehr positiv beeinflusst (Herbert 2023, S. 17; Nolte 2023, S. 56f.). In Osteuropa war die Situation völlig anders. Dort waren ökonomischer und sozialer Niedergang sowie der massive Anstieg von Kriminalität und Ungleichheit prägend. So konnten in Russland und anderen Ländern des ehemaligen Ostblocks alternative, primär nichtmarxistische politische Konzepte an Popularität gewinnen. Ebenso wuchs mit der Zeit die Nostalgie, die Sehnsucht nach den „guten alten Zeiten" mit sozialer Sicherheit und einem stärker gruppenbezogenen Zusammenleben.

In Westeuropa und den USA wurde die Freude über den Untergang des Sozialismus ebenfalls nicht von allen geteilt. Obwohl seine Schwächen offengelegt worden waren, blieben ihm unbeirrbare Anhänger weiter treu. Um den Einfluss seiner Thesen zu erhöhen, mussten sie zunächst Marx von jeder moralischen Verantwortung für den gescheiterten Marxismus-Leninismus freisprechen. Diese Argumentation war durchaus erfolgreich und bildete die Basis für die Renaissance seiner

Ideen. Auch in der jüngeren Generation waren antikapitalistische Ansichten durchaus verbreitet. Sie orientierten sich allerdings an neuen Themen und Konflikten, vor allem die Finanzkrise 2007-2009 und die Klimakrise waren für sie prägend. Dabei hatte die marxistische Theorie nur relativ wenig Einfluss auf Aktivistengruppen wie *Attac*, *Occupy* und *Fridays for Future*. Neue Denker und Autoren prägten diese Bewegung, unter anderem Susan George, Naomi Klein, John Halloway, Stéphane Hessel, David Graeber und Thomas Piketty. Seine These, dass im Kapitalismus die Ungleichheit bei Einkommen und Vermögen zunimmt, wenn keine politischen Maßnahmen dieser Tendenz entgegenwirken, entsprach ihrer Intuition. Auch die Postwachstumsökonomie fand bei Ihnen großen Anklang.

Die Neomarxisten glauben weiterhin an das unvermeidliche Ende des Kapitalismus. Sie sehen den permanenten Wettbewerbsdruck als Treiber der Verschärfung bestehender sozialer Konflikte. Um zu überleben, sind Unternehmer und Investoren zur größtmöglichen Ausbeutung ihrer Arbeiter gezwungen. Die daraus entstehende Verelendung von immer größeren Teilen der Bevölkerung führt für Marx schließlich zu einer revolutionären Situation. Durch den Sozialabbau der 2000er Jahre und die Finanzkrise fühlten sich seine modernen Anhänger in ihren Ansichten bestätigt.

Wie aber hatte sich Marx Sozialismus und Kommunismus überhaupt vorgestellt? Und inwiefern haben seine modernen Anhänger hierzu neue Ideen eingebracht?

Im Sozialismus steht durch die nun gerechte Verteilung des gesamtgesellschaftlichen Wohlstands genug für alle Menschen zur Verfügung. Auf der Angebotsseite entfällt durch die staatliche Planwirtschaft der Wettbewerbsdruck für die Unternehmen. Parallel werden die Arbeiter von Fremdbestimmung und Ausbeutung befreit und können sich nun selbst organisieren und durch solidarische Erfahrung entwickeln. Die Menschen sollen so geprägt werden, dass sie ihre persönlichen Ziele nur kooperativ, im Einklang mit denen der anderen verfolgen. Die veränderten sozioökonomischen Verhältnisse, das neue „Sein", soll nach Marx und den Neomarxisten das Bewusstsein der befreiten Menschen nachhaltig verändern. Ob die herrschende Partei- und Staatselite die erfolgreiche Vollendung des Sozialismus allerdings anerkennen würde, ist mehr als fraglich. Denn dies wäre gleichbedeutend mit ihrem Machtverlust.

Im Kommunismus kann dann jeder für sich, aber eingebettet in die Gemeinschaft, seine Selbstverwirklichung anstreben. Dabei soll Arbeit nur eine untergeordnete Rolle spielen. Wegen der nun deutlich reduzierten Konsumbedürfnisse ist eine entsprechende Arbeitszeitverkürzung realisierbar. Der Schwerpunkt soll auf erfüllenden, vielfältigen Tätigkeiten liegen, die eine ganzheitliche Entwicklung des Menschen ermöglichen. Der im Sozialismus ökonomisch und politisch fast allmächtige Staat wird in seinen Funktionen stark eingeschränkt oder sogar gänzlich überflüssig.

Ist eine weltweite, revolutionäre, linke Massenbewegung überhaupt vorstellbar? In den Industrieländern haben die fundamentalen Veränderungen der Wirtschaftsstruktur in Richtung Dienstleistung sowie die Verlagerung großer Produktionsanteile in die Schwellenländer die Produktionsarbeiter zu einer Minderheit gemacht. Aber selbst die verbleibenden sind von ihrem Lebensstandard und ihren politischen Einstellungen her eher bürgerlich geprägt als revolutionär. Auch Zeitarbeiter, Niedriglöhner, Arbeitslose und sozial Abgehängte ändern wenig an diesem Bild. Trotz einer gewissen Skepsis gegenüber der Marktwirtschaft besteht in den Industrieländern kein ausreichendes Potenzial für antikapitalistische oder gar marxistische Veränderungen. Die Globalisierung hat mit der Produktion auch den Schwerpunkt der globalen Arbeiterschaft in die Schwellen- und Entwicklungsländer verlagert. Für Neomarxisten wie Amin, Nachtwey und Rottenfusser bietet diese Konstellation neue Chancen für den Start einer proletarischen Revolution. In den Gesellschaften der Industrieländer war und ist eine solche radikale Entwicklung dennoch nicht wirklich erkennbar. Einige marxistisch orientierte Autoren versuchen daher, den Startpunkt der proletarischen Weltrevolution in die Peripherie zu verlagern. Schließlich hat die Globalisierung einen Großteil der Produktion in die Schwellenländer verlagert. Aber auch die dortigen Arbeitsbedingungen und niedrigen Löhne konnten keine marxistische, systemsprengende Arbeiterbewegung hervorbringen. Eine auf den „globalen Süden" beschränkte Entwicklung wäre allerdings kaum vereinbar mit der Marx'schen Theorie. Ebenso spricht die historische Erfahrung gegen diese Option. Wäre dann eine Kombination von Industrieländern und

Peripherie erfolgversprechender? Dafür müsste es eine internationale Solidarität geben, tatsächlich ist die Situation aber eher kompetitiv. Dies gilt jeweils innerhalb der beiden Blöcke, wo Fabriken und Länder miteinander um Aufträge konkurrieren. Das Verhältnis zwischen Arbeitern aus den Industrie- und Schwellenländern ist ebenfalls eher angespannt. Die Kollegen im globalen Süden üben mit ihren niedrigeren Löhnen einen beständigen Kostendruck aus, was massive Arbeitsplatzverluste in den Industrieländern bewirkt hat. Dabei haben sie gar kein Interesse an einem Kampf für höhere Löhne oder einen Systemwechsel. Denn angesichts der geringeren Produktivität sind entsprechende geringere Lohnkosten ihr primärer Wettbewerbsvorteil. Eine „neue Internationale" ist also nicht in Sicht, die Revolution lässt auf sich warten ...

Neben dem globalen Süden als alternativem Ort für die Marx'sche Revolution beschäftigen sich seine Sympathisanten auch mit dem Thema technologischer Fortschritt. Können dadurch neue Chancen für den Sozialismus entstehen? Für Neffe, Mason, Rottenfusser und Hobsbawm hatte Marx die Relevanz des Produktionsfaktors Wissen erkannt, der heute zunehmend alle anderen, also Boden, Arbeit und Kapital verdrängt. Er schrieb sogar von einer Maschine, die nichts kostet und ewig hält, was an die heutige Diskussion über das Thema künstliche Intelligenz erinnert. Kombiniert mit Automatisierung und Digitalisierung könnte sie tatsächlich Warenproduktion und Dienstleistungen grundlegend verändern. Neffe greift allerdings auf alte Rezepte zurück, wenn er eine breite Verstaatlichung fordert, um die Planwirtschaft auf Basis künstlicher Intelligenz wiederzubeleben. Gleichzeitig ist mit diesen Veränderungen ein massiver Rückgang des Bedarfs an menschlicher Arbeit verbunden. Er könnte die Gesellschaft nachhaltig verändern und in Gewinner und Verlierer spalten. Für Mason, Göhring und Fuchs eröffneten aber gerade die neuen Bedingungen auch neue Chancen für ein Ende des Kapitalismus. Sie sehen darin eine Parallele zu Marx' antagonistischem Widerspruch zwischen dynamischen Produktivkräften und unflexiblen Produktionsverhältnissen. Ist das Auseinanderdriften von Produktionskosten nahe null und monopolistisch hohen Verkaufspreisen nicht vergleichbar? Nicht mehr das Proletariat, sondern eine vernetzte Bildungselite könnte eine völlig neue sozioökonomische Ordnung, einen „digitalen Sozialismus" entstehen lassen. Bisher sind allerdings keine Anzeichen dafür erkennbar.

Die bisher aufgezeigten Optionen für eine Renaissance des Marxismus klingen wenig erfolgversprechend. Gilt dies auch für den bisher letzten Versuch zur Realisierung seiner Thesen – Venezuela unter Hugo Chávez? Das Land befindet sich zwar wieder in der Halbperipherie, dafür waren aufgrund des Ölreichtums große finanzielle Ressourcen vorhanden. Aber trotz guter Vorsätze endete auch dieses Experiment in wirtschaftlichem Niedergang und politischer Repression. Mit der Zeit sagte sich entsprechend auch die westliche Linke von Venezuela los, obwohl sie den Chávismus lange begeistert unterstützt hatte.

Nach meiner persönlichen Überzeugung ist das Konzept von Karl Marx keine wirkliche Lösung für die zweifellos vorhandenen sozialen und ökonomischen Probleme. Auch innerhalb von Marktwirtschaft und Demokratie können die notwendigen Anpassungen der Rahmenbedingungen vorgenommen werden. Voraussetzung wäre allerdings ein ausreichender Wille der politisch Verantwortlichen, auch zur Überwindung des erwartbaren Widerstands von Profiteuren der aktuellen Ordnung. Dies gilt nicht nur für das drängendste Problem unserer Zeit, die Klimakrise. Auch die Ungleichheit, die der Kapitalismus systematisch hervorbringt bzw. verstärkt, muss nicht zwangsläufig Armut bedeuten. Unter den richtigen Bedingungen kann wachsender Wohlstand vielmehr die soziale Lage aller Schichten verbessern. Die Neomarxisten dagegen werden immer an ihrer Fehlinterpretation der menschlichen Natur scheitern. Sie können und wollen nicht einsehen, dass der Kommunismus eine Illusion bleiben wird:

> Mehr als zwei Dutzend Versuche, sozialistische Gesellschaften zu errichten, sind grandios gescheitert, aber der Sozialismus bleibt. Der instinktive, impulsive Anti-Kapitalismus liegt uns einfach im Blut. Der Kapitalismus kann noch so viele Erfolge aufweisen, aber er fühlt sich einfach falsch an. (Niemietz 2021, S. 262)

Diese emotionale, in unserer Kulturgeschichte verankerten Antipathie wurde zweifellos vom „Kulturmarxismus" verstärkt, der sich teilweise als gesellschaftlicher Konsens etablieren konnte. Angesichts der sozialen Ungleichheit und des Mangels an Solidarität sind neomarxistische Autoren überzeugt, dass es eine alternative, bessere sozioökonomische Ordnung geben muss. Sie wollen eine Gesellschaft ohne Ausbeutung und ökonomisch basierte Herrschaft errichten. In dieser neuen sozialen Umgebung soll der Mensch wieder zu seinem ursprünglich positiven Zustand zurückkehren. Dies schließt auch ein Leben im Einklang mit der Natur ein, wo echte menschliche Bedürfnisse und ökologische Grenzen im Gleichgewicht sind. Eine verlockend klingende Idee – die allerdings ihre logischen negativen Konsequenzen verschweigt. Die ökonomisch Mächtigen werden ihren Besitz und Einfluss nicht kampflos aufgeben. Unterdrückung, Internierung oder sogar Ermordung der führenden Gesellschaftsschicht wäre also höchstwahrscheinlich notwendig. Aber die allumfassende Enteignung im Sozialismus macht staatliche Repression auch gegenüber der breiten Bevölkerung eigentlich unausweichlich. Denn der „alte" Mensch will sich seinen Teil am Wohlstand sichern und nicht eine imaginäre utopische Idee verfolgen. Eine solche Entwicklung hatte Marx selbst angenommen: „Die Gewalt ist der Geburtshelfer jeder alten Gesellschaft, die mit einer neuen schwanger geht" (MEW, Bd. 23, S. 779; auch MEW, Bd. 4, S. 182; Euchner 1982, S. 115f.). Dies stellt den oberflächlich freiheitlichen und egalitären Charakter seines Ansatzes deutlich in Frage.

Bei genauerer Betrachtung beinhaltet seine Lehre sogar eine biologische Diskriminierung. Menschen können allein wegen ihrer Zugehörigkeit zu bestimmten Vermögens- oder Berufsgruppen ausgegrenzt werden. Mehr noch, auch ihre gesamten Familien unterliegen dann der Sippenhaft. Was aber kann ein Mensch für seine ökonomische Herkunft oder den Beruf seiner Eltern? Ebenso wenig wie für seine ethnische, religiöse oder geschlechtsspezifische Zugehörigkeit. Bei Lenin erhielten in den Hungerjahren des Bürgerkriegs nur die Familien von Parteimitgliedern, Arbeitern und Bauern volle Lebensmittelrationen. Alle anderen, die „bürgerlichen Elemente", wurden so der Gefahr des Hungertods ausgesetzt. Da ist es fast ironisch, dass Lenins Vater zum Dienstadel gehörte und fast alle Führungsfiguren der Bolschewiki dem bürgerlichen Milieu entstammten. Stalin sprach sogar von „objektiven Verbrechen" aufgrund der Klassenzugehörigkeit, die in seinen Augen brutalen Terror rechtfertigten.

All diesen Erkenntnissen zum Trotz wird es weiter unbeirrbare Marxisten und vielleicht sogar neue sozialistische Experimente geben. Denn seine Utopie klingt einfach zu schön, oder – um mit Kristian Niemietz Buchtitel zu schließen: „Sozialismus. Die gescheiterte Idee, die niemals stirbt".

Literaturverzeichnis

Admati, Anat/Hellwig, Martin, Des Bankers neue Kleider: Was bei Banken wirklich schiefläuft und was sich ändern muss, Finanzbuch Verlag, München 2013

Altvater, Elmar, Das Ende des Kapitalismus wie wir ihn kennen. Eine radikale Kapitalismuskritik, Verlag Westfälisches Dampfboot, 2. Auflage, Münster 2006

ders., Der Doppelcharakter der Arbeit im kapitalistischen Anthropozän, in: Mathias Greffrath (Hrsg.), Re. Das Kapital. Politische Ökonomie im 21. Jahrhundert., München 2017, S. 53-69

Amin, Samir, Überwindet den Krisenkapitalismus. Für eine Erneuerung des schöpferischen Marxismus, in: Blätter für deutsche und internationale Politik 1/2010, online: https://www.blaetter.de/ausgabe/2010/januar/ueberwindet-den-krisenkapitalismus (abgerufen am 20.4.2020)

Anzlinger, Jana: „Globalisierungskritiker Attac – Wo sind all die Protestierer hin?", in: Süddeutsche Zeitung (26.02.2019)

Arndt, Andreas/Stein, Timo: „Warum Marx immer noch aktuell ist", in: Cicero (22.01.2017),

Asara, Viviana/Otero, Iago/Demaria, Federico, Corbera, Esteve, Socially sustainable degrowth as a social-ecological transformation. Repoliticizing sustainability, in: Sustain Sci 10/2015, S. 375-384

Aulenbacher, Brigitte, Sozialismus reloaded? Zur Neuordnung der Gesellschaft angesichts der Transformation des Kapitalismus, in: Dörre, Klaus/Schickert, Christine (Hg.), Neosozialismus. Solidarität, Demokratie und Ökologie vs. Kapitalismus, oekom Verlag, München 2019, S. 53-72

Bach, Stefan, Persönliche Vermögensteuern in Deutschland: Entwicklung und Perspektiven, in: Bofinger, Peter/Horn, Gustav A./Schmid, Kai D./van Treeck, Till (Hrsg.), Thomas Piketty und die Verteilungsfrage. Analysen, Bewertungen und wirtschaftspolitische Implikationen für Deutschland, SE Publishing, Berlin 2015, S. 193-241

Bahrmann, Hannes, Venezuela: die gescheiterte Revolution, Christoph Links Verlag, Berlin 2018

Bank for International Settlements, Triennial Central Bank Survey. Global foreign exchange market turnover in 2019, Basel 2019

Baresel, Kira/Eulitz, Heike/Fachinger, Uwe/Grabka, Markus M./Halbmeier, Christoph/Künemund, Harald, Hälfte aller Erbschaften und Schenkungen geht an die reichsten zehn Prozent aller Begünstigten, in: DIW Wochenbericht Nr. 5/2021

Bartosek, Karol, Mittel- und Osteuropa, in: Courtois, Stéphane/Werth, Nicolas/Panné, Jean-Louis u. a. (Hg.), Das Schwarzbuch des Kommunismus. Unterdrückung, Verbrechen und Terror, 5. Auflage, Piper Verlag, München/Zürich 1998, S. 430-511

Baus, Ralf Thomas/von Wilamowitz-Moellendorff, Ulrich, Wer oder was ist ATTAC?, Konrad-Adenauer Stiftung, Sankt Augustin 2002

Beck, Ulrich: Die Eröffnung des Welthorizontes: Zur Soziologie der Globalisierung, in: Soziale Welt (47) 1997, S. 3-16

Bensaid, Daniel, Verbrecherische Revolution – Verbrecherische Idee?, in: Mecklenburg, Jens/ Wippermann, Wolfgang (Hg.), „Roter Holocaust"? Kritik des Schwarzbuchs des Kommunismus, Konkret Literatur Verlag 1998, S. 51-72

Bernau, Patrick: „Kommentar zur Ungleichheit: Was Piketty gerne verschweigt", in: Frankfurter Allgemeine Zeitung (14.12.2017)

Beutelsbacher, Stefan, Der Fluch des Öls, in: Die Welt (13.02.2019)

Binswanger, Hans Christoph, Vorwärts zur Mäßigung: Perspektiven einer nachhaltigen Wirtschaft, Murmann Verlag, Hamburg 2009

Binswanger, Daniel: „Ungleichheit ist kein Naturgesetz", in: Republik (12.10.2019), online: https://www.republik.ch/2019/10/12/ungleichheit-ist-kein-naturgesetz (abgerufen am 23.05.2021)

Bisky, Jens: „Mit Wikipedia gegen den Kapitalismus", in: Süddeutsche Zeitung (07.04. 2016)

Blank, Julian, Schwache Argumente? Einblicke in den Abgrund der deutschen Piketty-Debatte, online: https://verteilungsfrage.org/2014/06/schwache-argumente-einblicke-in-den-abgrund-der-deutschen-piketty-debatte/(abgerufen am 15.2.2020)

Bofinger, Peter/Scheuermeyer, Philipp, Das „Kapital" im 21. Jahrhundert, in: Bofinger, Peter/ Horn, Gustav A./Schmid, Kai D./van Treeck (Hrsg.), Thomas Piketty und die Verteilungsfrage. Analysen, Bewertungen und wirtschaftspolitische Implikationen für Deutschland, SE Publishing, Berlin 2015, S. 101-132

Boulouque, Sylvain, Der Kommunismus in Afghanistan, in: Courtois, Stéphane/Werth, Nicolas/ Panné, Jean-Louis u. a. (Hg.), Das Schwarzbuch des Kommunismus. Unterdrückung, Verbrechen und Terror, 5. Auflage, Piper Verlag, München/Zürich 1998, S. 772-793

BP, Statistical Review of World Energy 2020, London 2020

Brakel, Alexander: „Nicht so simpel – Francis Fukuyamas ‚Ende der Geschichte'", in: Die politische Meinung N° 547, Konrad-Adenauer-Stiftung, Berlin 2017

Brand, Ulrich, Wachstum und Herrschaft, in: Aus Politik und Zeitgeschichte (62) 27-28/2012, S. 8-14

ders., Neo-Extraktivismus. Aufstieg und Krise eines Entwicklungsmodells, in: Aus Politik und Zeitgeschichte, 39/2016, S. 21-26

Buchstein, Herbert, Zwischen Neosozialismus und Retrosozialismus, in: Dörre, Klaus/Schickert, Christine (Hg.), Neosozialismus. Solidarität, Demokratie und Ökologie vs. Kapitalismus, oekom Verlag, München 2019, S. 33-52

Bundesagentur für Arbeit, Registrierte Arbeitslose und Arbeitslosenquote nach Gebietsstand 1953-2022, Nürnberg 2023

Bundesministerium der Finanzen, Bundeshaushalt digital (2022), online: https://www.bundeshaushalt.de/DE/Bundeshaushalt-digital/bundeshaushalt-digital.html (abgerufen am 11.01.2023)

Bundesministerium des Innern, Verfassungsschutzbericht 2008, Berlin 2008

Bundesministerium für Wirtschaft und Energie, Schlaglichter der Wirtschaftspolitik. Monatsbericht Dezember 2019

Bundeszentrale für politische Bildung: „Linksextremisten in Bewegung" (2017), online: https://www.bpb.de/politik/extremismus/linksextremismus/261924/linksextremisten-in-bewegung (abgerufen am 25.09.2021)

Burkett, Paul, Marx and Nature, St. Martins Press, New York 1999

Burckhardt, Martin: Der Kapitalismus ist tot (er weiß es nur noch nicht). Marx' „Maschinenfragment" und die Logik des Plattform-Kapitalismus, in: Merkur 72/2018, S. 21 - 33

Butollo, Florian/Kalff, Yannick, Entsteht der Postkapitalismus im Kapitalismus? Eine Kritik an Masons Transformationsstrategie, in: PROKLA. Zeitschrift für kritische Sozialwissenschaften 187/2017, S. 291 - 308

Cassen, Bernard/George, Susan/Richter, Horst-Eberhard/Ziegler, Jean u. a., Eine andere Welt ist möglich!, VSA Verlag, Hamburg 2002

Chomsky, Noam: „The Soviet Union Versus Socialism", in: Our Generation, Spring/Summer 1986, online: https://chomsky.info/1986____/(abgerufen am 11.08.2022)

ders., Profit Over People. Neoliberalismus und globale Weltordnung, Europa Verlag, Hamburg/ Wien 2000

Chossudovsky, Michel, Global brutal. Der entfesselte Welthandel, die Armut, der Krieg, Zweitausendeins-Verlag, Frankfurt 2002

Cord, Louise/Lopez, Humberto/Page, John, „When I Use a Word" ... Pro Poor Growth and Poverty Reduction, in: Michael Krakowski (Hrsg.), Attacking Poverty, Nomos Verlag, Baden-Baden 2004

Credit Suisse Research Institute, Global Wealth Report 2020

Crouch, Colin, Postdemokratie, Suhrkamp Verlag, Berlin 2008

Davis, Christopher M., Die wirtschaftlichen und sozialen Folgen der sowjetischen Militärausgaben, in: Greiner, Bernd/Müller, Christian/Weber, Claudia (Hg.): Ökonomie im Kalten Krieg, Hamburger Edition, Hamburg 2010, S. 260 - 278

Derrida, Jacques, Marx' Gespenster – Der verschuldete Staat, die Trauerarbeit und die neue Internationale, Suhrkamp Verlag, Frankfurt am Main 1995

Deutsche Bundesbank, Zahlen & Fakten rund ums Bargeld. Abbildungen, Tabellen und Erläuterungen zum Bargeld, Frankfurt 2022

Dietz, Georg, Proteste: Der Aufstand hinter der Maske, in: Der Spiegel (23.11.2011)

Dörre, Klaus, Neosozialismus oder: Acht Thesen zu einer überfälligen Diskussion, in: ders./Schickert, Christine (Hg.), Neosozialismus. Solidarität, Demokratie und Ökologie vs. Kapitalismus, oekom Verlag, München 2019, S. 17 - 32

Dollar, David/Kraay, Aart, Growth is good for the poor, in: Journal of economic growth, 7 (3) 2002, 195 - 225

Dyer, Gwynne, The Shortest History Of War, Old Street Publishing, Exeter 2021

Eagleton, Terry, Warum Marx recht hat, Ullstein Verlag, Berlin 2012

Edenhofer, Ottmar, Klima, Kohle, Kapital. Ökonomische Hebel in der internationalen Klimapolitik, in: Stimmen der Zeit 4/2018, S. 255 - 264

Ekardt, Felix, Wie können wir ohne Wachstum leben?, in: Die Zeit (20.08.2019)

Engerman, David C., Die USA und die Ökonomie des Kalten Krieges in: Greiner, Bernd/Müller, Christian/Weber, Claudia (Hg.): Ökonomie im Kalten Krieg, Hamburger Edition, Hamburg 2010, S. 194-212

Erdrich, Michael, Auf den Spuren der „Tränen der Götter": Die Bernsteinstraße, in: Ost-West. Europäische Perspektiven 03/2014, S. 199-205

Eßbach, Wolfgang von, Ende der Wiederkehr intellektueller Vergangenheit. Fukuyama und Derrida über Marxismus, in: ders. (Hrsg.), Welche Modernität? Intellektuellendiskurse zwischen Deutschland und Frankreich im Spannungsfeld nationaler und europäischer Identitätsbilder, Berlin Verlag, Berlin 2000, S. 435-450

Euchner, Walter, Karl Marx, C. H. Beck Verlag, München 1982

Eurostat, EU-Arbeitskräfteerhebung, Luxembourg 2023

Faber, Malte/Petersen, Thomas, Karl Marx und die Philosophie der Wirtschaft. Bestandsaufnahme – Überprüfung – Neubewertung, Verlag Karl Alber, Freiburg/München 2013

dies.,: „Unbehagen am Kapitalismus: Karl Marx und Thomas Piketty", in: Frankfurter Allgemeine Zeitung (22.09.2017), online: http://blogs.faz.net/fazit/2017/09/22/unbehagen-am-kapitalismus-karl-marx-und-thomas-piketty-9186/(abgerufen am 11.02.2019)

Ferguson, Niall, Der Aufstieg des Geldes, List Verlag, Berlin 2010

Fink, Christian: „Schneller wachsen ohne Demokratie", in Die Zeit (25.01.2013)

Fischer, Malte/Mueller, Antony: „Kulturmarxismus – Marx hätte seine helle Freude an den heutigen Verhältnissen", in: Wirtschaftswoche (09.11.2019)

Fischermann, Thomas: „Hat der Sozialismus Venezuela zugrunde gerichtet?", in: Die Zeit (25.01.2019)

Fleischer, Helmut: „Nicht der Schreibtischtäter des Unheils", in: Der Tagesspiegel (20.11.1994)

Fontaine, Pascal, Nicaragua: Das Scheitern eines totalitären Projekts, in: Courtois, Stéphane/ Werth, Nicolas/Panné, Jean-Louis u. a. (Hg.), Das Schwarzbuch des Kommunismus. Unterdrückung, Verbrechen und Terror, 5. Auflage, Piper Verlag, München/Zürich 1998, S. 731-742

Fordham, Benjamin O., Die wirtschaftlichen und sozialen Folgen der amerikanischen Militärausgaben, in: Greiner, Bernd/Müller, Christian/Weber, Claudia (Hg.): Ökonomie im Kalten Krieg, Hamburger Edition, Hamburg 2010, S. 213-233

Forrester, Viviane, Der Terror der Ökonomie, Goldmann Verlag, München 1998

Foster, John B., Marx's Ecology, Monthly Review Press, New York 2000

Freytag, Andreas: „Ist der venezolanische Sozialismus untypisch?", in: Wirtschaftswoche (22. März 2019)

Friedlingstein, Pierre/O'Sullivan, Michael/Jones, Matthew W. u.a., Global Carbon Budget 2022, in: Earth System Science Data 14/2022, S. 4811-4900

Froitzheim, Ulf J., Ein Pakt für gesundes Wachstum, in: brandeins 05/2020, S. 18-25

Fuchs, Christian, Marx's Capital in the information age, in: Capital & Class (41) 1/2016, S. 51-67

Furet, François, Das Ende der Illusion. Der Kommunismus im 20. Jahrhundert, Piper Verlag, München/Zürich 1998

Fukuyama, Francis, Das Ende der Geschichte. Wo stehen wir?, Kindler-Verlag, Hamburg 1992

ders., Der Konflikt der Kulturen. Wer gewinnt den Kampf um die wirtschaftliche Zukunft?, Knaur Verlag, München 1995

ders.: „They Can Only Go So Far. The world's bullies are throwing their weight around. But history isn't on their side.", in. The Washington Post (24.08.2008)

ders.,/Müller, Felix E.: „Das Ende der Geschichte ist vertagt", in: Neue Züricher Zeitung am Sonntag (18.03.2017)

Geisler, Florian, Kapital und Ideologie. Das Konzept des Proprietarismus (12.05.2020), online: https://www.pw-portal.de/schlaglichter/41091-kapital-und-ideologie (abgerufen am 11.5.2020)

Giles, Chris/Giugliano, Ferdinando: „Thomas Piketty's exhaustive inequality data turn out to be flawed", in: Financial Times (23.05.2014)

Göhring, Wolf, Die revolutionäre Bedeutung von Informations- und Kommunikationstechnik als besonderer Produktivkraft, in: Müller, Horst (Hrsg.) Die Übergangsgesellschaft des 21. Jahrhunderts. Kritik, Analytik, Alternativen, Books on Demand, Norderstedt 2007, S. 114-139

González, Juan, Stéphane Hessel on Occupy Wall Street: Find the Time for Outrage When Your Values Are Not Respected, online: https://www.democracynow.org/2011/10/10/stphane_hessel_on_occupy_wall_street_find_the_time_for_outrage_when_your_values_are_not_respected (abgerufen am 23.09.2020)

Grabka, Markus M./König, Johannes/Carsten Schröder, Personelle Vermögensverteilung in Deutschland, in: Aus Politik und Zeitgeschichte 41/2020, S. 25-32

Graeber, David: „Mit dem Kopf gegen die Wand", in: Der Spiegel (14.05.2012)

ders., Inside Occupy, Campus Verlag, Frankfurt am Main 2012

Graw, Ansgar, Was an der Rede der jungen Greta nicht stimmte, in: Die Welt (17.12.2018)

Grefe, Christiane/Greffrath, Mathias/Schumann, Harald, attac – Was wollen die Globalisierungskritiker?, Rowohlt-Verlag, Berlin 2002

Greffrath, Mathias, Der Mehrwert der Geschichte, in: ders. (Hrsg.), Re. Das Kapital. Politische Ökonomie im 21. Jahrhundert, München 2017, S. 12-27

Gregory, Paul, Der Kalte Krieg und der Zusammenbruch der UdSSR, in: Greiner, Bernd/Müller, Christian/Weber, Claudia (Hg.): Ökonomie im Kalten Krieg, Hamburger Edition, Hamburg 2010, S. 311-325

Haller, Günther: „Beißt der tote Hund heute noch?", in: Die Presse (04.05.2018)

Hardt, Michael/Negri, Antonio, Empire. Die neue Weltordnung, Campus Verlag, Frankfurt am Main/New York 2002

Hartleb, Florian, Die Occupy-Bewegung. Globalisierungskritik in neuer Maskerade, Konrad-Adenauer-Stiftung, Berlin 2012

Haunss, Sebastian/Sommer, Moritz/Fritz, Lisa, Fridays for Future. Konturen einer neuen Protestbewegung, in: Sebastian Haunss/Moritz Sommer (Hg.), Fridays for Future – Die Jugend gegen den Klimawandel, Konturen der weltweiten Protestbewegung, transcript Verlag, Bielefeld 2020, S. 7-14

Henning, Christoph, Narrative der Globalisierung. Zur Marxrenaissance in Globalismus und Globalisierungskritik, Friedrich-Ebert-Stiftung, Trier 2006

Herbert, Ulrich, Der große Aufbruch, in: Wunderjahre. Wie der Wirtschaftsboom nach 1945 unser Land geprägt hat (Zeit Geschichte 4/2023), S. 16-20

Hessel, Stéphane, Empört euch!, Ullstein Verlag, Berlin 2019

Hilferding, Rudolf, Das Finanzkapital, Europäische Verlagsanstalt, Frankfurt am Main 1973

Hobsbawm, Eric, Wie man die Welt verändert: Über Marx und den Marxismus, Carl Hanser Verlag, München 2012

Hövermann, Andreas/Kohlrausch, Bettina/Voss, Dorothea, Anti-demokratische Einstellungen. Der Einfluss von Arbeit, Digitalisierung und Klimawandel, Policy Brief der Hans-Böckler-Stiftung Nr. 7, Düsseldorf 2021

Holloway, John, Die Welt verändern, ohne die Macht übernehmen. Verlag Westfälisches Dampfboot, Münster 2002

Holmes, Stephen/Krastev, Ivan, Das Licht, das erlosch. Eine Abrechnung, Ullstein Verlag, Berlin 2019

Homann, Karl, Das ethische Programm der Marktwirtschaft, in: Forum. Vortragsreihe des Instituts der deutschen Wirtschaft, 4 /2007, S. 1-4

Homann, Karl/Pies, Ingo, Karl Marx als Klassiker: Freiheitsphilosoph, Systemdenker, ökonomischer Autodidakt, politischer Demagoge, in: Zeitgespräch (98) 4/2018, S. 227-231

Homburg, Stefan: „Die schwachen Argumente des Kapitalismuskritikers", in: Die Welt (22.05.2014)

Hughes, Jonathan, Ecology and Historical Materialism, Cambridge University Press, Cambridge 2000

Huntington, Samuel P., The Clash of Civilizations?, in: Foreign Affairs (72) 3/1993, S. 22-49

Hurrelmann, Klaus/Albrecht, Erik, Fridays for Future als Sinnbild ihrer Generation, in: Sebastian Haunss/Moritz Sommer (Hg.), Fridays for Future – Die Jugend gegen den Klimawandel, Konturen der weltweiten Protestbewegung, transcript Verlag, Bielefeld 2020, S. 227-237

Huws, Ursula, The Making of a Cybertariat: Virtual Work in a Real World, Monthly Review Press, New York 2003

dies., Labor in the Global Digital Economy: The Cybertariat Comes of Age, Monthly Review Press, New York 2014

Infratest dimap: „Wie die Wähler wanderten", in: Tagesschau, 27.09.2021, online: https://www.tagesschau.de/wahl/archiv/2021-09-26-BT-DE/analyse-wanderung.shtml (abgerufen am 26.05.2023)

Jackson, Tim, Wohlstand ohne Wachstum, oekom-Verlag, München 2011

Jakobs, Hans-Jürgen, Wem gehört die Welt? Die Machtverhältnisse im globalen Kapitalismus, Albert Knaus Verlag, München 2016

Jameson, Fredric, The Seeds of Time, Columbia University Press, New York 1994

ders., Actually Existing Marxism, in: Makdisi, Saree/Casarino, Cesare/Karl, Rebecca (Hg.), Marxism beyond Marxism, Routledge, New York/London 1996, S. 14-54

Jordan, Jonas: „Venezuela: Von der sozialistischen Utopie zum Alptraum", in: Vorwärts (24.01.2019)

Jungbluth, Rüdiger: „Jan Müller hat nicht genug", in: Die Zeit (14.03.2013)

Kagan, Robert, The Return of History and the End of Dreams, Vintage Publications, New York 2009

Kallis, Giorgos/Martinez-Alier, Joan/Schneider, François, Crisis or opportunity? Economic degrowth for social equity and ecological sustainability. Introduction to this special issue, in: Journal of Cleaner Production 18/2010, S. 511-518

Kaufmann, Sina Kamala/Timmermann, Michael/Botzki, Annemarie/Bischoff, Ulrike (Hg.), Wann wenn nicht wir*. Ein Extinction Rebellion Handbuch, S. Fischer Verlag, Frankfurt 2019

Kaufmann, Stephan: „Blackrock, Vanguard, State Street: Die Giganten beherrschen die größten Unternehmen der Welt", in: Frankfurter Rundschau (06.08.2019)

Kellerhoff, Sven Felix: „Der Lastenausgleich nach 1945 war vor allem psychologisch wichtig", in Die Welt (01.04.2020)

Keynes, John Maynard, Economic Possibilities for our Grandchildren, in: ders., Essays in Persuasion, W.W. Norton, New York 1963, S. 358-373

ders., The General Theory of Employment, Interest, and Money, Verlag Houghton Mifflin Harcourt, Boston 2016

Klein, Naomi, No Logo!, Riemann Verlag, München 2001

dies., Die Entscheidung: Kapitalismus vs. Klima. S. Fischer Verlag Frankfurt 2015

Knauß, Ferdinand/Streeck, Wolfgang: „Das kann nicht gutgehen mit dem Kapitalismus", in: Wirtschaftswoche (08.01.2015)

Kocka, Jürgen: „Karl Marx in seinem Jahrhundert", in: Der Tagesspiegel (06.04.2018)

Kolev, Stefan, Mythos Planwirtschaft. Vom Scheitern der DDR aus ordnungsökonomischer Sicht, in: HWWI Insights 02/2010, S. 41-45

ders./Zweynert, Joachim, Die Nachfolgestaaten der UdSSR – eine Zwischenbilanz nach 20 Jahren, in: Wirtschaftsdienst 2012, S. 68-70

Krauss, Hartmut, Das Ende des real gescheiterten „Sozialismus". Zur Implosion der stalinistisch deformierten Übergangsgesellschaften in Osteuropa (1995), online: http://www.glasnost.de/autoren/krauss/realsoz.html (abgerufen am 11.08.2019)

Kromphardt, Jürgen, Zur Aktualität von Karl Marx, in: Zeitgespräch (98) 4/2018, S. 231-234

Krugman, Paul: „Secular Stagnation, Coalmines, Bubbles, and Larry Summers", in: New York Times Blog (16.11.2013), online: https://archive.nytimes.com/krugman.blogs.nytimes.com/2013/11/16/secular-stagnation-coalmines-bubbles-and-larry-summers/(abgerufen am 14.07.2021)

ders.: Why We're in a New Gilded Age. Thomas Piketty's 'Capital in the Twenty-First Century', in: The New York Review (08.05.2014)

Kuczynski, Thomas: „Nur die Volksmassen können Krieg verhindern: Warum Karl Marx heute noch aktuell ist", in: Sputnik (05.05.2018)

Kuznets, Simon Smith, Economic Growth and Income Inequality, in: American Economic Review, 1/1955, S. 1-28

Lambert, Tobias: „Linke in Venezuela. Chavisten ohne Chávez“, in: taz (24.08.2022)

Landes, David, Wohlstand und Armut der Nationen. Warum die einen reich und die anderen arm sind, Pantheon-Verlag München 2009

Leggewie, Claus, Die Globalisierung und ihre Gegner, C. H. Beck Verlag, München 2003

Lenger, Hans-Joachim, Marx zufolge: Die unmögliche Revolution, transcript Verlag, Bielefeld 2004

Lengsfeld, Vera: „Der Sozialismus hat Venezuela ruiniert“, in: The European. Debattenmagazin (16.11.2022)

Lewis, Michael, Flash Boys: A Wall Street Revolt, Norton & Company, New York 2014

L'Humanité: „Le PCF et le rejet du stalinisme“ (05.03.1993)

Liessmann, Konrad P., Karl Marx 1818 - 1989: Man stirbt nur zweimal, Sonderzahl-Verlag, Wien 1992

ders., Totgesagte leben länger. Karl Marx und der Kapitalismus im 21. Jahrhundert, Carl Hanser Verlag, München 2015

Lohmann, Henning, Armut von Erwerbstätigen im europäischen Vergleich: eine Analyse unter Berücksichtigung des Einkommensverteilungsprozesses, DIW Discussion Papers 887, Deutsches Institut für Wirtschaftsforschung, Berlin 2009

Lorenz, Hanno, Was an Pikettys Thesen dran ist – und was nicht, Agenda Austria, Wien 2014

Löwy, Michael: „Destruktiver Fortschritt. Marx, Engels und die Ökologie“ (UTOPIEkreativ 2005), online: https://www.linksnet.de/artikel/19105 (abgerufen am 17.06.2019)

Lucke, Albrecht von, „Fridays for Future“: Der Kampf um die Empörungshoheit. Wie die junge Generation um ihre Stimme gebracht werden soll, in: Blätter für deutsche und internationale Politik (64) 3/2019, S. 91 - 100

Maddison, Angus, The World Economy. Vol 1: A Millenial Perspective, OECD, Paris 2006

Makdisi, Saree/Casarino, Cesare/Karl, Rebecca E., Marxism, Communism, and History: A Reintroduction, in: Makdisi, Saree/Casarino, Cesare/Karl, Rebecca E. (Hg.), Marxism beyond Marxism, Routledge, New York/London 1996, S. 1 - 13

Margolin, Jean-Louis, Vietnam: Die Sackgasse eines Kriegskommunismus, in: Courtois, Stéphane/Werth, Nicolas/Panné, Jean-Louis u. a. (Hg.), Das Schwarzbuch des Kommunismus. Unterdrückung, Verbrechen und Terror, 5. Auflage, Piper Verlag, München/Zürich 1998, S. 630 - 640

Mark, Rudolf A., Zwischen Orient und Okzident: Die Seidenstraße, in: Ost-West. Europäische Perspektiven 03/2014, S. 230 - 241

Marx, Karl/Engels, Friedrich, Zur Judenfrage/Kritik der Hegelschen Rechtsphilosophie (MEW Bd. 1), 17. Auflage, Dietz Verlag, Berlin 2017

dies., Die heilige Familie oder Kritik der kritischen Kritik/Die Lage der arbeitenden Klasse in England (MEW Bd. 2), 9. Auflage, Dietz Verlag, Berlin 1990

dies., Die deutsche Ideologie/Thesen über Feuerbach (MEW Bd. 3), 12. Auflage, Dietz Verlag, Berlin 1990

dies., Das Elend der Philosophie/Grundsätze des Kommunismus/Manifest der Kommunistischen Partei (MEW Bd. 4), 11. Auflage, Dietz Verlag, Berlin 1990 dies., Revolution und Konterrevolution in Deutschland/Der achtzehnte Brumaire des Louis Bonaparte (MEW Bd. 8), 9. Auflage, Dietz Verlag, Berlin 2009

dies., Einleitung zur Kritik der Politischen Ökonomie (MEW Bd. 13), 12. Auflage, Dietz Verlag, Berlin 2015

dies., Der Bürgerkrieg in Frankreich (MEW Bd. 17), 9. Auflage, Dietz Verlag, Berlin 1999

dies., Kritik des Gothaer Programmentwurfs/Die Entwicklung des Sozialismus von der Utopie zur Wissenschaft (MEW Bd. 19), 9. Auflage, Dietz Verlag, Berlin 1987

dies., Anti-Dühring/Dialektik der Natur (MEW Bd. 20), 10. Auflage, Dietz Verlag, Berlin 1990

dies., Der Sozialismus in Deutschland/Die Bauernfrage in Frankreich und Deutschland (MEW Bd. 22), 7. Auflage, Dietz Verlag, Berlin 1990

dies., Das Kapital. Erster Band (MEW Bd. 23), 18. Auflage, Dietz Verlag, Berlin 1993

dies., Das Kapital. Zweiter Band (MEW Bd. 25), 16. Auflage, Dietz Verlag, Berlin 2008

dies., Theorien über den Mehrwert, Zweiter Teil (MEW Bd. 26.2), 6. Auflage, Dietz Verlag, Berlin 2000

dies., Theorien über den Mehrwert, Dritter Teil (MEW Bd. 26.3), 6. Auflage, Dietz Verlag, Berlin 1993

dies., Ökonomische Manuskripte 1857/1858 (MEW Bd. 42), 3. Auflage, Dietz Verlag, Berlin 2014

Marx, Reinhard, „Dieses Kind ist der Bruder aller Menschen", in: Welt am Sonntag (24.12.2017)

Mason, Paul, Thomas Piketty's Capital: everything you need to know about the surprise best-seller, in: The Guardian (28.04.2014), online: https://www.theguardian.com/books/2014/apr/28/thomas-piketty-capital-surprise-bestseller (abgerufen am 14.03.2022)

ders., Postkapitalismus. Grundrisse einer kommenden Ökonomie, Suhrkamp Verlag, Berlin 2016

ders., Befreit die Maschinen – denn sie befreien uns, in: Mathias Greffrath (Hrsg.), Re. Das Kapital. Politische Ökonomie im 21. Jahrhundert., München 2017, S. 155-167

McCulloch, Neil/Pacillo, Grazia, The Tobin Tax: A Review of the Evidence, Institute of Development Studies at the University of Sussex, Brighton 2011

McKinsey Global Institute, Jobs lost, jobs gained: workforce transitions in a time of automation, New York 2017

Menzel, Ulrich, Marx wieder gelesen. Über die Attraktivität von Karl Marx am Ende des 20. Jahrhunderts (1999), online: http://www.ulrich-menzel.de/schriften/Marx%20wieder%20gelesen.pdf (abgerufen am 21.02.2021)

Meyer, Bernd, Die Globalisierung hat ihren Zenit überschritten, in: Berenberg Fokus (04.12.2019)

Meyer, Thomas, Was uns Karl Marx heute noch zu sagen hat – Ein Werk in Bewegung. Gespräch mit Peter Brandt, Michael Brie, Johanna Uekermann, in: Neue Gesellschaft. Frankfurter Hefte 10/2017, online: https://www.frankfurter-hefte.de/artikel/ein-werk-in-bewegung-2484/(abgerufen am 21.07.2021) ders./Becker, Birgid: „200. Geburtstag von Karl Marx. Eine Marx-Renaissance ohne Tiefgang hinterlässt keine Spuren" (Deutschlandfunk, 11.02.2019), online: https://www.deutschlandfunk.de/200-geburtstag-von-karl-marx-eine-marx-renaissance-ohne-100.html (abgerufen am 13.01.2022)

Miegel, Meinhard, Welches Wachstum und welchen Wohlstand wollen wir?, in: Aus Politik und Zeitgeschichte (62) 27-28/2012. S. 3-8

Milanović, Branko, The Return of „Patrimonial Capitalism": A Review of Thomas Piketty's Capital in the Twenty-First Century, in: Journal of Economic Literature 2/2014, S. 519-534

ders., Die ungleiche Welt. Migration, das eine Prozent und die Zukunft der Mittelschicht, Suhrkamp Verlag, Berlin 2016

Mishra, Pankaj, Das Zeitalter des Zorns, S. Fischer Verlag, Frankfurt am Main 2017

Möllers, Christoph: „Gekaufte Zeit". Krise? Verschieben!, in: Die Zeit (07.03.2013)

Moore, Jason W. (Hrsg.), Anthropocene or Capitalocene? Nature, History and the Crisis of Capitalism, PM Press, Oakland 2016

Moreau, Patrick/Steinborn, Eva, Eine andere Welt ist möglich. Identitäten und Strategien der globalisierungskritischen Bewegung, Akademie für Politik und Zeitgeschichte der Hanns Seidel Stiftung, München 2005

Müller, Henrik: „Hatte Marx doch recht?" in: Manager Magazin (14.04.2019)

Müller, Horst: Marx in Zukunft, in: VorSchein. Blätter der Ernst-Bloch Assoziation 13/1993, S. 1-7

ders., Asche und Glut des Marxismus. Bilanz und Perspektive in der Zeit der Globalisierung. in: Die Ernte von '68. VorSchein. Blätter der Ernst-Bloch-Assoziation 18/2000, S. 66-90

Müller, Jürg: „Harte Kritik am Star-Ökonomen Piketty", in: Neue Züricher Zeitung (26.10.2017)

Mundorf, Hans: Der Globalismus ist eine Erfindung von Karl Marx und Friedrich Engels, in: Handelsblatt (25.02.1998)

Nachtwey, Oliver, Im Fahrstuhl nach unten: Marx und die Abstiegsgesellschaft, in: Blätter für deutsche und internationale Politik 5/2018, S. 109-120

Neffe, Jürgen, Marx. Der Unvollendete, Pantheon Verlag, München 2017

ders.: „Karl Marx – Kontrollverlust", in: Die Zeit (25.04.2018)

Negri, Antonio/Lazzarato, Maurizio/Virno, Paolo/Atzert, Thomas (Hg.): Umherschweifende Produzenten. Immaterielle Arbeit und Subversion, ID Verlag, Berlin 1998

Neuerer, Dietmar, Bundesinnenministerium warnt vor Unterwanderung der Klimabewegung, in: Handelsblatt (27.01.2023), online: https://www.handelsblatt.com/politik/deutschland/klimaschutz-bundesinnenministerium-warnt-vor-unterwanderung-der-klimabewegung/28947290.html (abgerufen am 20.04.2023)

Newport, Frank, Democrats More Positive About Socialism Than Capitalism, Gallup 2018a, online: https://news.gallup.com/poll/240725/democrats-positive-socialism-capitalism.aspx (abgerufen am 01.02.2022)

ders., The Meaning of „Socialism" to Americans Today, Gallup 2018b, online: https://news.gallup.com/opinion/polling-matters/243362/meaning-socialism-americans-today.aspx (abgerufen am 01.02.2022)

Niedermayer, Oskar/Hofrichter, Jürgen, Die Wählerschaft der AfD: Wer ist sie, woher kommt sie und wie weit rechts steht sie?, in: Zeitschrift für Parlamentsfragen 2/2016, S. 267-284

Niemietz, Kristian, Sozialismus. Die gescheiterte Idee, die niemals stirbt, FinanzBuch Verlag, München 2021

Nolte, Paul, Wohlstand für alle?, in: Wunderjahre. Wie der Wirtschaftsboom nach 1945 unser Land geprägt hat (Zeit Geschichte 4/2023), S. 55-57

Paech, Niko, Befreiung vom Überfluss. Auf dem Weg in die Postwachstumsökonomie. Oekom Verlag, München 2012

ders., Postwachstumsökonomik – Wachstumskritische Alternativen zum Marxismus, in: Aus Politik und Zeitgeschichte, 19-20/2017, S. 41-46

Patomäki, Heikki, Piketty's global tax on capital: a useful utopia or a realistic alternative to a global disaster?, in: Real-World Economics Review 69/2014, S. 51-57

Peters, Stefan, Sozialismus des 21. Jahrhunderts in Venezuela. Aufstieg und Fall der Bolivarischen Revolution von Hugo Chávez, Schmetterling-Verlag, Stuttgart 2019

Pew Research Center, Religious Belief and National Belonging in Central and Eastern Europe. National and religious identities converge in a region once dominated by atheist regimes (2017), online: https://www.pewresearch.org/religion/2017/05/10/religious-belief-and-national-belonging-in-central-and-eastern-europe/(abgerufen am 23.05.2022)

Pigou, Arthur Cecile, The Economics of Welfare, Macmillan Publishers, London 1932

Piketty, Thomas, Das Kapital im 21. Jahrhundert, Verlag C. H. Beck, München 2016

ders./Margo, Jean-Marie: „Das Ende des Kapitalismus wird kommen", in: Neue Presse (05.05.2018)

ders., Kapital und Ideologie, Verlag C. H. Beck, München 2020

Piñeiro Harnecker, Camila, Workplace Democracy and Social Consciousness: A Study of Venezuelan Cooperatives, in: Science & Society (73) 3/2009, S. 309-339

Plumpe, Werner: „Sklaven sind wir alle! David Graebers Kapitalismuskritik", in: Frankfurter Allgemeine Zeitung (15. Mai 2012)

ders. Die Bedeutung von Karl Marx für das Verständnis der heutigen Wirtschaft, in: Zeitgespräch (98) 4/2018, S. 235-238

Poelchau, Simon: Ein unmarxistisches Manuskript von Marx, in: Neues Deutschland (30.04.2016)

Poschardt, Ulf: „Das alte Gift Calvins", in: Die Welt (26.01.2019)

Quarti, Adi: „Marx' Gespenster" (2011), online: https://kritisch-lesen.de/rezension/marx-gespenster, abgerufen am 28.08.2020

Ramonet, Ignacio: Désarmer le marché, in: Le Monde diplomatique (12.12.1997)

Reheis, Fritz, Wo Marx Recht hat, Wissenschaftliche Buchgesellschaft, Darmstadt 2011

Rhonheimer, Martin, Venezuela ist ein Live-Experiment, das zeigt: Sozialismus produziert Armut. Dennoch huldigen westliche Intellektuelle dem Land, in Neue Zürcher Zeitung (15.06.2018)

Rifkin Jeremy, Die Null-Grenzkosten-Gesellschaft. Das Internet der Dinge, kollaboratives Gemeingut und der Rückzug des Kapitalismus, Campus Verlag, Frankfurt am Main 2014

Rippin, Nicole, Wachstum für alle?, in: Aus Politik und Zeitgeschichte 27-28/2012, S. 45-51

Rockström, Johan/Steffen, Will/Noone, Kevin et al., A safe operating space for humanity, in: Nature 9/2009, S. 472-474

Rohrbeck, Felix: „Die Reichen schaden dem Klima – also sollen sie es retten", in: Die Zeit (22.02.2023)

Rottenfusser, Roland, Eröffnung der Zukunft – Die Geschichtstheorie von Marx (17.05.2018), online: https://hinter-den-schlagzeilen.de/eroeffnung-der-zukunft-die-geschichtstheorie-von-marx (abgerufen am 21.11.2020)

Rousseau, Jean-Jacques, Vom Gesellschaftsvertrag oder Grundsätze des Staatsrechts, Reclam Verlag, Stuttgart 1986

ders., Abhandlung über den Ursprung und die Grundlagen der Ungleichheit unter den Menschen, in: ders., Schriften, Bd. 1 (S. 181-265), Fischer Verlag, Frankfurt 1988

Rudzio, Kolja: „Thomas Piketty – Lebte schon Jesus im Kapitalismus? in: Die Zeit (05.06.2014)

Runciman, David (2015), PostCapitalism by Paul Mason review – a worthy successor to Marx?, online: https://www.theguardian.com/books/2015/aug/15/post-capitalism-by-paul-mason-review-worthy-successor-to-marx (abgerufen am 23.10.2020)

Rupprecht, Tobias, Eine fundamentale Liberalisierung der osteuropäischen Gesellschaften blieb aus, in: Neue Zürcher Zeitung (20.10.2019)

Samol, Peter, Der Mager-Marx, online: https://www.krisis.org/2015/der-mager-marx/(abgerufen am 21.02.2021)

Santamaria, Yves, Formen des Afrokommunismus: Äthiopien, Angola, Moçambique, in: Courtois, Stéphane/Werth, Nicolas/Panné, Jean-Louis u. a. (Hg.), Das Schwarzbuch des Kommunismus. Unterdrückung, Verbrechen und Terror, 5. Auflage, Piper Verlag, München/Zürich 1998, S. 748-772

Schanetzky, Tim, Das Ende des Booms, in: Wunderjahre. Wie der Wirtschaftsboom nach 1945 unser Land geprägt hat (Zeit Geschichte 4/2023), S. 106-111

Schefold, Bertram, Marx aktuell?, in: Zeitgespräch (98) 4/2018, S. 239-242

Scheu, René: „Nach dem Kapitalismus ist vor dem Kapitalismus", in: Neue Zürcher Zeitung (27.04.2016)

Schlaudt, Oliver, Eine Weltkarte der Ungleichheit. Thomas Pikettys neues Buch „Kapital und Ideologie", in: Merkur. Deutsche Zeitschrift für europäisches Denken (74) 850/2020, S. 49-58

Schmidt-Salomon, Michael, „Proletarier aller Länder verzeiht mir?" Plädoyer für einen zu Unrecht angeklagten Philosophen, online: http://www.schmidt-salomon.de/prol.htm (abgerufen am 19.07.2020)

Schnauder, Andreas: „Der Sozialismus des 21. Jahrhunderts – und sein schlimmes Ende", in: Der Standard (08.03.2019)

Schnaas, Dieter: „Zwergenaufstand im Kaffeehaus", in: Wirtschaftswoche (02.06.2011)

ders.: „Leute, lest Marx!", in: Wirtschaftswoche (09.09.2017)

Schumpeter, Joseph, Kapitalismus, Sozialismus und Demokratie, UTB Verlag, Stuttgart 2020

Sedláček, Tomáš, Die Ökonomie von Gut und Böse, Carl Hanser Verlag, München 2012

Sigler, Sebastian, Greta Thunberg – Ikone der Klimareligiösen und Opfer ihrer Eltern, 11.2.2019, online: https://www.tichyseinblick.de/daili-es-sentials/greta-thunberg-ikone-der-klimareligioesen-und-opfer-ihrer-eltern/(abgerufen am 21.04.2021)

Sinn, Hans-Werner, Was Marx uns heute noch zu sagen hat, in: Aus Politik und Zeitgeschichte 19-20/2017, S. 29-33

Solow, Robert M., Thomas Piketty Is Right. Everything you need to know about ‚Capital in the Twenty-First Century', in: The New Statesman (27.04.2014), online: https://www.newstatesman.com/business/economics/2014/04/thomas-piketty-right-everything-you-need-know-about-capital-twenty-first-century (abgerufen am 09.06.2021)

Späth, Jochen/Schmid, Kai Daniel, The distribution of household savings in Germany, Institute for Applied Economic Research, Tübingen 2016

Statistisches Bundesamt, Einkommens- und Verbrauchsstichprobe 2013, Wiesbaden 2015

dass., Einkommens- und Verbrauchsstichprobe 2018, Wiesbaden 2020

dass., Erwerbstätige und Arbeitnehmer nach Wirtschaftsbereichen, Wiesbaden 2023a

dass., Volkswirtschaftliche Gesamtrechnungen (4. Vierteljahr 2022), Wiesbaden 2023b

Stedman Jones, Gareth, Karl Marx. Die Biografie, S. Fischer Verlag, Frankfurt 2017

Steffens, Frauke: „Unamerikanische Werte? Der Sozialismus als Schreckensbild", in: Frankfurter Allgemeine Zeitung (08.02.2019)

Stein, Ulrike, Einkommensungleichheit: Das vernachlässigte Problem der steigenden Lohnungleichheit, in: Bofinger, Peter/Horn, Gustav A./Schmid, Kai D./van Treeck (Hrsg.), Thomas Piketty und die Verteilungsfrage. Analysen, Bewertungen und wirtschaftspolitische Implikationen für Deutschland, SE Publishing, Berlin 2015, S. 273-293

Steinitz, Klaus, Scheitern des Realsozialismus im 20. Jahrhundert – Konsequenzen für einen zukünftigen Sozialismus, in: Müller, Horst (Hrsg.) Die Übergangsgesellschaft des 21. Jahrhunderts. Kritik, Analytik, Alternativen, Books on Demand, Norderstedt 2007, S. 156-183

Stelter, Daniel: „Fridays for future. Merkt Ihr nicht, wie wir Alten euch ausplündern?", in: Cicero (07.03.2019)

Stern, Johannes, Foreword to 30 Years of War, the German edition of David North's A Quarter Century of War, World Socialist Web Site (04.10.2020), online: https://www.wsws.org/en/articles/2020/10/05/book-o05.html?fbclid=IwAR3vdIK-8L0bxw6SsmND2Ow06df6L9El-VQeDIwXicq2M8wKGfuOz751pTE (abgerufen am 13.03.2023)

Stiglitz, Joseph E., Die Schatten der Globalisierung. Goldmann Verlag, München 2002

ders.: „Of the 1%, by the 1%, for the 1%", in: Vanity Fair, May 2011, online: https://www.vanityfair.com/news/2011/05/top-one-percent-201105 (abgerufen am 21.11.2020)

Stöckmann, Jochen, Marx wiederentdeckt, in: Deutschlandfunk vom 04.09.2013, online: https://www.deutschlandfunk.de/marx-wiederentdeckt-100.html (abgerufen am 22.02.2023)

Streeck, Wolfgang: „Das Dopingregime des Pump-Kapitalismus ist lebensgefährlich", in: Die Zeit (28. Dezember 2011) ders., Gekaufte Zeit. Die vertagte Krise des demokratischen Kapitalismus, Suhrkamp Verlag, Berlin 2013

Sutch, Richard, The One Percent across Two Centuries: A Replication of Thomas Piketty's Data on the Concentration of Wealth in the United States, in: Social Science History (41) 4/2017, S. 587-613

Summers, Lawrence H.: „The risk to our economy from secular stagnation", in The Washington Post (07.03.2019), online: https://www.washingtonpost.com/opinions/2019/03/07/risk-our-economy-secular-stagnation/(abgerufen am 23.01.2022)

Tanner, Jakob, Das Kapital nach Marx. Piketty blickt ins 21. Jahrhundert, in: Historische Anthropologie 2/2016, S. 253-264

The Economist Intelligence Unit, Democracy Index 2021, London 2022

Ther, Philipp: „Geschichte des Neoliberalismus – Ökonomische Schocktherapien mit Folgen", in: Tagesspiegel (26.08.2016)

Therborn, Göran, Class in the 21st Century, in: New Left Review, 11/2012, S. 5-29

Thumann, Michael, Revanche. Wie Putin das bedrohlichste Regime der Welt geschaffen hat, C. H. Beck Verlag, München 2023

Thunberg, Greta, Rede beim UN-Klimagipfel in Kattowitz 2018, in: Merkur (20.11.2019), online: https://www.merkur.de/politik/greta-thunberg-rede-un-klimagipfel-new-york-deutsch-zr-13031691.html (abgerufen am 24.02.2020)

Tobin, James, The New Economics, One Decade Older, Princeton University Press, Princeton 1972

ders.: „Die missbrauchen meinen Namen" (2001), Der Spiegel (02.09.2001)

Uchatius, Wolfgang, „Wir könnten auch anders", in: Die Zeit (16.10.2008)

ders.: „Systemkritik. Kapitalismus in der Reichtumsfalle", in: Die Zeit (10.11.2011)

ders.: „Jan Müller hat genug", in: Die Zeit (28.02.2013)

Umweltbundesamt, Nationale Trendtabellen für die deutsche Berichterstattung atmosphärischer Emissionen seit 1990. Emissionsentwicklung 1990 bis 2020, Dessau-Roßlau 2022

United Nations, Department of Economic and Social Affairs (UN DESA), World Population Prospects, New York 2022

van Treeck, Till, Zur Bedeutung von r > g in Pikettys „Kapital im 21. Jahrhundert", in: Bofinger, Peter/Horn, Gustav A./Schmid, Kai D./van Treeck (Hrsg.), Thomas Piketty und die Verteilungsfrage. Analysen, Bewertungen und wirtschaftspolitische Implikationen für Deutschland, SE Publishing, Berlin 2015, S. 73-100

Victims of Communism Memorial Foundation/YouGov, Annual Report on US Attitudes Toward Socialism, Communism, and Collectivism 2019, Washington 2019

Vogel, Steffen, Occupy am Scheideweg, in: Blätter für deutsche und internationale Politik, 57/2012, S. 9-12

von Beyme, Klaus, Systemwechsel in Osteuropa, Suhrkamp Verlag, Berlin 1994

Wade, Robert H., The Piketty phenomenon and the future of inequality, in: Real-World Economics Review 69/2014, S. 2-17

Wagenknecht, Sahra, Eine geniale Prognose, in: Mathias Greffrath (Hrsg.), Re. Das Kapital. Politische Ökonomie im 21. Jahrhundert., München 2017, S. 95-107

Wallerstein, Immanuel, Aufstieg und künftiger Niedergang des kapitalistischen Weltsystems. Zur Grundlegung vergleichender Analyse, in: Senghaas, Dieter (Hrsg.), Kapitalistische Weltökonomie. Kontroversen über ihren Ursprung und ihre Entwicklungsdynamik, Suhrkamp Verlag, Berlin 1979, S. 31-67

Walther, Rudolf, „Schwarzbuch" – die Legende von der linken Lebenslüge, in: Mecklenburg, Jens/Wippermann, Wolfgang (Hg.), „Roter Holocaust"? Kritik des Schwarzbuchs des Kommunismus, Konkret Literatur Verlag 1998, S. 232-238

Werth, Nicolas, Ein Staat gegen sein Volk. Gewalt, Unterdrückung und Terror in der Sowjetunion, in: Courtois, Stéphane/Werth, Nicolas/Panné, Jean-Louis u. a. (Hg.), Das Schwarzbuch des Kommunismus. Unterdrückung, Verbrechen und Terror, 5. Auflage, Piper Verlag, München/Zürich 1998, S. 51-299

Wilkinson, Richard G., The Impact of Inequality, in: Social Research (73) 02/2006, S. 711-732

Wimmer, Christopher, Alter Wein in neuen Schläuchen? Eine Re-lektüre von Karl Marx vor dem Hintergrund der Digitalisierung, in: Schroeder, Wolfgang/Bitzegeio, Ursula/Fischer, Sandra (Hg.), Digitale Industrie. Algorithmische Arbeit. Gesellschaftliche Transformation, Verlag J.H.W. Diett, Bonn 2020, S. 1-19

Winship, Scott: „The Financial Times Is Blowing Piketty's Data Issues Out Of Proportion", in: Forbes (27.05.2014)

Wisman, Jon D., Why Marx still matters, in: Internation Journal of Pluralism and Economics Education, (4) 3/2013, S. 229-242

World Bank, World Development Indicators 2011-2021, New York 2022

Wright, Erik Olin, Mit realen Utopien den Kapitalismus überwinden, in: Dörre, Klaus/Schickert, Christine (Hg.), Neosozialismus. Solidarität, Demokratie und Ökologie vs. Kapitalismus, oekom Verlag, München 2019, S. 113-128

YouGov, Der Sozialismus hat einen besseren Ruf als der Kapitalismus (2016), online: https://yougov.de/news/2016/02/24/der-sozialismus-hat-deutschland-einen-besseren-ruf/(abgerufen am 21.11.2022)

Zelik, Raul, Sozialismus? Was sich aus linker Perspektive von Venezuela lernen lässt, Rosa-Luxemburg-Stiftung, Berlin 2019

Ziegler, Jean, Preliminary report of the Special Rapporteur of the Commission on Human Rights on the right to food, United Nations, New York 2001

ders., Die neuen Herrscher der Welt und ihre globalen Widersacher, Bertelsmann Verlag, München 2003

Zitelmann, Rainer: „Venezuela droht Mega-Inflation", in: The European. Debattenmagazin (08.05.2019)

ders.: Die Idee vom „richtigen" Sozialismus ist ein Irrglaube, der niemals stirbt, in: Neue Zürcher Zeitung (21.10.2021)

Zucman, G., The missing wealth of nations: Are Europe and the U.S. net debtors or net creditors?, in: The Quarterly Journal of Economics 2013, S. 1321-1364